地方合作法译丛
叶必丰 主编

日本地方自治法

肖 军 王树良 译

上海社会科学院出版社
SHANGHAI ACADEMY OF SOCIAL SCIENCES PRESS

前　言

在武汉大学工作20年后，我于2003年回到上海，充分感受到了长三角经济的迅猛发展以及国家区域发展战略的渐显成效。基于融入地方建设、立足国家需求，以及所在单位宪法与行政法学科建设特色的考虑，我开始了对区域合作法的研究。

当时，区域合作尚未成为法学的研究对象，主要是经济学和管理学的研究对象，但区域合作实践提出了法治保障的现实需求。基于解决问题的需要，我在初期着重关注的是：区域合作的法治保障是推动中央立法还是地方法治的协同？针对这一主题，我认为应积极推动地方法治协同，并探讨地方开展法治协同的制度路径，发表了若干论文，完成了多个课题，指导研究生开展了专题研究。

研究发现，区域合作的主要法律问题包括地方治理制度、经济宪法和地方自主权，是地方法治的重要领域，有待继续开垦、挖掘。在对上述问题开展研究的过程中，我也深感国内法学界对地方合作法缺乏学术积累，有必要借鉴外国的地方合作法，为本领域的研究提供基础性参考。

对外国法的借鉴需要确定参照系。有的学者主张借鉴欧盟法经验，我曾加以反对，认为区域合作法是国内法，应借鉴更具有可参照价值的美国州际合作法治。为此，请王诚副教授翻译了美国学者齐默尔曼的《州际合作——协定与行政协议》，并于2013年由法律出版社出版。但随着研究的深入，我发现美国州际合作法治毕竟是联邦制国家内部成员州之间合作的法治，与我国的区域合作法即地方合作法仍存在较大差异。因此，对外国区域合作法的借鉴，我认为更应当以单一制国家地方合作法治为参照系。

2015年，我获得中宣部"文化名家暨四个一批人才"计划的资助，开展对"区域法治协调研究"项目的研究。2017年，我又获得上海社会科学院的资助，开展"区域法治协调文献整理及研究"。在上述课题中，我把搜集、整理和翻译日本、法国和美国的区域合作法作为重要内容，约请了曾留学相关国家研习法律或取得学位的学者肖军、王树良、李贝、韩小鹰、王诚和申海平老师参与课题，负责搜集、翻译工作。

课题本来计划将所有翻译文献集合为一本书,将研究文集作为另一本书加以出版。但由于所搜集、翻译的文献较多,对日、法、美三国的地方合作法都有分别加以出版的内容,加之考虑到译者的重要贡献和独立价值,遂决定将翻译文献作为三本书分别出版。由于经费有限,后又申请了上海交通大学人文社会科学成果文库经费的资助。即便如此,也难以资助包括课题研究文集在内的出版。所以,本丛书仅仅是前述两个课题翻译文献部分的结集和呈现,定名为"地方合作法译丛"。

2013年由王诚副教授翻译的齐默尔曼著《州际合作——协定与行政协议》,是一部研究美国州际合作法治的学术文献。与此不同,本次组织翻译的都是日、法、美三国的法律文件。我相信,这些法律文件对我国学界研究区域合作法具有基础性意义,对实务界建设区域合作法治具有示例性借鉴意义。对借鉴使用来说,研究性文献似乎更为方便,但法律更具有本源性。对上述三国所译地方合作法的研究,则期待学界的共同努力,为我国的区域合作法治建设和区域合作法理论发展作出贡献。

需要说明的是,法国有关地方合作的法律远不止已翻译出版的部分,限于时间和经费等原因,先把翻译的部分结集出版。与我国更具有可比性的美国地方合作是美国州以下地方间的合作。这部分地方合作法相比于州际合作法,在我国以往的区域合作法研究和区域合作法治建设中未受到重视。同样基于时间和经费等原因,课题组仅选译了6个州的地方合作法。日本地方合作的纲领性法律是《日本地方自治法》。它的内容尽管并非都是地方合作的规定,但日本的地方合作是地方自治制度的一部分。为了解日本地方合作制度的制度基础以及兼顾法律的完整性,为同样具有地方自治权的中国港、澳地区的合作提供借鉴,我们组织翻译了《日本地方自治法》和《日本地方自治法实施条例》。

三国地方合作法的翻译工作非常辛苦。多位译者感叹,翻译法律条文比翻译研究文献的难度要大很多。非常感谢所有译者承担该项任务,以及所体现的专业、专注精神!针对三国的地方合作法翻译稿,我还组织相关译者和所指导的研究生开展了为期两个学期的学习会,对条文内容和译文顺畅性逐条进行讨论,供译者参考、完善。在此,也一并对所有参与者表示感谢!

叶必丰
2021年11月18日

目录

前言 ··· 1

地方自治法 ··· 1

地方自治法实施条例 ·· 149

地方自治法

肖 军 译

地方自治法

(1947 年 4 月 17 日法律第 67 号，最终修改于 2016 年 12 月 9 日法律 101 号)

第一编　总则

第二编　普通地方公共团体

第一章　通则

第二章　居民

第三章　条例与规则

第四章　选举

第五章　直接请求

第六章　议会

第七章　执行机关

第八章　工资及其他薪酬

第九章　财务

第十章　公共设施

第十一章　国家与普通地方公共团体的关系以及普通地方公共团体相互间的关系

第十二章　大城市等的特例

第十三章　基于外部监察合同的监察

第十四章　补则

第三编　特别地方公共团体

第一章　删除

第二章　特别区

第三章　地方公共团体的组合

第四章　财产区

第四编　补则

附则

第一编 总 则

第一条 本法的目的是，基于地方自治宗旨，制定关于地方公共团体①划分、地方公共团体组织与运行之事项的大纲，并确立国家与地方公共团体之间的基本关系，由此保障地方公共团体民主高效行政，保障地方公共团体健康发展。

第一条之二 地方公共团体应该以增进居民福祉为根本，广泛承担自主且综合实施区域行政的作用。

为了实现前款规定的宗旨，国家必须重点承担国际社会中事关国家存亡的事务、全国统一制定关于国民各种活动或地方自治之基本准则等事务、全国规模或者必须基于全国视角而实施的政策和事务、其他国家应承担的作用，必须将居民身边的行政尽量交给地方公共团体，在与地方公共团体之间适当分担作用，并在制定和实施地方公共团体相关制度与政策时，充分发挥地方公共团体的自主性和自立性。

第一条之三 地方公共团体分为普通地方公共团体和特别地方公共团体。

普通地方公共团体是都道府县和市町村。

特别地方公共团体是特别区、地方公共团体的组合和财产区。

第二条 地方公共团体是法人。

普通地方公共团体处理法律或者政令规定的地区事务和其他事务。

市町村作为基础性地方公共团体，一般处理第五款规定的都道府县处理事务以外的前款事务。

市町村可以不管前款的规定，对应自己的规模和能力，处理下款规定事务中从规模和性质看被认为一般市町村不宜处理的事务。

---

① 地方公共团体是本法的重要概念。它是"以国家的一定地域为其场所要素，以该地域内所有居民为成员，用法律赋予的公权力及其他权能，为实现公共福祉而处理公共事务的法人团体"（[日]法令用語研究会编：《法律用語辞典（第3版）》，有斐阁2006年版，第941页）。它近似于我国的"地方政府"概念，但不完全相同，更像是我国央地关系语境中的"地方"。比如，东京都、神奈川县、大阪市、北岛町都是日本的地方公共团体，北京市、江苏省、宁波市、河下镇都是我国的地方。我们说北京市、江苏省、宁波市、河下镇时，不完全是说该地方的政府（行政机关），还可能在说该地方的人大（立法机关）。——译者注（后同）

都道府县作为统括市町村的广域地方公共团体,应该处理第二款事务中的广域事务、有关市町村联络调整的事务、从规模和性质看被认为一般市町村不宜处理的事务。

都道府县和市町村在处理其事务时,不得相互竞合。

特别地方公共团体根据本法的规定,处理其事务。

本法的"自治事务"是指地方公共团体处理事务中法定受托事务以外者。

本法中的"法定受托事务"是下列事务:

一、法律或者基于法律的政令规定由都道府县、市町村或者特别区来处理的事务中,国家本应该承担的、国家特别有必要保障其适当处理的、法律或者基于法律的政令特别规定的事务(以下称"第一号法定受托事务")。

二、法律或者基于法律的政令规定由市町村或者特别区来处理的事务中,都道府县本应该承担的、都道府县特别有必要保障其适当处理的、法律或者基于法律的政令特别规定的事务(以下称"第二号法定受托事务")。

除本法或者基于本法的政令规定的外,法律规定的法定受托事务如下,第一号法定受托事务参见附表一的上栏所列法律对应同表下栏;第二号法定受托事务参见附表二的上栏所列法律对应同表下栏;政令规定的法定受托事务参见基于本法的政令的规定。

地方公共团体相关法令的规定,必须基于地方自治的宗旨,且依照国家与地方公共团体的适当作用分担。

地方公共团体相关法令的规定,必须是基于地方自治的宗旨,且依照国家与地方公共团体的适当作用分担来解释和运用。特别地方公共团体相关法令的规定,必须也对照本法规定的特别地方公共团体的特性来解释和运用。

法律或者基于法律的政令规定由地方公共团体处理的事务是自治事务的,国家必须给予特别考虑,让地方公共团体可以对应地域特性予以处理。

地方公共团体在处理其事务时,必须努力增进居民福祉,用最少经费取得最大效果。

地方公共团体必须经常致力于其组织和运营的合理化,向其他地方共公共团体请求协助,促进规模的适当化。

地方公共团体不得违法处理事务。市町村和特别区还不得违反该都道府县的条例来处理事务。

违反前款规定的地方公共团体的行为无效。

第三条 地方公共团体的名称来源于一直以来的名称。

拟变更都道府县的名称的,由法律规定。

拟变更都道府县以外的地方公共团体的名称的,除本法有特别规定的外,由条例规定。

地方公共团体的首长拟根据前款规定,变更该地方公共团体的名称时,必须预先与都道府县知事协商。

地方公共团体根据第三款规定,制定或者改废条例后,必须立即向都道府县知事报告该地方公共团体变更后的名称和变更名称的日期。

发生前款规定的报告后,都道府县知事必须立即通知总务大臣。

收到前款规定的通知后,总务大臣必须立即公布,并通知国家的相关行政机关的首长。

第四条 地方公共团体拟确定或者变更其办公场所位置的,通过条例来决定。

在确定或者变更前款的办公场所时,必须适当考虑交通情况、与其他行政机关的关系等,让居民办事最方便。

拟制定或者改废第一款的条例时,必须在该地方公共团体的议会中获得出席议员三分之二以上多数同意。

第四条之二 地方公共团体的假日由条例规定。

前款地方公共团体的假日,应该规定下列日：

一、星期日和星期六。

二、国民节日法(1948年法律第178号)中规定的假日。

三、条例规定的年末或者年始的日。

除前款各项外,对该地方公共团体有历史和社会意义的、居民都定期纪念的、定为假日能广泛得到国民理解的日子,可以规定为第一款中地方公共团体的假日。对此,该地方公共团体的首长必须预先与总务大臣协商。

法律或者基于法律的命令所规定的、向地方公共团体的行政机关所作的申请、申报及其他行为的期间(用小时表示的期间除外),与条例根据第一款规定而规定的地方公共团体的假日重叠时,地方公共团体假日的次日为该期限。但法律或者基于法律的命令有特别规定的,不在此限。

第二编　普通地方公共团体

第一章　通　则

第五条　普通地方公共团体的区域源自一直以来的区域。

都道府县包括市町村。

第六条　都道府县的废置分合或者边界变更，由法律规定。

市町村的设置或者边界变更跨越都道府县边界的，都道府县的边界也自动变更。将以往不属于地方公共团体区域的地区编入市町村区域内时，同样。

前两款中有必要处理财产的，相关地方公共团体协商决定。但法律有特别规定的，不在此限。

前款的协商必须经由相关地方公共团体议会议决。

第六条之二　除根据前条第一款的规定外，两个以上的都道府县的废止和这些区域全部设置为一个都道府县，或者都道府县废止和其全部区域全部编入其他一个都道府县区域内时，内阁可以根据相关都道府县的申请，经国会同意后予以决定。

前款的申请必须经由相关都道府县议会议决。

第一款的申请应该经由总务大臣。

第一款规定的处理作出后，总务大臣必须立即公布其旨。

第一款规定的处理依前款的公布而生效。

第七条　市町村的废置分合或者市町村边界的变更必须基于相关市町村的申请，由都道府县知事经该都道府县议会议决后决定，并立即向总务大臣报告。

拟根据前款规定，废置分合市时，都道府县知事必须预先与总务大臣协商，获得其同意。

跨越都道府县边界的、伴随市町村设置的市町村废置分合或者市町村边界的变更，基于相关普通地方公共团体的申请，由总务大臣决定。

根据前款规定，设置跨越都道府县边界的市町村时，基于相关普通地方公共团体的申请，总务大臣在决定该设置时，还要决定该市町村应归属的都道府县。

在第一款和第二款的情形中，有必要处理财产的，相关市町村协商决定。

第一款和前三款的申请或者协商，必须经由相关普通地方公共团体议会的议决。

在受理第一款规定的报告，或者作出第三款、第四款的处理后，总务大臣必须立即公布其旨，并通知国家的相关行政机关的首长。

第一款、第三款、第四款规定的处理，依前款规定的公布而生效。

第七条之二　除法律有特别规定的外，以前不属于地方公共团体区域内的地区有必要编入都道府县或者市町村区域内时，内阁予以决定。就此，存在被认为有利害关系的都道府县或者市町村的，必须预先听取其意见。

前款的意见必须经相关普通地方公共团体议会议决。

发生第一款的处理后，总务大臣必须立即公布其旨。前条第八款的规定准用于该情形。

第八条　成为市的普通地方公共团体，必须具备下列要件：

一、有五万以上人口。

二、该普通地方公共团体的中心市街地区域内的户数占全户数的六成以上。

三、从事工商业及其他城市性业态者和其家人人数占总人口的六成以上。

四、除前面各项外，具备该都道府县条例规定的城市设施及其他作为城市的要件。

成为町的普通地方公共团体必须具备该都道府县条例规定的作为町的要件。

决定将町村作为市，或者将市作为町村时，应该按照第七条第一款、第二款和第六款至第八款例实施；决定将村作为町，或者将町作为村时，应该按照同条第一款、第六款至第八款例实施。

第八条之二　都道府县知事为支持市町村根据第二条第十五款规定来实现其规模适当化，可以制定市町村废置分合或者市町村边界变更的规划，建议相关市町村实施。

拟制定或者变更前款规划时，都道府县知事必须听取相关市町村、该都道府县议会、该都道府县区域内的议会或者首长的联合组织、其他相关机关、有学识经验者等的意见。

前款相关市町村的意见，必须经该市町村议会决议。

都道府县知事根据第一款规定作出建议后，必须立即公布其旨，并报告总务大臣。

总务大臣收到前款规定的报告后,应该立即通知国家的相关行政机关。

为促进基于第一款建议而实施的市町村废置分合或者市町村边界变更,国家的相关行政机关必须采取必要措施。

第九条 因市町村边界而发生争议时,都道府县知事可以基于相关市町村的申请,将其交付第二百五十一条之二的调解。

根据前款规定,基于所有相关市町村的申请而启动的调解无法确定市町村边界时,或者所有相关市町村都申请对市町村边界争议作出裁定时,都道府县知事可以对相关市町村的边界作出裁定。

第一款或者第二款的申请必须经相关市町村议会议决。

根据第一款规定的调解或者第二款规定的裁定,市町村的边界得到确定后,都道府县知事必须立即向总务大臣报告其旨。

受理前款规定的报告后,或者发生第十款规定的通知后,总务大臣必须立即公布其旨,并通知国家的相关行政机关。

发生前款规定的公布后,视为根据第七条第一款、第三款或第七款规定而对相关市町村边界作出了处理,这些处理的效力因该公布而发生。

对第二款规定的都道府县知事的裁定不服的,相关市町村可以在裁定书交付日起三十日内向法院起诉。

发生市町村边界争议后,都道府县知事认为不适合第一款规定的调解或者第二款规定的裁定,并通知后,相关市町村可以向法院提起市町村边界的确定之诉。自第一款或者第二款规定的申请之日起九十日内,不交付第一款规定的调解时,或者无法通过同款规定的调解来确定市町村边界时,或者没有第二款规定的裁定时,同样。

前款规定的诉讼判决生效后,该法院必须附带副本通知总务大臣和相关都道府县知事。

根据政令的规定,前十款的规定准用于市町村边界变更争议。

第九条之二 市町村边界无法判明,其边界尚无争议的,都道府县知事可以在听取相关市町村的意见后决定。

前款规定的决定必须制作文书,并附带理由后交付相关市町村。

第一款的意见必须经相关市町村议会的议决。

对第一款规定的都道府县知事的决定不服的,相关市町村可以在收到决定书之日起三十日内向法院起诉。

第一款规定的决定生效后，都道府县知事必须立即报告总务大臣。

前条第六款和第七款的规定准用于前款报告后的市町村边界的决定。

第九条之三 只与公有水面相关的市町村边界变更，可以不管第七条第一款的规定，必须在获得相关市町村同意后，都道府县知事经由该都道府县议会议决后决定，并立即向总务大臣其旨。

只与公有水面相关的跨越都道府县边界的市町村边界变更，可以不管第七条第三款的规定，在获得相关普通地方公共团体的同意后，由总务大臣确定。

只与公有水面相关的市町村边界争议发生后，可以不管第九条第一款和第三款的规定，都道府县知事依职权将其交付第二百五十一条之二的调解或者该调解无法确定市町村边界时，或者所有的相关市町村同意裁定时，都道府县知事可以作出裁定。

第一款或第二款规定的只与公有水面相关的市町村边界变更，或者前款规定的只与公有水面相关的市町村边界的裁定，遇到该公有水面实施填埋（含干拓。下同）情形时，可以不管前三款的规定，在根据公有水面填埋相关法令所作的填埋竣工认可或者通知前实施。

第一款至第三款的同意必须经相关普通地方公共团体议会决议。

第七条第七款和第八款的规定准用于第一款与第二款情形，第九条第三款、第五款至第八款、第九款前段和第十款的规定准用于第三款情形。

第九条之四 在公有水面填埋情形中，总务大臣或者都道府县知事认为对填埋所造土地归属的市町村的确定而言必要时，必须尽快采取前两条规定的措施。

第九条之五 市町村区域内产生新的土地后，市町村长必须经该市町村议会议决后确定其旨，并报告都道府县知事。

收到前款规定的报告后，都道府县知事必须立即公布其旨。

第二章　居　民

第十条 在市町村区域内拥有住所者是该市町村和包括该市町村的都道府县的居民。

居民根据法律的规定，享有平等获得其所属普通地方公共团体提供公共服务的权利,履行其负担的义务。

第十一条　作为日本国民的普通地方公共团体的居民,根据本法的规定,具有参与所属普通地方公共团体选举的权利。

第十二条　作为日本国民的普通地方公共团体的居民,根据本法的规定,具有请求制定或者改废其所属普通地方公共团体条例(与地方税的课赋征收、分担金、使用费、手续费的征收相关者除外)的权利。

作为日本国民的普通地方公共团体的居民,根据本法的规定,具有请求监察其所属普通地方公共团体事务的权利。

第十三条　作为日本国民的普通地方公共团体的居民,根据本法的规定,具有请求解散其所属普通地方公共团体议会的权利。

作为日本国民的普通地方公共团体的居民,根据本法的规定,具有请求解除其所属普通地方公共团体的议会议员、首长、副知事或副市町村长、第二百五十二条之十九第一款规定的指定市的综合区长、选举管理委员、监察委员、公安委员会委员的职务的权利。

作为日本国民的普通地方公共团体的居民,根据本法的规定,具有请求解除其所属普通地方公共团体教育委员会教育长或者委员的职务的权利。

第十三条之二　市町村必须根据其他法律的规定,对其居民,时常做好与居民地位相关的正确记录。

第三章　条例与规则

第十四条　普通地方公共团体在不违反法令的限度内,可以就第二条第二款的事务,制定条例。

除法令有特别规定的外,普通地方公共团体要课赋义务或者限制权利时,必须依据条例。

除法令有特别规定的外,普通地方公共团体可以在其条例中规定,对违反条例者处以两年以下惩役①、禁锢②、一百万日元以下罚金、拘留、科料③、没收等刑罚,或者五万日元以下罚款。

---

① 惩役是刑罚的一种,分有期和无期,罪犯拘禁期间要劳动。
② 禁锢是刑罚的一种,分有期和无期,罪犯拘禁期间不需要劳动。
③ 科料是刑罚的一种,被罚数额少于罚金,为一千日元以上一万日元以下。

第十五条　普通地方公共团体的首长在不违反法令的限度内,可以就其权限内的事务,制定规则。

除法令有特别规定的外,普通地方公共团体的首长可以在普通地方公共团体的规则中规定,对违反规则者处以五万日元以下罚款。

第十六条　条例的制定或者改废获得通过后,普通地方公共团体议会的议长必须在议决日起三日内将议决结果送达该普通地方公共团体的首长。

普通地方公共团体的首长收到前款通过的条例后,必须在收到之日起二十日内公布。但采取再议及其他措施的,不在此限。

除条例里有特别规定的外,条例自公布之日起十日后实施。

普通地方公共团体首长的署名、实施日期的特例及其他与条例公布相关的事项,必须通过条例规定。

前两款的规定准用于普通地方公共团体的规则、普通地方公共团体的机关制定的规则及其他需要规程来公布的文件。但法令或者条例有特别规定的,不在此限。

第四章　选　举

第十七条　根据其他法律规定,选举人投票选举普通地方公共团体的议会议员和首长。

第十八条　年满十八岁的日本国民在市町村区域内连续三个月有住所的,根据其他法律的规定,具有其所属的普通地方公共团体的议会议员和首长的选举权。

第十九条　年满二十五岁的具有普通地方公共团体议会议员选举权者,根据其他法律的规定,具有普通地方公共团体议会议员的被选举权。

年满三十岁的日本国民,根据其他法律的规定,具有都道府县知事的被选举权。

年满二十五岁的日本国民,根据其他法律的规定,具有市町村长的被选举权。

第二十条—第七十三条　删除

第五章　直接请求

第一节　条例制定和监察请求

第七十四条　有权选举普通地方公共团体议会议员和首长者(本编称"选举

权人"),根据政令的规定,其总数的五十分之一以上联名的,其代表人可以向普通地方公共团体的首长请求制定或者改废条例(与地方税的课赋征收、分担金、使用费、手续费的征收相关者除外)。

发生前款请求后,该普通地方公共团体的首长必须立即公布请求的要旨。

普通地方公共团体的首长必须在受理第一款请求之日起二十日内召集议会,附带意见交议会审议,之后将结果通知同款的代表人,并予以公布。

议会因前款而审议时,必须根据政令的规定,给予第一款的代表人陈述意见的机会。

第一款的选举权人是在《公职选举法》(1950年法律第100号)第二十二条规定的选举人名册登记日被登记在选举人名册上者,其总数的五十分之一必须在该普通地方公共团体的选举管理委员会登记后立即公布。

下列选举权人不能成为第一款的代表人,或者不是代表人:

一、根据《公职选举法》第二十七条第一款或者第二款规定,选举人名册中这些项已有注明者。但请求与都道府县相关时,住所从该市町村区域内迁至同一都道府县区域内的其他市町村区域内,且在该其他市町村区域内有住所者[根据同法第十一条第一款、第二百五十二条、《政治资金规范法》(1948年法律第194号)第二十八条规定,被表示为不具有选举权者]除外。

二、前款选举人名册登记之日后,根据《公职选举法》第二十八条的规定,被从选举人名册中撤销者。

三、与第一款请求相关的普通地方公共团体[该普通地方公共团体是都道府县时,包含该都道府县区域内的市町村、第二百五十二条之十九第一款规定的指定市(本项称"指定市")的区和综合区;该普通地方公共团体是指定市时,包含该市的区和综合区]的选举管理委员会的委员或者职员。

在第一款情形中,该地方公共团体区域内举行众议院议员、参议院议员、地方公共团体的议会议员或首长选举时,在政令规定的期间,在该选举实施的区域内,不得要求请求署名。

选举权人因身心障碍及其他事由而不能在条例的制定或者改废的请求人署名册上署名时,可以委托其所属的市町村的选举权人(要求条例制定或改废的请求人的代表人、受该代表人的委任而具有该市町村选举权者在该署名册上署名者除外)将自己的姓名(以下称"请求权人姓名")记载在署名册上。此时,受托者所做的请求权人姓名记载视为第一款规定的请求人的署名。

前款规定的受托者(以下称"姓名代笔者")将请求人姓名记载在条例制定与改废请求人署名册上后,姓名代笔者必须在该署名册上作姓名代笔者的署名。

第七十四条之二　条例制定或改废请求人的代表人必须请求证明,向市町村选举管理委员会提交条例制定或改废请求人署名册,并在其上署名盖印者是选举人名册上已登记者。就此,该市町村的选举管理委员会必须自该日起二十日内进行审查,决定署名的效力,并公布。

市町村的选举管理委员会在前款规定的署名册的署名证明结束后,必须自结束日起在指定场所让相关人阅览署名册七日。

市町村的选举管理委员会必须预先公布前款署名册的阅览期间和场所,且以公众易见的方法公开。

对署名册的署名有异议的,相关人可以在第二款规定的阅览期间内向该市町村的选举管理委员会申请异议。

市町村的选举管理委员会收到前款规定的异议申请后,必须在收到之日起十四日内作出决定。就此,认定申请正当的,必须立即修正第一款规定的证明,将其旨通知申请人和相关人,并予以公布;认定申请不正当的,必须立即将其旨通知申请人。

在第二款规定的阅览期间内相关人没有异议时,或者根据前款规定,对所有异议作出决定后,市町村的选举管理委员会必须公布其旨和有效署名的总数,并向条例制定或改废的请求人的代表人返还署名册。

就都道府县条例的制定或改废的请求人署名册的署名,对第五款规定的决定不服的,可以在决定之日起十日内向都道府县的选举管理委员会申请审查。

就市町村条例的制定或改废的请求人署名册的署名,对第五款规定的决定不服的,可以在决定之日起十四日内向地方法院起诉。对判决不服的,虽不能向高等法院上诉,但可以向最高法院上诉。

对第七款审查申请的裁决不服的,可以在收到裁决书之日起十四日内向高等法院起诉。

针对审查申请的裁决或者判决生效后,该都道府县的选举管理委员会或者该法院必须立即将裁决书或者判决书的副本送达相关市町村的选举管理委员会。收收到裁决书或者判决书副本的该市町村选举管理委员会必须立即将其旨通知条例制定或改废请求人的代表人。

就署名册署名的争议，针对审查申请的裁决应该在受理审查申请之日起二十日内作出，诉讼的判决应该尽量在案件受理日起一百日内作出。

第八款和第九款的诉由作出决定或者裁决的选举管理委员会所在地的地方法院或者高等法院专属管辖。

就第八款和第九款的诉由，尽管有《行政诉讼法》(1962年法律第139号)第四十三条的规定，但不适用该法第十三条的规定；同法第十六条至第十九条的规定也只准用于争议署名册署名效力的数个请求。

第七十四条之三 下列条例制定或改废请求人的署名无效：

一、没有遵守法令规定的程序的署名。

二、难以确认是谁的署名。

根据前条第四款的规定，有异议说署名系被欺诈或被强迫所为后，市町村选举管理委员会认定该异议正当的，署名无效。

市町村选举管理委员会在决定署名效力时认为有必要的，可以要求相关人到场和提供证言。

第一百条第二款、第三款、第七款和第八款的规定准用于前款规定的相关人的到场和提供证言。

第七十四条之四 就条例制定或改废请求人的署名，有下列行为者处以四年以下惩役或禁锢、一百万日元以下罚金：

一、对署名权人或者署名运动人施加暴力或威胁、绑架。

二、用妨碍交通或集会，或者妨碍演说，或者其他弄虚作假等不正当方法妨碍署名自由。

三、用署名权人、署名运动人、相关神社寺庙、学校、公司、协会、市町村等的用水、租农地、债权、捐赠及其他利害关系来威胁署名权人或者署名运动人。

伪造条例制定或改废请求人署名、增减其人数者，或者扣押、损毁或抢夺署名册及其他条例制定或改废请求所需资料者，处以三年以下惩役或禁锢、五十万日元以下罚金。

就条例制定或改废请求人的署名，未受选举权人委托或者并非选举权人因身心障碍或其他事由而不能在请求人署名册上署名，但作为姓名代笔人将请求人姓名记载于请求人署名册者，处以三年以下惩役或禁锢、五十万日元以下罚金。

选举权人因身心障碍及其他事由而不能在条例制定或改废请求人署名册上署名时,接受该选举权人委托将请求人姓名记载于请求人署名册上者,在该署名册上不以姓名代笔人署名或者虚假署名的,处于三年以下惩役或禁锢、五十万日元以下罚金。

就条例制定或改废请求人的署名,下列人员利用其地位实施署名运动的,处以两年以下禁锢、三十万日元以下罚金:

一、国家或地方公共团体的公务员、行政执行法人[是指《独立行政法人通则法》(1999年法律第103号)第二条第四款规定的行政执行法人]或特定地方独立行政法人[是指《地方独立行政法人法》(2003年法律第118号)规定的特定地方独立行政法人]的干部或职员。

二、冲绳振兴开发金融公库的干部或职员。

就条例制定或改废请求,使用未附带政令规定的请求书和请求代表人证明书的署名册、未附带政令规定的请求人代表人委托书的署名册、其他未根据法令规定程序的署名册请求署名者,或者在政令规定可请求署名的期间外请求署名者,处以十万日元以下罚金。

第七十五条 选举权人(关于道①的区域公安委员会,为该委员会管辖区域内有选举权者)根据政令的规定,有其总数五十分之一以上联合署名的,其代表人可以向普通地方公共团体的监察委员,就该普通地方公共团体的事务执行情况申请监察。

发生前款申请后,监察委员必须立即公开申请要旨。

监察委员必须对与第一款请求相关的事项进行监察,决定监察结果报告,将其送达同款的代表人并公布,同时提交给该普通地方公共团体的议会和首长、相关教育委员会、选举管理委员会、人事委员会、公平委员会、公安委员会、劳动委员会、农业委员会及其他法律规定的委员会或委员。

应当根据监察委员的合议,决定前款规定的监察结果报告。

第七十四条第五款的规定准用于第一款的选举权人及其总数五十分之一的人数,同条第六款规定准用于第一款的代表人,同条第七款至第九款和第七十四

---

① "道"指的是北海道。

条之二至前条的规定准用于第一款规定的请求人署名。此时,第七十四条第六款第三项中的"区域内"应该读作"区域内(关于道的区域公安委员会的请求时,为该委员会管辖区域内)"。

第二节 解散和解职的请求

第七十六条 根据政令的规定,选举权人总数的三分之一(总数超过四十万,且八十万以下时,为超出四十万部分乘以六分之一所得数加四十万乘以三分之一所得数的和;总数超过八十万时,为超出八十万部分乘以八分之一所得数加四十万乘以六分之一所得数加四十万乘以三分之一所得数的总和)以上联名的,其代表人可以向普通地方公共团体的选举管理委员会请求解散该普通地方公共团体的议会。

发生前款请求后,委员会必须立即公布请求的要旨。

发生第一款的请求后,委员会必须将其交付选举人投票。

第七十四条第五款的规定准用于第一款选举权人和其总数三分之一人数(总数超过四十万,且八十万以下时,为超出四十万部分乘以六分之一所得数加四十万乘以三分之一所得数的和;总数超过八十万时,为超出八十万部分乘以八分之一所得数加四十万乘以六分之一所得数加四十万乘以三分之一所得数的总和),同条第六款的规定准用于第一款的代表人,同条第七款至第九款和第七十四条之二至第七十四条之四的规定准用于第一款规定的请求人的署名。

第七十七条 解散投票的结果出来后,选举管理委员会必须立即将其通知前条第一款的代表人和该普通地方公共团体议会的议长,且予以公布,同时报告都道府县知事、市町村长。投票结果生效后,同样。

第七十八条 第七十六条第三款规定的解散投票有过半数同意的,应该解散普通地方公共团体的议会。

第七十九条 议会议员的一般选举日起一年内和第七十六条第三款规定的解散投票日起一年内,不得请求解散第七十六条第一款规定的普通地方公共团体议会。

第八十条 根据政令的规定,所属选区中选举权人总数的三分之一(总数超过四十万,且八十万以下时,为超出四十万部分乘以六分之一所得数加四十万乘以三分之一所得数的和;总数超过八十万时,为超出八十万部分乘以八分之一所得数加四十万乘以六分之一所得数加四十万乘以三分之一所得数的总和)以上联名的,其代表人可以向普通地方公共团体的选举管理委员会请求解除该选区的普通地方公共团体议会议员的职务。没有选区的,选举权人总数的三分之一(总数超过四十万,且八十万以下时,为超出四十万部分乘以六分之一所得数加四十万乘以三分之一所得数的和;总数超过八十万时,为超出八十万部分乘以八分之一所得数加四十万乘以六分之一所得数加四十万乘以三分之一所得数的总和)以上联名的,可以请求解除议员的职务。

发生前款的请求后,委员会必须立即在相关区域内公布请求的要旨。

发生前款的请求后,委员会必须将其交付该选区的选举人投票。没有选区的,必须交付所有选举人投票。

第七十四条第五款的规定准用于第一款选举权人及其总数的三分之一人数(总数超过四十万,且八十万以下时,为超出四十万部分乘以六分之一所得数加四十万乘以三分之一所得数的和;总数超过八十万时,为超出八十万部分乘以八分之一所得数加四十万乘以六分之一所得数加四十万乘以三分之一所得数的总和),同条第六款的规定准用于第一款的代表人,同条第七款至第九款和第七十四条之二至第七十四条之四的规定准用于第一款规定的请求人署名。此时,第七十四条第六款第三项中的"都道府县区域内""市的"读作"包含选区区域的全部或部分"。

第八十一条　根据政令的规定,选举权人总数的三分之一(总数超过四十万,且八十万以下时,为超出四十万部分乘以六分之一所得数加四十万乘以三分之一所得数的和;总数超过八十万时,为超出八十万部分乘以八分之一所得数加四十万乘以六分之一所得数加四十万乘以三分之一所得数的总和)以上联名的,其代表人可以向普通地方公共团体的选举管理委员会请求解除该普通地方公共团体首长的职务。

第七十四条第五款的规定准用于前款的选举权人及其总数三分之一的人数(总数超过四十万,且八十万以下时,为超出四十万部分乘以六分之一所得数加四十万乘以三分之一所得数的和;总数超过八十万时,为超出八十万部分乘以八分之一所得数加四十万乘以六分之一所得数加四十万乘以三分之一所得数的总和),同条第六款的规定准用于前款的代表人,同条第七款至第九款和第七十四条之二至第七十四条之四的规定准用于前款规定的请求人署名,第七十六条第二款与第三款的规定准用于前款的请求。

第八十二条　前条第二款规定的解职投票结果出来后,委员会必须立即将其通知同条第一款的代表人和该普通地方公共团体的首长和议会议长,且予以公布。投票结果生效后,同样。

第八十三条　第八十条第三款或者第八十一条第二款规定的解职投票中过半数同意的,普通地方公共团体的议会议员或者首长失去其职务。

第八十四条　第八十条第一款或者第八十一条第一款规定的普通地方公共团体议会议员或者首长的解职请求,不得在其就职日起一年内和第八十条第三款或第八十一条第二款规定的解职投票日起一年内实施。但针对根据《公职选举法》第一百条第六款规定而确定为当选人,并成为普通地方公共团体的议会议员或者首长的解职请求,可以在其就职日起的一年内实施。

第八十五条　除政令有特别规定的外,《公职选举法》中普通地方公共团体选举的相关规定准用于第七十六条第三款规定的解散投票和第八十条第三款、第八十一条第二款规定的解职投票。

根据政令的规定,前款的投票可以与普通地方公共团体的选举同时进行。

第八十六条　根据政令的规定,选举权人[关于第二百五十二条之十九第一款规定的指定市(本款称"指定市")的综合区长时,为在该综合区区域内有选举权者;关于指定市的区或综合区的选举管理委员时,为该区或综合区区域内有选举权者;关于道的区域公安委员会委员时,为该区域公安委员会管辖区域内有选举权者]总数的三分之一(总数超过四十万,且八十万以下时,为超出四十万部分乘以六分之一所得数加四十万乘以三分之一所得数的和;总数超过八十万时,为超出八十万部分乘以八分之一所得数加四十万乘以六分之一所得数加四十万乘以三分之一所得数的总和)以上联名的,其代表人可以向普通地方公共团体的首长请求解除副知事或副市町村长、指定市的综合区长、选举管理委员或监察委员、公安委员会委员的职务。

发生前款请求后,该普通地方公共团体的首长必须立即公布请求的要旨。

发生第一款的请求后,该普通地方公共团体的首长必须将其交议会审议,将审议结果通知同款的代表人和相关人,并公布。

第七十四条第五款的规定准用于第一款选举权人及其总数三分之一的人数(总数超过四十万,且八十万以下时,为超出四十万部分乘以六分之一所得数加四十万乘以三分之一所得数的和；总数超过八十万时，为超出八十万部分乘以八分之一所得数加四十万乘以六分之一所得数加四十万乘以三分之一所得数的总和），同条第六款的规定准用于第一款的代表人，同条第七款至第九款和第七十四条之二至第七十四条之四的规定准用于第一款规定的请求人署名。第七十四条第六款第三项中"区域内"读作"区域内（关于道的区域公安委员会委员的请求时，为该区域公安委员会管辖区域内）"，"市的区和综合区"读作"市的区和综合区（关于与综合区长相关的请求时，仅限于该综合区；关于与区或综合区的选举管理委员相关的请求时，仅限于该区或该综合区）"。

第八十七条　在前条第三款的情形中，该普通地方公共团体议会议员三分之二出席，其中四分之三同意的，从事前条第一款所列职务者失去其职务。

第一百十八条第五款的规定准用于前条第三款规定的议决。

第八十八条　第八十六条第一款规定的副知事或副市町村长、第二百五十二条之十九第一款规定的指定市的综合区长的解职请求，不得在其就职日起的一年内和第八十六条第三款规定的议会议决日起一年内实施。

第八十六条第一款规定的选举管理委员或监察委员、公安委员会委员的解职请求，不得在其就职日起的六个月内和同条第三款规定的议会议决日起的六个月内实施。

第六章　议　会

第一节　组　织

第八十九条　普通地方公共团体内设置议会。

第九十条　都道府县议会的议员名额通过条例规定。

前款规定的议员名额的变更，只能在一般选举中实施。

因第六条之二第一款规定的处理而人口显著增长的都道府县，尽管有前款规定，但也可在议员任期中增加议员名额。

在根据第六条之二第一款规定，拟设置都道府县的情形中，成为新设都道府县区域一部分的都道府县（本条称"前都道府县"），必须根据其协议，预先确定新设的都道府县议会议员的名额。

根据前款规定，确定新设都道府县议会议员名额时，前都道府县必须立即公示该名额。

根据前款规定而公示的新设置都道府县议会议员的名额,看作是第一款规定的该都道府县的条例规定的。

第四款的协议必须经由前都道府县议会的议决。

第九十一条 市町村议会议员的名额由条例规定。

前款规定的议员名额的变更,只能在一般选举中实施。

因第七条第一款或第三款规定的处理而人口显著增减的市町村,尽管有前款规定,但也可在议员任期中增减议员名额。

根据前款规定而在议员任期内减少名额后,该市町村的议会议员在职人数超过该减少名额的,在该议员任期中以其数为名额。但议员缺员的,应该与之对应,议员数减少到该名额。

根据第七条第一款或者第三款的规定,拟实施伴随市町村设置的市町村废置分合时,其全部或部分区域因废置分合而成为新设市町村全部或部分区域的市町村(本条称"前市町村")是两个以上的,就必须根据前市町村的协商,预先确定新设市町村议会的议员名额;前市町村是一个的,就必须经该前市町村议会议决,预先确定新设市町村议会的议员名额。

根据前款规定,确定了新设市町村议会议员名额后,前市町村必须立即公布该名额。

根据前款规定而公布的新设市町村议会议员名额,视为根据第一款规定的该市町村条例而确定。

第五款的协商必须经由前市町村议会议决。

第九十二条 普通地方公共团体的议会议员不得兼任众议院议员或参议院议员。

普通地方公共团体的议会议员不得兼任地方公共团体的议会议员、常勤职员、《地方公务员法》(1950年法律第261号)第二十八条之五第一款规定的临时职员。

第九十二条之二 普通地方公共团体的议会议员不得是对该普通地方公共团体有承包业务者及其经理、实施该行为的法人的无限责任职员、董事、执行官、监事或相当于他们者、经理和清算人。

第九十三条 普通地方公共团体议会议员的任期为四年。

前款任期的起算、补缺议员的在任期间、因议员名额变化而新当选议员的在任期间，依据《公职选举法》第二百五十八条和第二百六十条的规定。

第九十四条　尽管有第八十九条的规定，但町村可以不设置议会，而设置选举权人的总会。

第九十五条　前条规定的町村总会准用町村议会的规定。

第二节　权　限

第九十六条　普通地方公共团体的议会必须议决下列事项：

一、制定或者改废条例。

二、决定预算。

三、批准决算。

四、除法律或者基于法律的政令有规定的外，有关地方税的课赋征收、分担金、使用费、加入金或手续费征收的事项。

五、根据政令规定的标准，签订条例规定了种类和金额的合同。

六、除条例规定的外，交换财产，作为出资目的或作为支付手段而使用财产，或者无需适当对价而出让或出租财产。

七、信托不动产。

八、除前两项规定的外，根据政令规定的标准，取得或处理条例规定了种类和金额的财产。

九、接受附条件的捐赠或赠与。

十、放弃权利，但法律或基于法律的政令、条例有特别规定者除外。

十一、使条例规定的重要公共设施因条例规定而被长期独家使用。

十二、关于普通地方公共团体是当事人的审查请求、不服申诉、起诉［普通地方公共团体的行政机关的行政行为或裁决（是指《行政诉讼法》第三条第二款规定的行政行为或同条第三款规定的裁决；在次项、第一百零五条之二、第一百九十二条、第一百九十九条之三第三款中，相同）相关的同法第十一条第一款（同法第三十八条第一款——含在同法第四十三条第二款中准用的情形——或在同法第四十三条第一款中准用情形）规定的以普通地方公共团体为被告的诉讼（在本项、第一百零五条之二、第一百九十二条和第一百九十九条之三第三款中称"以普通地方公共团体为被告的诉讼"）除外］、和解（与普通地方公共团体行政机关的行政行为或裁决相关的、以普通地方公共团体为被告的诉讼除外）、斡旋、调解和仲裁。

十三、规定法律上属于其义务的损害赔偿的数额。

十四、综合调整普通地方公共团体区域内公共性团体等的活动。

十五、其他法律或者基于法律的政令（包括以它们为根据的条例）所规定的属于议会权限的事项。

除前款规定的外，普通地方公共团体可以通过条例规定议会应议决的与普通地方公共团体相关的事项。

第九十七条 普通地方公共团体的议会必须根据法律或者基于法律的政令，举行属于其权限的选举。

议会不妨碍对预算进行增额议决。但不得侵犯普通地方公共团体首长的预算提交权。

第九十八条 普通地方公共团体的议会可以审查与该普通地方公共团体的事务（自治事务中，政令规定的劳动委员会和征收委员会权限内事务除外；法定受托事务中，政令规定的、因有可能损害国家安全或其他事由而不适合作为议会检查对象者除外）相关的资料和计算书，要求该普通地方公共团体的首长、教育委员会、选举管理委员会、人事委员会或公平委员会、公安委员会、劳动委员会、农业委员会或监察委员、其他法律规定的委员会或委员进行报告，检查该事务的管理、议决的执行和出纳。

议会可以要求监察委员监察该普通地方公共团体的事务（自治事务中，政令规定的劳动委员会和征收委员会权限内事务除外；法定受托事务中，政令规定的、因有可能损害国家安全或其他事由而不适合作为本款监察对象者除外），报告监察结果。实施该监察时，准用第一百九十九条第二款后段的规定。

第九十九条 普通地方公共团体的议会，就与该普通地方公共团体的公益相关的事件，可以向国会或相关行政机关提交意见书。

第一百条 普通地方公共团体的议会，可以实施与该普通地方公共团体的事务（自治事务中，政令规定的劳动委员会和征收委员会权限内事务除外；法定受托事务中，政令规定的、因有可能损害国家安全或其他事由而不适合作为议会调查对象者除外。次款同）相关的调查。此时，认为对调查有必要的，可以要求选举人及其他关系人出场、提供证言、提交记录。

民事诉讼相关法令中有关证人询问的规定，除本法有特别规定的外，准用于根据前款后段的规定，议会为调查该普通地方公共团体事务而要求选举人及其他相关人提供证言的情形。但罚则、罚金、拘留、强制传唤的规定，不在此限。

根据第一款后段的规定，被要求出场或提交记录的选举人及其他相关人无正当理由不出场或提交记录，或者拒绝提供证言的，处以六个月以下禁锢或者十万日元以下罚金。

选举人及其他相关人向议会申明基于公务员地位而得知的事实属于职务上秘密后，议会未获得相关行政机关认可的，不得要求提交关于该事实的证言或记录。就此，行政机关拒绝认可的，必须说明理由。

议会认为没有根据前款规定说明理由的，可以要求相关行政机关声明说提交该证言或者记录会损害公共利益。

相关行政机关收到前款规定的要求之日起二十日内不声明的，选举人及其他相关人必须提交证言或者记录。

根据准用于第二款的民事诉讼相关法令规定而宣誓的选举人及其他相关人作虚假陈述的，处以三个月以上五年以下禁锢。

犯前款罪者在议会决定结束调查日前坦白的，可以减轻或者免除该刑罚。

议会认为选举人及其他相关人犯了第三款或者第七款之罪的，必须检举。但作虚假陈述的选举人及其他相关人在议会决定结束调查日前坦白的，可以不检举。

议会为实施第一款规定的调查而照会该普通地方公共团体区域内的团体等，并要求其报送记录的，该团体等必须回应要求。

议会实施第一款规定的调查时，必须预先在预算额度范围内确定好调查所需经费的数额。认为有必要超出额度范围的经费必须再经过议决。

议会根据会议规则的规定，可以设置为审查议案或者议会运营而进行协商或者协调的场所。

议会认为为审查议案或者调查该普通地方公共团体事务等而有必要时，可以根据会议规则的规定，派遣议员。

普通地方公共团体根据条例的规定，可以作为议会议员调查研究其他活动所需经费，向议会中的会议派别或者议员支付政务活动费。该政务活动费的支付对象、数额、支付方法、使用范围必须由条例规定。

收到前款政务活动费的会议派别或者议员应该根据条例的规定，向议长提交该政务活动费收支报告书。

议长应该尽力保证第十四款政务活动费使用的透明性。

政府必须向都道府县议会报送政府公报和政府刊物，向市町村议会报送政府公报和与市町村有特别关系的政府刊物。

都道府县必须向该都道府县区域内的市町村议会及其他都道府县的议会寄送政府公报和合适刊物。

为有利于议员的调查研究，议会必须设置图书室，保管好根据前两款规定而收到的政府公报和刊物。

前款的图书室供一般使用。

第一百条之二 普通地方公共团体的议会为审查议案或者调查该普通地方公共团体事务，可以让有学识经验者等就必要的专业事项进行调查。

第三节 召集和会期

第一百零一条 普通地方公共团体的议会由普通地方公共团体的首长召集。

议长经议会运营委员会议决，可以向该普通地方公共团体的首长出示议会应审议事项后，请求其召集临时会议。

议员数四分之一以上可以向该普通地方公共团体的首长出示议会应审议事项后，请求其召集临时会议。

发生前两款的请求后，该普通地方公共团体的首长必须在请求发生日起二十日以内召集临时会议。

第二款规定的请求发生之日起二十日内，该普通地方公共团体的首长不召集临时会议的，议长可以不管第一款的规定，召集临时会议。

第三款规定的请求发生日起二十日内，该普通地方公共团体的首长不召集临时会议的，议长必须不管第一款的规定，基于第三款规定的请求人的申请，都道府县和市在申请发生日起十日内召集临时会议；町村在申请发生日起六日内召集临时会议。

都道府县和市在开会七日前；町村在开会三日前，必须就召集予以公示。但情况紧急的，不在此限。

第一百零二条 普通地方公共团体的议会分通常会议和临时会议。

通常会议必须每年按条例规定的次数召集。

临时会议是在必要时对应事项召集。

普通地方公共团体的首长必须预先公示应在临时会议上审议的事项。

在前条第五款或者第六款的情形中,可不管前款规定,议长必须预先作为临时会议应审议事项,公示同条第二款或者第三款请求中的应交会议审议事项。

临时会议开会时出现紧急事项的,可以不管前三款规定,立即在会议中审议该紧急事项。

关于普通地方公共团体议会的会期、会期延长、开闭的事项由议会确定。

第一百零二条之二　普通地方公共团体的议会,可以不管前条的规定,根据条例的规定,不区分通常会议和临时会议,将每年的条例规定日起至次年该日的前日止作为会期。

前款的议会,除根据第四款规定必须召集的外,前款条例规定的日期到后,视为普通地方公共团体的首长在该日召集了议会。

在第一款的会期中,议员任期届满的,可以不管同款的规定,会期应该在该届满日结束;议会被解散或者所有议员不存在的,可以不管同款的规定,会期应该在解散日或者所有议员不存在日结束。

根据前款规定,会期结束后,普通地方公共团体的首长必须在因同款规定的事由而举行的一般选举所选出的议员的任期开始日起三十日内召集议会。应该将该召集日至同日后最早的第一款条例所定日的前日作为会期。

第三款规定准用于前款后段规定的会期。

第一款的议会必须通过条例确定定期召开会议的日子(以下称"定期日")。

普通地方公共团体的首长可以向第一款议会的议长展示会议应审议事项后,请求其在定期日外召开会议。都道府县和市的议长必须在请求发生日起七日内召开会议,町村的议长必须在请求发生日起三日内召开会议。

适用第一款情形中的第七十四条第三款、第一百二十一条第一款、第二百十三条之三第二款和第三款、第二百五十二条之三十九第四款的规定时,第七十四条第三款中的"二十日内召集议会"读作"二十日以内",第一百二十一条第一款中的"议会的审议"读作"定期日召开的会议的审议或者议案审议",第二百四十三条之三第二款和第三款中的"下次议会"读作"下次定期日召开的会议",第二百五十二条之三十九第四款中的"二十日内召集议会"读作"二十日内"。

第四节　议长和副议长

第一百零三条　普通地方公共团体的议会必须从议员中选举议长和副议长一人。

议长和副议长的任期根据议员的任期来确定。

第一百零四条　普通地方公共团体议会的议长维护会场秩序，整理审议事项，统括议会事务，代表议会。

第一百零五条　普通地方公共团体议会的议长可以出席委员会并发言。

第一百零五条之二　就与普通地方公共团体的议会或议长的处理或裁决相关的、以普通地方公共团体为被告的诉讼，议长代表该普通地方公共团体。

第一百零六条　普通地方公共团体议会的议长发生事故，或者议长缺员的，副议长行使议长职务。

议长和副议长都发生事故的，选举临时议长，让其行使议长职务。

议会可以委任议长选任临时议长。

第一百零七条　根据第一百零三条第一款和前条第二款规定举行选举后，没人行使议长职务的，年长的议员临时行使议长职务。

第一百零八条　普通地方公共团体议会的议长和副议长可以在获得议会许可后辞职。在议会闭会时，副议长可以在获得议长许可后辞职。

第五节　委员会

第一百零九条　普通地方公共团体的议会通过条例，可以设置常任委员会、议会运营委员会和特别委员会。

常任委员会调查属于其部门的该普通地方公共团体事务，审查议案、请愿等。

议会运营委员会就下列事项实施调查，审查议案、请愿等：

一、关于议会运营的事项。

二、关于议会会议规则、委员会条例等的事项。

三、关于议长咨询的事项。

特别委员会审查经议会议决而交付审查的事件。

第一百十五条之二的规定准用于委员会。

委员会可以就议会应议决事项中属于其部门的该普通地方公共团体的事务，向议会提出议案。但预算不在此限。

前款规定的议案必须以书面形式提出。

委员会即使在闭会时也可以审查经议会议决而交付审查的特定事件。

除前各款规定的外，委员选任及其他委员会必要事项通过条例规定。

第一百一十条　删除

第一百一十一条　删除

第六节　会　议

第一百一十二条　普通地方公共团体议会的议员可以就议会应议决事件向议会提出议案。但预算不在此限。

根据前款规定提出议案时，必须获得议员总数的十二分之一以上赞成。

第一款规定的议案必须以书面形式提出。

第一百一十三条　普通地方公共团体的议会在议员总数半数以上未出席时，不得召开会议。但因第一百一十七条规定的回避而未过半数时；就同一事项再度召集而仍未到半数时；出席议员未达法定数后议长催告仍未过半数时；起初达到半数但后来又未达半数时；不在此限。

第一百一十四条　普通地方公共团体议会的议员总数的半数以上请求的，议长必须召开那日的会议。议长还不召开会议的，遵从第一百零六条第一款或者第二款例。

根据前款规定召开会议后，或者议员中有异议后，只要没有会议的议决，议长就不得结束或者中止那日的会议。

第一百一十五条　普通地方公共团体议会会议公开进行。但议长或者议员三人以上动议，出席议员三分之二以上多数议决后，可以举行秘密会议。

前款但书中议长或议员动议的可否，无需通过讨论决定。

第一百一十五条之二　普通地方公共团体的议会，在会议中可以就预算及其他重要议案、请愿等召开公听会，听取利害关系人、有学识经验者等的意见。

普通地方公共团体的议会，在会议中认为有必要调查或审查该普通地方公共团体的事项时，可以要求知情人到场，听取其意见。

第一百一十五条之三　普通地方公共团体的议会以议案修正动议为议题

时,必须基于议员总数的十二分之一以上议员的动议。

第一百一十六条 除法律有特别规定的外,普通地方公共团体议会的议事由由出席议员过半数决定,赞成和不赞成数相同时,由议长决定。

在前款情形中,议长不具有作为议员参加议决的权利。

第一百一十七条 普通地方公共团体议会的议长和议员,不得参与审议与自己、父母、祖父母、配偶、子女、孙子女相关的事项,或者与自己、父母、祖父母、配偶、子女、孙子女所从事业务有直接利害关系的事项。但获得议会同意后,可以出席会议,发言。

第一百一十八条 普通地方公共团体的议会根据法律或者基于法律的政令而举行选举时,准用《公职选举法》第四十六条第一款和第四款、第四十七条、第四十八条、第六十八条第一款、与普通地方公共团体议会议员选举相关的第九十五条的规定。对投票效力有异议的,由议会决定。

议员中有异议时,议会就前款的选举可以使用指名推选的方法。

使用指名推选方法,就是否应该将被指名人确定为当选人而交由会议审议时,获得全体议员同意者为当选人。

用一次选举选两人以上时,不得区分被指名人而使用前款规定。

对第一款中都道府县议会的决定不服者,可以在决定之日起二十一日内向总务大臣申请审查裁决;对第一款中市町村议会的决定不服者,可以在决定之日起二十一日内向都道府县知事申请审查裁决。对裁决不服者,可以在裁决作出之日起二十一日内向法院起诉。

第一款的决定,必须以书面形式,附带理由交付于本人。

第一百一十九条 会期中没有议决的事件,后面会议不再继续。

第一百二十条 普通地方公共团体的议会必须设置会议规则。

第一百二十一条 普通地方公共团体的首长、教育委员会的教育长、选举管理委员会的委员长、人事委员会的委员长、公平委员会的委员长、公安委员会的委员长、劳动委员会的委员、农业委员会的会长和监察委员以及其他法律规定的委员会的代表人或委员或受其委任或嘱托者应议长要求,必须出席会议就审议作必要说明。但在出席日有正当理由不能出席并报告议长的,不在此限。

第一百零二条之二第一款议会的议长根据前条主文规定提出要求时,必须考虑不妨碍普通地方公共团体执行机关的事务。

第一百二十二条　普通地方公共团体的首长必须在议会中提交第二百一十一条第二款规定的预算说明书及其他该普通地方公共团体事务的说明书。

第一百二十三条　议长必须让书记长（在没有书记长的町村，为书记）用书面或者电磁记录（电子方式、磁气方式及其他靠人知觉无法识别的、用于电子计算机信息处理用的方式）方式制作会议记录，记载记录会议情况和出席议员姓名。

书面制作会议记录时，必须由议长和议会确定的两人以上议员签名。

会议记录用电磁方式制作时，必须采取措施，让议长和议会确定的两人以上议员在该电磁记录上做总务省令规定的签名。

会议记录以书面形式制作后，议长必须附带副本向普通地方公共团体的首长报告会议结果；会议记录以电磁形式制作后，议长必须附带记载了电磁记录所记录事项的书面或者磁盘（包括通过类似方法而准确记录一定事项的物）向普通地方公共团体的首长报告会议结果。

第七节　请　愿

第一百二十四条　拟向普通地方公共团体议会请愿者必须经议员介绍提交请愿书。

第一百二十五条　普通地方公共团体的议会认为就获得认可的请愿，普通地方公共团体的首长、教育委员会、选举管理委员会、人事委员会、公平委员会、公安委员会、劳动委员会、农业委员会、监察委员以及其他法律规定的委员会或委员适合采取措施的，可以交由他们处理，并要求他们报告该请愿的处理经过和结果。

第八节　议员的辞职和资格认定

第一百二十六条　普通地方公共团体议会的议员可在获得议会许可后辞职。但闭会期间获得议长许可后可以辞职。

第一百二十七条　普通地方公共团体议会的议员并非被选举权人时，或者符合第九十二条之二（含第二百八十七条之二第七款中的准用情形，本款下同）的规定时，失去其职务。除议员因符合《公职选举法》第十一条、第十一条之二、第二百五十二条，或者《政治资金规范法》第二十八条的规定而没有选举权的情形外,被选举权有无或者是否符合第九十二条之二的规定,由议会决定。对此,必须出席议员的三分之二以上多数决定。

都道府县议会的议员即使因住所变化而失去被选举权,但其住所在同一都道府县区域内的,不会失去职务。

在第一款情形中,议员可以不管第一百一十七条的规定,出席会议,对自己的资格进行申辩,但不能参与决定。

第一百一十八条第五款和第六款的规定准用于第一款情形。

第一百二十八条　普通地方公共团体议会的议员,在对《公职选举法》第二百零二条第一款或第二百零六条第一款规定的异议申请、同法第二百零二条第二款或第二百零六条第二款规定的审查申请、同法第二百零三条第一款、第二百零七条第一款、第二百一十条、第二百一十一条的起诉所作决定、裁决或者判决生效前(在可以根据同法第二百一十条第一款提起诉讼的情形中,该诉讼没被提起时、驳回起诉判决生效时、该诉被撤时,为在同款规定的诉讼时效结束前、该裁判生效前、被撤前的期间),不失去职务。

第九节　纪　律

第一百二十九条　有议员在普通地方公共团体议会会议中违反本法或会议规则,扰乱会场秩序时,议长可以制止他,撤销其发言,不服从该命令的,可以禁止其发言直到该日会议结束,或者让其离开会场。

议长认为会场吵闹且难以管理时,可以结束或者中止该日会议。

第一百三十条　旁听人公然表达赞同与否,或者起哄等,妨害会议的,普通地方公共团体议会的议长可以予以制止,不服从该命令的,可以让其退场,必要时可将其移送警察。

旁听席吵闹的,议长可以让所有旁听人退场。

除前两款规定的外,议长必须制定必要的会议旁听规则。

第一百三十一条　有人破坏会场秩序或者妨碍会议的,议员可以提醒议长加以注意。

第一百三十二条　在普通地方公共团体议会的会议或者委员会上,议员不得使用失礼语言,不得发表有关他人私生活的言论。

第一百三十三条　在普通地方公共团体议会的会议或者委员会上,受到侮辱的议员可以向议会申诉，请求处分行为人。

第十节　惩　罚

　　第一百三十四条　普通地方公共团体的议会经议决，可以惩罚违反本法、会议规则、委员会相关条例的议员。

　　必须在会议规则中规定与惩罚相关的必要事项。

　　第一百三十五条　惩罚如下：

　　一、公开会场中的告诫。

　　二、公开会场中的道歉。

　　三、一定期间的停止出席。

　　四、除名。

　　惩罚动议必须由议员总数的八分之一以上发起。

　　第一款第四项的除名，必须在该普通地方公共团体议会议员总数三分之二以上出席后获得出席议员四分之三以上同意。

　　第一百三十六条　普通地方公共团体议会不得拒绝被除名议员再次当选。

　　第一百三十七条　普通地方公共团体议会的议员无正当理由不响应召集，或者无正当理由缺席会议，议长即使发出特别邀请，仍无故缺席的，经议会议决，议长可以对其予以惩罚。

第十一节　议会的事务局和事务局长、书记长、书记及其他职员

　　第一百三十八条　在都道府县议会中设置事务局。

　　根据条例的规定，可以在市町村的议会中设置事务局。

　　在事务局中设置事务局长、书记及其他职员。

　　在没有设置事务局的市町村议会中，设置书记长、书记及其他职员。但町村中可以不设置书记长。

　　事务局长、书记长、书记及其他职员由议长任免。

　　事务局长、书记长、书记及其他常勤职员的名额由条例规定。但临时职务不受此限。

　　事务局长和书记长受议长命令，书记及其他职员受上司指挥，从事议会相关事务。

事务局长、书记长、书记及其他职员的任用、人事评价、工资、工作时间及其他工作条件、地位和惩戒、服务、退职管理、研修、福利和利益保护及其他身份处理，除本法有规定的外，适用《地方公务员法》的规定。

第七章　执行机关

第一节　通　则

第一百三十八条之二　普通地方公共团体的执行机关有义务以自己的判断和责任，诚实地管理和执行基于该普通地方公共团体条例、预算及其他议会决议的事务，以及基于法令、规则和其他规程的该普通地方公共团体的事务。

第一百三十八条之三　普通地方公共团体的执行机关的组织，在普通地方公共团体首长所辖下，由具有各自明确管辖事务和权限的执行机关有系统地构成。

普通地方公共团体的执行机关，必须在普通地方公共团体首长所辖下，相互联络，作为一整体，发挥行政作用。

普通地方公共团体执行机关相互间产生权限异议后，该普通地方公共团体的首长必须尽力协调。

第一百三十八条之四　在普通地方公共团体内，作为其执行机关，除普通地方公共团体首长外，还可根据法律规定设置委员会或者委员。

普通地方公共团体的委员会，可以根据法律的规定，在不违反法令、普通地方公共团体条例或规则的范围内，就其权限内事务，制定规则及其他规程。

普通地方公共团体可以根据法律或者条例的规定，可以作为执行机关的附属机关，设置自治纠纷处理委员、审查会、审议会、调查会其他调解、审查、咨询、调查的机关。但政令规定的执行机关不在此限。

第二节　普通地方公共团体的首长

Ⅰ　地　位

第一百三十九条　在都道府县内设置知事。

在市町村内设置市町村长。

第一百四十条　普通地方公共团体首长的任期为四年。

前款规定的任期的起算根据《公职选举法》第二百五十九条和第二百五十九条之二的规定。

第一百四十一条　普通地方公共团体的首长不得兼任众议院议员或者参议院议员。

普通地方公共团体的首长不得兼任地方公共团体的议会议员、常勤职员和短期勤务职员。

第一百四十二条　普通地方公共团体的首长不得是对该普通地方公共团体有承包业务者及其经理、实施该行为的法人（政令规定的该普通地方公共团体出资的法人除外）的无限责任职员、董事、执行官、监事或相当于他们者、经理和清算人。

第一百四十三条　普通地方公共团体的首长,不具有被选举权时或者符合前条规定时,失去其职务。该被选举权的有无,或者是否符合同条的规定,除普通地方公共团体的首长因符合《公职选举法》第十一条、第十一条之二、第二百五十二条,或者《政治资金规范法》第二十八条的规定而不具有被选举权情形外,必须由该普通地方公共团体的选举管理委员会决定。

前款规定的决定必须附带理由,通过书面交付本人。

对第一款规定的都道府县的决定请求审查时,应该向总务大臣作出该请求；对市町村的决定请求审查时,应该向都道府县知事作出该请求。

与前款审查请求相关的《行政不服审查法》（2014 年法律第 68 号）第十八条第一款主文的期间为第一款决定发生日的第二日起的二十一日。

第一百四十四条　普通地方公共团体的首长,在针对《公职选举法》第二百零二条第一款或第二百零六条第一款规定的异议申请、同法第二百零二条第二款或第二百零六条第二款规定的审查申请、同法第二百零三条第一款、第二百零七条第一款、第二百一十条或第二百十一条的起诉作出决定、裁决或判决生效前（在可以根据同法第二百一十条第一款提起诉讼的情形中,该诉讼没被提起时、驳回起诉判决生效时、该诉被撤时,为在同款规定的诉讼时效结束前、该裁判生效前、被撤前的期间）,不失去职务。

第一百四十五条　普通地方公共团体的首长拟退职时,都道府县知事必须在退职日的三十日、市町村长必须在退之日的二十日前,向该普通地方公共团体议会的议长提出申请。但获得议会同意的,可以在该期日前退职。

第一百四十六条　删除

Ⅱ　权　限

第一百四十七条　普通地方公共团体的首长统辖和代表该普通地方公共团体。

第一百四十八条　普通地方公共团体的首长管理和执行该普通地方公共团体的事务。

第一百四十九条　普通地方公共团体的首长承担下列事务：

一、就应经普通地方公共团体议会议决的事项，提出其议案。

二、编制和执行预算。

三、课赋征收地方税；征收分担金、使用费、加入金或手续费；科处罚款。

四、将决算交付普通地方公共团体议会认定。

五、监督会计。

六、取得、管理和处理财产。

七、设置、管理和废止公共设施。

八、保管证书和公文文件。

九、执行上述各项外的该普通地方公共团体事务。

第一百五十条　删除

第一百五十一条　删除

第一百五十二条　普通地方公共团体首长遭遇事故，或者首长缺员时，副知事或者副市町村长代理其职务。副知事或者副市町村长为两人以上的，按照该普通地方公共团体首长预先决定的顺序代理其职务；预先没有决定的，根据座次的上下决定代理者；座次上下不明确的，根据年龄的大小决定代理者；年龄相同的，通过抽签决定代理者。

副知事或副市町村长遭遇事故时，或者副知事或副市町村长缺员时，或者没有设置副知事或副市町村长的普通地方公共团体的首长遭遇事故或者首长缺员时，该普通地方公共团体的首长在其辅助机关中指定职员代理其职务。

在前款情形中，没有代理普通地方公共团体首长职务者时，该普通地方公共团体规则规定的高级职员代理其职务。

第一百五十三条　普通地方公共团体的首长可以将其权限内的部分事务委

任于作为其辅助机关的职员,或者让其临时代理。

普通地方公共团体的首长可以将其权限内的部分事务委任于其管辖的行政机关。

第一百五十四条　普通地方公共团体的首长指挥监督作为其辅助机关的职员。

第一百五十四条之二　普通地方公共团体的首长认为其管辖的行政机关的行政行为违反法令、条例或者规则时,可以撤销或者停止该行政行为。

第一百五十五条　普通地方公共团体的首长为了分开掌管其权限内的事务,可以通过条例规定,必要时可在都道府县设置支厅(含道的支厅出差所,下同)和地方事务所,在市町村设置支所或者出差所。

支厅或地方事务所、支所或出差所的位置、名称和所辖区域,必须通过条例规定。

第四条第二款的规定准用于前款的支厅或地方事务所、支所或出差所的位置和所辖区域。

第一百五十六条　普通地方公共团体的首长,除前条第一款的规定外,应该根据法律或条例的规定,设置保健所、警察署及其他行政机关。

前款的行政机关的位置、名称和所辖区域通过条例规定。

第四条第二款的规定准用于第一款的行政机关的位置和所辖区域。

非经国会认可,不得设置国家的地方行政机关(含派驻机关。本条下同)。国家的地方行政机关的设置和运营所需经费必须由国家负担。

前款规定不适用于司法行政与惩戒机关、地方入国管理局的分局与出差所以及分局的出差所、警察机关、官民人才交流中心的分所、检疫机关、防卫省的机关、海关的出差所和监视署、海关分署及其出差所和监视署、税务署及其分署、国税不服审判所的分部、地方航空局的事务所及其他航空现场业务官署、综合通信局的出差所、电波观测所、文教设施、国立医院和疗养设施、气象官署、海上警备救难机关、航路标识和水路官署、森林管理官署、用国家费用做工程的机关。

第一百五十七条　普通地方公共团体的首长为综合协调该普通地方公共团体区域内公共性团体等的活动,可以对其进行指挥监督。

前款情形中有必要时,普通地方公共团体的首长可以让该普通地方公共团体区域内的公共性团体等报告事务,提交资料和账本,可以实地视察事务。

普通地方公共团体的首长在监督该普通地方公共团体区域内公共性团体等方面，可以作出必要的处理，或者申请该公共性团体等的监督机关采取措施。

前款的监督机关可以撤销普通地方公共团体首长作出的处理。

第一百五十八条 普通地方公共团体的首长为了分开掌管其权限内的事务，可以设置必要的内部组织。该普通地方公共团体首长直接所属的内部组织的设置和分管事务应该由条例规定。

普通地方公共团体的首长在编制前款内部组织时，必须充分考虑要让该普通地方公共团体的事务和事业的运营简单而有效率。

第一百五十九条 普通地方公共团体首长事务的继受，由政令规定。

前款的政令可以规定，无正当理由拒绝继受事务的，处以10万日元以下罚款。

第一百六十条 删除

Ⅲ 辅助机关

第一百六十一条 都道府县内设置副知事，市町村内设置副市町村长。但条例可以规定不设置。

副知事和副市町村长的人数由条例规定。

第一百六十二条 普通地方公共团体的首长在取得议会同意后，选任副知事和副市町村长。

第一百六十三条 副知事和副市町村长的任期是四年。但普通地方公共团体的首长也可以在任期中将其解职。

第一百六十四条 符合《公职选举法》第十一条第一款或者第十一条之二者不得担任副知事或者副市町村长。

副知事或者副市町村长符合《公职选举法》第十一条第一款时，失去其职务。

第一百六十五条 代理普通地方公共团体首长职务的副知事或者副市町村长拟退职时，必须在退职日的二十日前向该普通地方公共团体议会的议长提出申请。但取得议会同意的，可以在该期日前退职。

除前款规定的情形外，副知事或者副市町村长必须在退职日的二十日前向该普通地方公共团体的首长提出申请。但取得该普通地方公共团体首长同意的，可以在该期日前退职。

第一百六十六条　副知事和副市町村长不得兼任检察官、警察、收税官、普通地方公共团体的公安委员会的委员。

第一百四十一条、第一百四十二条和第一百五十九条的规定准用于副知事和副市町村长。

副知事或者副市町村长准用前款规定时符合第一百四十二条规定的，普通地方公共团体的首长必须解除其职务。

第一百六十七条　副知事和副市町村长辅佐普通地方公共团体的首长，受普通地方公共团体首长之命，掌管政策和规划，监督作为辅助机关的职员所承担的事务，根据特别规定，代理普通地方公共团体首长的职务。

除前款规定的外，副知事和副市町村长根据第一百五十三条第一款规定，接受委托，执行普通地方公共团体首长权限内的部分事务。

在前款情形中，普通地方公共团体首长必须立即公示其旨。

第一百六十八条　普通地方公共团体内设置会计管理人一名。

会计管理人从作为普通地方公共团体首长之辅助机关的职员中选任，由普通地方公共团体的首长任命。

第一百六十九条　与普通地方公共团体的首长、副知事、副市町村长、监察委员有亲子、夫妇、兄弟姐妹关系者，不得担任会计管理人。

会计管理人有前款关系时，失去其职务。

第一百七十条　除法律或者基于法律的政令有特别规定的外，会计管理人掌管该普通地方公共团体的会计事务。

前款的会计事务大体如下：

一、现金（含代替现金而缴纳的证券、属于基金的现金）出纳与保管。

二、开具支票。

三、有价证券（含属于公有财产或者基金者）出纳与保管。

四、物品（含属于基金的动产）出纳与保管（正使用物品的保管除外）。

五、现金与财产的登记管理。

六、支出负担行为的确认。

七、编制决算后提交于普通地方公共团体的首长。

会计管理人发生事故，普通地方公共团体的首长认为有必要的，可以让作为该普通地方公共团体首长之辅助机关的职员代理会计管理人的事务。

第一百七十一条 为辅助会计管理人事务而设置出纳员及其他会计职员。但町村可以不设置出纳员。

出纳员及其他会计职员来自作为普通地方公共团体首长之辅助机关的职员，由普通地方公共团体首长任命。

出纳员接受会计管理人的命令，掌管现金出纳（含开具支票）或保管、物品出纳或保管，其他会计职员接受上司命令，掌管该普通地方公共团体的会计事务。

普通地方公共团体的首长可以让会计管理人将其部分事务委任于出纳员，或者让该出纳员将该受托事务再委任于出纳员以外的会计职员。对此，普通地方公共团体首长必须立即公示其旨。

为处理会计管理人权限内事务，普通地方公共团体的首长可以通过规则设置必要组织。

第一百七十二条 除前十一条规定的外，普通地方公共团体内设置职员。

前款的职员由普通地方公共团体的首长任免。

第一款职员的名额由条例规定，但临时或非常勤职务不在此限。

第一款职员的任用、人事评价、薪酬、勤务时间及其他勤务条件、处分与惩戒、服务、退职管理、研修、福利与利益保障、其他身份处理等，除本法有规定的外，依据《地方公务员法》的规定。

第一百七十三条 删除

第一百七十四条 普通地方公共团体可以设置常设或者临时的专门委员。

专门委员由普通地方公共团体的首长从有专门学识经验者中选任。

专门委员受普通地方公共团体首长委托，就其权限内事项进行必要调查。

专门委员为非常勤。

第一百七十五条 都道府县的支厅或地方事务所、市町村的支所的首长由作为该普通地方公共团体首长之辅助机关的职员充当。

前款规定的机关的首长，根据普通地方公共团体首长的决定，接受上司的指挥，掌管其主管的事务，指挥监督部下职员。

Ⅳ 与议会的关系

第一百七十六条 普通地方公共团体的首长对该普通地方公共团体议会的议决有异议时，除本法有特别规定的外，可以在该议决之日（关于条例制定或改废、预算的议决,自收到之日)起十日内,附理由申请再议。

前款规定的议会的议决与再议后的议决相同时,该议决生效。

前款规定的议决关于条例制定或改废、预算的,必须获得出席议员三分之二以上同意。

普通地方公共团体的首长认为该普通地方公共团体议会的议决或选举超越权限,或者违反法令、会议规则时,必须附理由申请再议或者让其再选。

都道府县知事、市町村长认为前款规定下的议会议决仍然超越权限,或者违反法令、会议规则时,可以在该议决或者选举日起二十一日内,都道府县知事向总务大臣申请审查;市町村长向都道府县知事申请审查。

发生前款规定的申请后,总务大臣或者都道府县知事经审查认为议会决议或者选举超越权限,或者违反法令、会议规则的,可以裁定撤销该议决或者选举。

对前款裁定不服的,普通地方公共团体的议会或者首长可以自裁定之日起六十日内,向法院起诉。

在前款诉讼中,请求撤销第四款规定的议会议决或选举的,必须以该议会为被告提起诉讼。

第一百七十七条　普通地方公共团体议会作出撤销或者减少下列经费的议决后,该普通地方公共团体的首长必须就这些经费和与之相伴的收入,附理由申请再议。

一、法令要求负担的经费、该行政机关基于法律规定而依职权所命令的经费、其他属于普通地方公共团体义务的经费。

二、因非正常灾害而应急或者修复设施所必要的经费,或者预防传染病所必要的经费。

在前款第一项情形中,议会还是决议撤销或者减少该项所列经费时,该普通地方公共团体的首长可以在预算中计上该经费和与之相伴的收入后,支出该经费。

在第一款第二项情形中,议会还是决议撤销或者减少该项所列经费时,该普通地方公共团体的首长可以将该决议看作不信任的决议。

第一百七十八条　普通地方公共团体议会通过对该普通地方公共团体首长的不信任案后,议长必须立即将其旨通知该普通地方公共团体首长。对此,普通地方公共团体首长可以在收到通知之日起十日内解散议会。

议会通过对该普通地方公共团体首长的不信任案后,在前款的期间内没有解散议会时,或者解散后新召集的首次议会再次通过不信任案,且议长将其旨通知了该普通地方公共团体的首长时,该普通地方公共团体的首长在同款的期间过后,或者议长通知之日时失去其职务。

前两款规定的不信任案,必须有三分之二以上议员出席,且第一款情形中必须获得四分之三出席议员同意,前款情形中必须获得过半数出席议员同意。

第一百七十九条 普通地方公共团体的议会不能成立时、第一百一十三条但书情形中仍不能召开会议时、普通地方公共团体的首长认为议会应议决事项特别紧急而明显来不及召集议会时、议会不议决应议决事项时,该普通地方公共团体的首长可以处理应议决的事项。但关于第一百六十二条规定的副知事或副市町村长的选任的同意、第二百五十二条之二十之二第四款规定下的第二百五十二条之十九第一款规定的指定市之综合区长的选任的同意,不在此限。

议会应作出决定的事件,根据前款例。

普通地方公共团体的首长必须在下次会议中,就根据前两款作出的处置,向议会报告并要求其予以认可。

在前款情形中,请求通过条例制定或改废、预算处置的议案被否决后,普通地方公共团体的首长必须迅速采取必要措施,同时向议会报告其旨。

第一百八十条 对普通地方公共团体议会特别认定的其权限内的简易事项,普通地方公共团体的首长可以作出专属决定①。

根据前款规定,普通地方公共团体首长作出专属决定后,必须报告议会。

V 与其他执行机关的关系

第一百八十条之二 普通地方公共团体的首长可以在与该普通地方公共团体的委员会或者委员协商后,将权限内的部分事务委任于普通地方公共团体的委员会、委员会的委员长(教育委员会的教育长)、委员、辅助这些执行机关之事务的职员、归这些执行机关之管理的机关的职员,或者让其作为辅助这些执行机关事务的职员、这些执行机关之管理机关的职员加以辅助执行。但政令规定的

---

① 专属决定的原文表述是"専决処分"。根据《法律用語辞典》(法令用語研究会编,有斐阁2006年版)第836页对"専决処分"词条的解释,《地方自治法》第179条和第180条都是关于专属决定的规定。

普通地方公共团体的委员会或委员,不在此限。

第一百八十条之三　普通地方公共团体的首长可以在与该普通地方公共团体的委员会或者委员协商后,让作为其辅助机关的职员兼任作为辅助这些执行机关之事务的职员、归这些执行机关管理的机关的职员,或者充当作为辅助这些执行机关之事务的职员、归这些执行机关管理的机关的职员,或者让作为其辅助机关的职员从事该执行机关的事务。

第一百八十条之四　普通地方公共团体的首长为通过各执行机关而促进组织和运营的合理化、保持相互间的权力均衡而认为有必要时,可以就该普通地方公共团体的委员会或委员的事务局、委员会或委员的事务管理机关(本条称"事务局等")的组织、事务局等的职员名额及其身份处理,建议委员会或委员采取必要措施。

普通地方公共团体的委员会或委员,就政令规定的属于该委员会或委员权限内的有关事务局等的组织、事务局等的职员名额或其职员身份处理,拟规定或变更该委员会或委员的规则及其他规程时,必须预先与该普通地方公共团体的首长协商。

第三节　委员会和委员

Ⅰ　通　则

第一百八十条之五　根据法律规定,必须作为执行机关设置于普通地方公共团体内的委员会和委员如下:

一、教育委员会。

二、选举管理委员会。

三、人事委员会或者未设置人事委员会的普通地方公共团体内的公平委员会。

四、监察委员。

除前款之外,根据法律规定,必须作为执行机关设置于都道府县内的委员会如下:

一、公安委员会。

二、劳动委员会。

三、征收委员会。

四、海区渔业协调委员会。

五、内水面渔场管理委员会。

除第一款之外，根据法律规定，必须作为执行机关设置于市町村内的委员会如下：

一、农业委员会。

二、固定资产评价审查委员会。

在规定依法律而必须设置的前三款之委员会或委员的事务局、委员会的事务管理机关时，不得与该普通地方公共团体首长根据第一百五十八条第一款规定而设置的内部组织之间失去权力平衡。

普通地方公共团体的委员会委员、委员除法律有特别规定的外，都为非常勤。

普通地方公共团体的委员会委员（教育委员会的教育长或委员）、委员不得是对该普通地方公共团体就其职务有承包业务者及其经理、实施该行为的法人（政令规定的该普通地方公共团体出资的法人除外）的无限责任职员、董事、执行官、监事或相当于他们者、经理和清算人。

除法律有特别规定的外，普通地方公共团体的委员会委员（教育委员会的教育长和委员）或者委员符合前款规定时，失去其职务。是否符合该款的规定，必须由其选任者决定。

第一百四十三条第二款至第四款的规定准用于前款情形。

第一百八十条之六 普通地方公共团体的委员会或者委员不具有下列权限：（但法律有特别规定的，不在此限）

一、调整和执行普通地方公共团体的预算。

二、就应经普通地方公共团体议会议决事项，提出议案。

三、课赋征收地方税，征收分担金或加入金，科处罚款。

四、将普通地方公共团体的决算交付议会认定。

第一百八十条之七 普通地方公共团体的委员会或者委员在与该普通地方公共团体首长协商后，可以将其权限内的部分事务委任于作为普通地方公共团体首长之辅助机关的职员或其管理的支厅、地方事务所、支所、出差所、第二百零二条之四第二款规定的地域自治区事务所、第二百五十二条之十九第一款规定的指定市的区、综合区的事务所或其出差所、保健所、其他行政机关首长，或者让其作为普通地方公共团体首长之辅助机关的职员、其管理的行政机关的职员,辅助执行,或者委托专门委员让其调查必要事项。但政令规定的事务,不在此限。

Ⅱ 教育委员会

第一百八十条之八　教育委员会根据其他法律的规定,管理学校及其他教育机构,处理有关学校之组织编制、教育课程、教科书及其他教材、教师身份相关的事务,管理和执行与社会教育及其他教育、学术、文化相关的事务。

Ⅲ 公安委员会

第一百八十条之九　公安委员会根据其他法律的规定,管理都道府县警察。

根据其他法律的规定,都道府县警察中设置地方警务官、地方警务官以外的警察及其他职员。

Ⅳ 选举管理委员会

第一百八十一条　在普通地方公共团体中设置选举管理委员会。

选举管理委员会由四人选举管理委员组成。

第一百八十二条　选举管理委员必须是有选举权者,由普通地方公共团体议会从人格高尚、在政治和选举上有公正见识者中选举产生。

议会在举行前款规定的选举时,必须同时从前款规定的被选举人中选出与委员数相同的候补委员。候补委员用完后,实施相同选举。

委员缺员时,选举管理委员会的委员长从候补委员中予以补缺。其顺序是,选举时间不同的,根据选举先后;选举时间相同的,根据得票数;得票数相同的,抽签决定。

触犯与法律规定的选举、投票或国民审查相关的罪,并被处以刑罚者不得成为委员或者候补委员。

委员或者候补委员中不得有两人同时属于同一政党及其他政治团体。

在第一款或者第二款规定的选举中,属同一政党及其他政治团体者违反前款限制被选上时;根据第三款规定实施委员补选中属同一政党及其他政治团体的委员人数超过前款限制时,对此的必要事项由政令规定。

委员不得兼任地方公共团体的议会议员和首长。

出现应举行委员或者候补委员选举的事由时,选举管理委员会的委员长必须立即将其旨通知该普通地方公共团体的议会和首长。

第一百八十三条 选举管理委员的任期为四年。但后任者就任前必须在任。

补缺委员的任期为前任的剩余期间。

候补委员的任期根据委员的任期而定。

委员和候补委员在与其选举相关的第一百十八条第五款规定的裁决或者判决生效前,不失去其职务。

第一百八十四条 选举管理委员失去选举权、符合第一百八十条之五第六款规定、符合第一百八十二条第四款的规定时,失去其职务。其选举权有无或者是否符合第一百八十条之五第六款的规定,由选举管理委员决定,但选举管理委员因符合《公职选举法》第十一条或第二百五十二条、《政治资金规范法》第二十八条的规定而没有选举权的情形除外。

第一百四十三条第二款至第四款的规定准用于前款情形。

第一百八十四条之二 普通地方公共团体的议会认为选举管理委员因身心障碍而无法履职时,或者认为选举管理委员违反职责及其他对选举管理委员而言不合适的违规行为时,可以根据决议予以罢免。此时,必须在议会的常任委员会或者特别委员会上召开公听会。

除前款规定的情形外,不得违反委员之意罢免委员。

第一百八十五条 选举管理委员会的委员长拟退职时,必须得到该选举管理委员会的认可。

委员拟退职时,必须得到委员长的认可。

第一百八十六条 选举管理委员会根据法律或者基于法律的政令的规定,管理该普通地方公共团体所处理的选举事务以及与之相关事务。

第一百八十七条 选举管理委员会必须从委员中选出委员长。

委员长处理委员会的事务,代表委员会。

委员长发生事故时,或者委员长缺员时,委员长指定的委员代理其职务。

第一百八十八条 选举管理委员会由委员长召集。委员请求召集委员会的,委员长必须召集。

第一百八十九条 选举管理委员会必须三人以上委员出席,才能召开会议。

委员长和委员不得参与讨论与自己、父母、祖父母、配偶、子女、孙子女、兄弟姐妹相关的事项,或者与他们从事的业务有直接利害关系的事项。但经委员会同意后,可以出席会议,发言。

因前款规定而让委员数减少且未达到第一款数时,委员长必须根据第一百八十二条第三款顺序,临时补充与该事项没有关系的候补委员。因委员事故而未达到第一款人数时,同样。

第一百九十条　选举管理委员会议事以出席委员过半数而定。赞成和不赞成同数时,由委员长决定。

第一百九十一条　都道府县和市的选举管理委员中设置书记长、书记及其他职员,町村的选举管理委员会中设置书记及其他职员。

书记长、书记及其他常勤职员的名额由条例规定。但临时职务不在此限。

书记长受委员长之命;书记及其他职员、第一百八十条之三规定的职员受上司指挥,各自从事委员会的事务。

第一百九十二条　在与选举管理委员的处理或裁决相关的、以普通地方公共团体为被告的诉讼中,选举管理委员会代表该普通地方公共团体。

第一百九十三条　第一百二十七条第二款、第一百四十一条第一款和第一百六十六条第一款的规定准用于选举管理委员;第一百五十三条第一款、第一百五十四条和第一百五十九条的规定准用于选举管理委员会的委员长;第一百七十二条第二款和第三款的规定准用于选举管理委员会的书记长、书记及其他职员。

第一百九十四条　除本法和基于本法的政令有规定的外,选举管理委员会的必要事项由委员会规定。

Ⅴ　监察委员

第一百九十五条　普通地方公共团体中设置监察委员。

都道府县和政令规定的市设监察委员四人,其他市和町村设监察委员两人。但条例可以增加其名额。

第一百九十六条　监察委员由普通地方公共团体的首长在征得议会同意后,在人格高尚、在普通地方公共团体的财务管理、事业经营管理及其他行政运营方面很有见识者(在"Ⅴ"部分称"有见识者")和议员中选任。其中,从议员中选任的监察委员数在都道府县和前条第二款政令规定的市中应该为两人或一人;其他市和町村应该为一人。

从有见识者中选任的监察委员为两人以上的普通地方公共团体,必须至少有该数减一后的人数为该普通地方公共团体的职员,且非政令规定的人。

监察委员不得兼任地方公共团体的常勤职员和短时勤务职员。

从有见识者中选任的监察委员可以是常勤。

都道府县和政令规定的市中,从有见识者中选任的监察委员必须有一人以上为常勤。

第一百九十七条　从有见识者中选任的监察委员任期为四年;从议员中选任的监察委员的任期根据议员任期。但在后任者被选出前,不妨碍其履职。

第一百九十八条　监察委员拟退职时,必须获得普通地方公共团体首长的认可。

第一百九十八条之二　与普通地方公共团体的首长、副知事、副市町村长有亲子、夫妇、兄弟姐妹关系者不得成为监察委员。

监察委员出现前款规定的关系后,失去其职务。

第一百九十八条之三　监察委员在履职时,必须以公正不偏的态度实施监察。

监察委员不得泄漏职务上得知的秘密。退职后同样。

第一百九十九条　监察委员对普通地方公共团体之财务事务的执行、与普通地方公共团体经营相关之事业的管理,实施监察。

除前款规定的外,监察委员认为有必要时,可以对普通地方公共团体的事务(自治事务中不包括政令规定的属于劳动委员会和征收委员会权限内事务;法定受托事务中不包括政令规定的因可能损害国家安全及其他事由而不适合监察委员进行监察的事务)的执行实施监察。实施该监察时的必要事项由政令规定。

监察委员在实施第一款或前款规定的监察时,必须特别注意看该普通地方公共团体财务事务的执行、与该普通地方公共团体经营相关之事业的管理、同款规定的事务执行是否依据第二条第十四款和第十五款规定的旨趣。

监察委员每个会计年度必须实施一次以上、规定期日的监察。

监察委员除前款规定外,认为必要时,可以实施监察。

普通地方公共团体的首长要求对该普通地方公共团体的事务执行进行监察

的，监察委员必须对其要求的事项进行监察。

监察委员认为有必要时或者普通地方公共团体的首长有要求时，可以对该普通地方公共团体给予的补助金、交付金、负担金、贷付金、损失补偿、利息补给等财政援助的出纳情况及其他与该财政援助相关的事务执行进行监察。政令规定的该普通地方公共团体出资事项、该普通地方公共团体担保的贷款本金或利息支付事项、政令规定的该普通地方公共团体具有收益权的信托的受托者、该普通地方公共团体根据第二百四十四条之二第三款规定而指定的公共设施管理人，也同样。

监察委员认为对监察而言有必要时，可以要求关系人到场，调查关系人，要求关系人提交账本、资料及其他记录，可以听取有学识经验者的意见。

监察委员决定监察结果报告，将报告提交给普通地方公共团体的议会和首长、相关的教育委员会、选举管理委员会、人事委员会或公平委员会、公安委员会、劳动委员会、农业委员会及其他法律规定的委员会或委员，并必须予以公布。

监察委员基于监察结果而认为必要时，可以在前款规定的监察结果报告中添加该普通地方公共团体组织和运营合理化意见。

第九款规定的监察结果报告或者前款规定的意见应该由监察委员合议决定。

监察委员提出监察结果报告后，收到该监察结果报告的普通地方公共团体的议会、首长、教育委员会、选举管理委员会、人事委员会或公平委员会、公安委员会、劳动委员会、农业委员会及其他法律规定的委员会或委员应该根据该监察结果，或者以该监察结果为参考采取措施，并将其旨通知监察委员。监察委员必须公布与该通知相关的事项。

第一百九十九条之二　监察委员不得对与自己、父母、祖父母、配偶、子女、孙子女、兄弟姐妹相关的事项，或者与自己或者上述人所从事的工作有直接利害关系的事项实施监察。

第一百九十九条之三　监察委员名额为三人以上时，必须将从有见识者中选任的一名监察委员作为代表监察委员；两人时，必须将从有见识者中选任的监察委员作为代表监察委员。

代表监察委员处理与监察委员相关的庶务、与下款或第二百四十二条之三第五款规定的诉讼相关的事务。

在与代表监察委员或监察委员之处理或裁决相关的普通地方公共团体作为

被告的诉讼中,代表监察委员代表该普通地方公共团体。

代表监察委员发生事故或者缺员时,监察委员名额为三人以上的,由代表监察委员指定的监察委员代行其职务;名额为两人的,其他检查委员代行其职务。

第二百条　在都道府县监察委员中设置事务局。

可以根据条例规定,在市町村的监察委员中设置事务局。

事务局中设置事务局长、书记及其他职员。

在未设置事务局的市町村,为辅助监察委员工作而设置书记及其他职员。

事务局长、书记及其他职员由代表监察委员任免。

事务局长、书记及其他常勤职员的名额由条例规定。临时职务不在此限。

事务局长受监察委员之命,书记及其他职员或第一百八十条之三规定的职员受上司指挥,各自从事监察委员的事务。

第二百零一条　第一百四十一条第一款、第一百五十四条、第一百五十九条、第一百六十四条和第一百六十六条第一款规定准用于监察委员;第一百五十三条第一款规定准用于代表监察委员;第一百七十二条第四款规定准用于监察委员的事务局长、书记及其他职员。

第二百零二条　除本法和基于本法的政令有规定的外,监察委员的必要事项由条例规定。

Ⅵ 人事委员会、公平委员会、劳动委员会、农业委员会及其他委员会

第二百零二条之二　人事委员会根据其他法律的规定,就人事行政进行调查、计划、规划、建议,实施职员的竞争性考试和选考,审查与职员勤务条件相关的措施要求、对职员的不利处理,并为此采取必要措施。

公平委员会根据其他法律的规定,审查与职员勤务条件相关的措施要求、对职员的不利处理,并为此采取必要措施。

劳动委员会根据其他法律的规定,受托证明劳动组合的资格,调查审问不当劳动行为,发布命令,推进和解、协调劳动争议,实施调解和仲裁,执行其他与劳动关系相关的事务。

农业委员会根据其他法律的规定,调整农地等的利用关系,执行农地交换及其他农地事务。

征收委员会根据其他法律的规定,实施与土地征收相关的裁决及其他事务;

海区渔业协调委员会、内水面渔场管理委员会根据其他法律的规定,为协调渔业而实施必要指示及其他事务;固定资产评价审查委员会根据其他法律的规定,审查决定与固定资产课税台账所登记价格相关的申诉,及其执行他事务。

Ⅶ 附属机关

第二百零二条之三 普通地方公共团体的执行机关的附属机关根据法律、基于法律的政令、条例的规定,就其承担的事项实施调解、审查、审议、调查等的机关。

组成附属机关的委员及其他组成人员为非常勤。

附属机关的庶务除法律、基于法律的政令有特别规定的外,应该由其所属的执行机关管理。

第四节 地域自治区

(地域自治区的设置)

第二百零二条之四 为了分管市町村长权限内事务,让地区居民的意见得到反映和处理,市町村可以通过条例,分割其区域,设置地域自治区。

地域自治区内应该设置事务所,事务所的位置、名称和所辖区域由条例规定。

地域自治区的事务所的首长由作为该普通地方公共团体首长之辅助机关的职员充当。

就第二款的地区自治区事务所的位置和所辖区域,准用第四条第二款规定;就前款事务所的首长,准用第一百七十五条第二款的规定。

(地域协议会的设置和成员)

第二百零二条之五 地域自治区内设置地域协议会。

地域协议会的成员由市町村长从地域自治区内有住所者中选任。

市町村长在选任前款规定的地域协议会成员时,必须考虑地域协议会成员的结构能够让地域自治区内有住所者的多样意见得到适当反映。

地域协议会成员的任期,在四年以内的范围内由条例规定。

尽管有第二百零三条之二第一款规定,但可以不向地域协议会成员支付报酬。

（地域协议会的会长和副会长）

第二百零二条之六　地域协议会内设置会长和副会长。

地域协议会会长和副会长的选任和卸任的方法由条例规定。

地域协议会会长和副会长的任期根据地域协议会成员的任期而定。

地域协议会会长掌理地域协议会的事务，代表地域协议会。

地域协议会会长发生事故或者会长缺员时，副会长代理会长职务。

（地域协议会的权限）

第二百零二条之七　下列各事项中，被市町村长及其他市町村机关咨询者或者被认为有必要者，地域协议会可以进行审议，向市町村长其他市町村机关陈述意见：

一、关于地域自治区事务所负责事务的事项。

二、除前项外，关于市町村所处理的与地域自治区区域相关的事务的事项。

三、关于市町村处理事务时强化与地域自治区区域内有住所者合作的事项。

市町村长拟决定、变更与地域自治区区域相关的条例规定的市町村施政中的重要事项时，必须预先听取地域协议会的意见。

市町村长及其他市町村的机关要考虑前两款意见，认为有必要时，必须采取适当措施。

（地域协议会的组织和运营）

第二百零二条之八　除本法规定的外，地域协议会成员的名额及其他与地域协议会之组织和运营相关的必要事项由条例规定。

（委任于政令）

第二百零二条之九　除本法规定的外，有关地域自治区的必要事项由政令规定。

第八章　工资及其他薪酬

第二百零三条　普通地方公共团体必须向其议会议员支付议员报酬。

普通地方公共团体议会的议员可以报销履职的必要费用。

普通地方公共团体可以通过条例规定向其议会议员支付期末津贴。

议员报酬、费用报销、期末津贴的数额及其支付方法必须由条例规定。

第二百零三条之二　普通地方公共团体必须向其委员会的委员、非常勤的监察委员及其他委员、自治纷争处理委员、审查会、审议会和调查会的委员及其他成员、专门委员、投票管理者、开票管理者、选举长、投票见证人、开票见证人、和选举见证人及其他普通地方公共团体非常勤的职员（短时间勤务职员除外）支付报酬。

对应勤务日数支付前款职员的报酬。但条例有特别规定的，不在此限。

第一款的职员可以报销履职的必要费用。

报酬和费用报销的数额和支付方法必须由条例规定。

第二百零四条　普通地方公共团体必须向普通地方公共团体的首长及其作为其辅助机关的常勤职员、委员会的常勤委员（教育委员会的教育长）、常勤的监察委员、议会的事务局长或书记长、书记及其他常勤的职员、委员会的事务局长或书记长、委员的事务局长、辅助委员会或委员事务的书记和其他常勤职员及其他普通地方公共团体的常勤职员和短期勤务职员，支付工资和旅费。

普通地方公共团体可以通过条例规定向前款的职员，支付抚养津贴、地域津贴、居住津贴、通勤津贴、单身赴任津贴、特殊通勤津贴、特地通勤津贴（含相当于它的津贴）、偏僻地津贴（含相当于它的津贴）、时间外勤务津贴、一夜日值班津贴、管理职员特别勤务津贴、夜间勤务津贴、休息日勤务津贴、管理职津贴、期末津贴、勤勉津贴、寒冷地津贴、特定任期职员业绩津贴、任期研究员业绩津贴、义务教育等教育特别津贴、定时制通信教育津贴、产业教育津贴、农林渔业普及指导津贴、灾害派遣津贴（含武力攻击灾害等派遣津贴和新流感等紧急事态派遣津贴）、退职津贴。

工资、津贴和旅费的数额和支付方法必须由条例规定。

第二百零四条之二　没有法律或者基于法律的条例的根据，普通地方公共团体不得向其议会的议员、第二百零三条之二第一款的职员和前条第一款的职员支付任何形式的工资及其他报酬。

第二百零五条　第二百零四条第一款的职员可以享受退职年金或者退职一次金。

第二百零六条　就普通地方公共团体首长以外机关所作的与从第二百零三条至第二百零四条或者前条规定的工资及其他报酬相关的处理,请求审查的,除法律有特别规定的外,应该向该普通地方公共团体首长提出审查请求,即使普通地方公共团体的首长不是该机关的最上级行政机关。

发生与前款工资及其他报酬相关的处理的审查请求后,普通地方公共团体的首长必须在咨询议会后对其作出决定。

议会必须在前款的咨询发生之日起二十日以内表达意见。

第二百零七条　普通地方公共团体必须根据条例的规定,为根据第七十四条之三第三款和第一百条第一款后段(含第二百八十七条之二第七款中的准用情形)规定而到场的选举人及其他关系人、根据第一百一十五条之二第二款(含第一百零九条第五款中的准用情形)规定而到场的知情人、根据第一百九十九条第八款规定而到场的关系人、根据第二百五十一条之二第九款规定而到场的当事人和关系人、根据第一百一十五条之二第一款(含第一百零九条第五款中的准用情形)规定而参见公听会的人,报销实际支出。

第九章　财　务

第一节　会计年度和会计区分

(会计年度及其独立原则)

第二百零八条　普通地方公共团体的会计年度应该始于每年四月一日,终于次年的三月三十一日。

各会计年度的岁出必须由该年度的岁入冲抵。

(会计区分)

第二百零九条　普通地方公共团体的会计分为一般会计和特别会计。

当普通地方公共团体实施特定工程时,及其他有必要用特定岁入冲抵特定岁出,区分一般岁入岁出进行计算时,可以通过条例设置特别会计。

第二节 预 算

(总计预算主义的原则)

第二百一十条　必须将一个会计年度中的一切收入和支出编入岁入岁出预算。

(预算的编制和议决)

第二百一十一条　普通地方公共团体的首长必须编制每会计年度预算,在年度开始前经过议会议决。普通地方公共团体的首长必须最迟在年度开始前,即都道府县和第二百五十二条之十九第一款规定的指定市在三十日前,其他市和町村在二十日前,向议会提交该预算。

普通地方公共团体的首长向议会提交预算时,必须一起提交政令规定的关于预算的说明。

(持续费)

第二百一十二条　就需要数年用普通地方公共团体经费支付的事项,可以根据预算的规定,确定该经费的总额和年度额,分数年支出。

根据前款规定支出的经费称为持续费。

(跨年使用费)

第二百一十三条　就因性质上或预算成立后的原因而有可能本年度无法完成支出的岁出预算经费,可以根据预算的规定,移到次年度使用。

前款规定可移到次年度使用的经费称为跨年使用费。

(债务负担行为)

第二百一十四条　除岁出预算金额、持续费总额、跨年使用费金额范围内者外,普通地方公共团体在实施债务负担行为时,必须通过预算规定好债务负担行为。

(预算内容)

第二百一十五条　预算应该规定下列事项:

一、岁入岁出预算。

二、持续费。

三、跨年使用费。

四、债务负担行为。

五、地方债。

六、一时借入金。

七、岁出预算的各项经费金额的使用。

（岁入岁出预算的区分）

第二百一十六条 必须根据岁入的性质,大分成款,各款再分成项;必须根据岁出的目的分成款项。

（预备费）

第二百一十七条 为冲抵预算外支出或超预算支出,必须在岁入岁出预算中记上预备费。但特别会计不得记上预备费。

预备费不得冲抵被议会否决的经费用途。

（补正预算、暂定预算等）

第二百一十八条 因预算编制好后的事由而有必要追加、变更既定预算时,普通地方公共团体的首长可以编制补正预算,并提交于议会。

普通地方公共团体的首长基于必要,可以编制与一个会计年度内的一定期间相关的暂定预算,并提交于议会。

前款的暂定预算应该在该会计年度预算成立后失效。有基于该暂定预算的支出或债务负担时,该支出和债务负担看作是基于该会计年度预算的支出或债务负担。

关于在特别会计中条例规定的主要用项目经营收入冲抵该项目经费,因业务量增加而让直接用于业务的经费不足时,可以让因该业务量增加而增加的收入金额用于该经费(政令规定的经费除外)。对此,普通地方公共团体的首长必须在下次会议中将其旨报告议会。

(预算的送达和公布)

第二百一十九条 预算经议会议决后,普通地方公共团体议会的议长必须在议决日起三日内,将其送达该普通地方公共团体的首长。

普通地方公共团体的首长在收到前款规定的预算后,认为不需要再审议或者采取其他措施时,必须立即将其要领向居民公布。

(预算的执行和事故转入)

第二百二十条 普通地方公共团体的首长必须根据政令规定的标准规定预算执行程序,并根据该程序执行预算。

岁出预算经费的金额不得在各款间或者各项间相互挪用。只限于预算执行上有必要时,岁出预算的各项经费的金额可以根据预算的规定进行挪用。

除跨年使用费的金额外,每会计年度岁出预算经费的金额不得在次年度使用。但岁出预算经费的金额中,在年度内实施支付负担行为时因难以避免的事故而无法完成支付的(包含因实施与该支付负担行为相关的工程及其他项目而有必要时,需关联支出的经费的金额),可以将其转入次年度。

(预算执行的首长调查权等)

第二百二十一条 为促进预算正确执行,普通地方公共团体的首长可以要求有权限的委员会、委员及其管理下的机关,就收入和支出的绩效或预估,提交报告、实地调查预算执行情况、基于调查结果而采取必要措施。

为促进预算正确执行,普通地方公共团体的首长可以向工程的承包方、物品的供应商、补助金、交付金、贷付金的接受者(含补助金、交付金、贷付金等的最终领取者)、调查、试验、研究等的受托者调查情况,或者要求其报告。

前两款的规定准用于政令规定的普通地方公共团体出资的法人、政令规定的普通地方公共团体保证为其支付借款本金、利息或者实施损失补偿等的债务负担法人、政令规定的普通地方公共团体具有受益权的信托的受托者。

(包含预算的条例、规则等的限制)

第二百二十二条 条例及其他需要议决的事项伴随新预算时,普通地方公共团体的首长不得在必要的预算措施可能确立之前,将其提交议会。

普通地方公共团体的首长、委员会、委员及其管理下的机关,与其权限内事务相关的规则及其他规程的制定或修改伴随新预算时,不得在必要的预算措施可能确立之前,制定或修改它。

第三节 收 入

(地方税)
第二百二十三条 普通地方公共团体可以根据法律的规定,课赋征收地方税。

(分担金)
第二百二十四条 除政令规定的情形外,为冲抵与数人或部分普通地方公共团体有利益之事项的必要费用,普通地方公共团体可以向因该事项而特别受益者,在受益的限度内征收分担金。

(使用费)
第二百二十五条 普通地方公共团体可以对因第二百三十八条之四第七款规定的许可而使用行政财产或公共设施行为,征收使用费。

(旧例使用的使用费和加入金)
第二百二十六条 市町村可以对第二百三十八条之六规定的公有财产的使用,征收使用费之外,还可以向同条第二款规定的使用许可的获得者,征收加入金。

(手续费)
第百二十七条 就为特定人实施的普通地方公共团体的事务,该普通地方公共团体可以征收手续费。

(分担金等的规制和法则)
第二百二十八条 必须由条例规定有关分担金、使用费、加入金和手续费的事项。对政令规定的特别需要全国统一规定手续费的事务(本款简称"标准事务")征收手续费时,就政令规定的与该标准事务相关的事务,必须以征收政令所定金额的手续费为标准,制定条例。

关于分担金、使用费、加入金和手续费的征收,除下款规定的外,条例可以设置五万日元以下罚款的规定。

对因欺诈及其他非法行为而免于征收分担金、使用费、加入金或手续者,条例可以设置相当于该免征金额五倍的金额(该五倍金额未超过五万日元时,为五万)以下罚款的规定。

(负担金等征收的审查请求)

第二百二十九条　对普通地方公共团体首长以外机关实施的负担金、使用费、加入金或手续费征收,请求审查的,应该向该普通地方公共团体的首长请求,即使普通地方公共团体的首长不是该机关的最上级行政机关。

对分担金、使用费、加入金或手续费征收的审查请求发生后,普通地方公共团体的首长必须在咨询议会后作出决定。

议会必须在前款规定的咨询发生之日起二十日内陈述意见。

只有在收到了对第二款审查请求作出的裁决后,才能对同款的处理向法院提起诉讼。

(地方债)

第二百三十条　在法律有特别规定的情形中,普通地方公共团体可以根据预算的规定,发行地方债。

在前款情形中,必须通过预算规定地方债的发债目的、数额限度、发债方法、利率和偿还方法。

(岁入的收入方法)

第二百三十一条　收取普通地方公共团体的岁入时,必须根据政令的规定,调查审定后,通知缴纳义务人缴纳。

(证纸①方法等)

第二百三十一条之二　就使用费或手续费的征收,普通地方公共团体可以

---

① 证纸是粘贴于文书、物品等,用于证明税费缴纳,或者物品品质、数量等的纸([日]法令用语研究会编:《法律用語辞典(第3版)》,有斐阁2006年版,第720页)。

根据条例的规定,使用证纸方法。

使用证纸方法后,证纸的销售金额成为岁入。

除证纸方法外,普通地方公共团体的岁入根据第二百三十五条的规定被确定在指定金融机构时,可以根据政令的规定,通过账户转账的方法,或者用证券缴纳。

在支付提示期间内或者有效期间内提示了前款规定应缴纳的证券,请求支付的情形下,拒绝支付的,该岁入视为自始没有缴纳。此情形中与该证券处理相关的必要事项由政令规定。

除证纸方法外,关于普通地方公共团体的岁入,在根据第二百三十五条的规定,没指定金融机构的市町村,可以根据政令的规定,接受缴纳义务人的证券,接受证券催缴及该催缴金钱的缴纳委托。

缴纳义务人提供或通知政令规定的普通地方公共团体首长指定的能切实适当完成岁入缴纳事务者(本款和下款称"指定代理缴纳人")所交付的政令规定的票证及其他物、号码记号及其他符号,申请让指定代理缴纳人缴纳该缴纳义务人之岁入的,普通地方公共团体可予以认可。对此,该普通地方公共团体可不管该岁入的缴纳期限,让该指定代理缴纳人在指定的日期前缴纳该岁入。

在前款情形中,该指定代理缴纳人在同款指定日期前缴纳该岁入的,视为在获得同款认可时缴纳了该岁入。

(督促、滞纳处理等)

第二百三十一条之三　在缴纳期限内不缴纳分担金、使用费、加入金、手续费、罚款及其他普通地方公共团体的岁入的,普通地方公共团体的首长必须督促其在指定期限内缴纳。

普通地方公共团体首长在作出前款督促后,可以根据条例的规定,征收手续费和滞纳金。

就分担金、加入金、罚款、法律规定的使用费、其他普通地方公共团体的岁入受到第一款督促者,没有在同款规定的期限内缴纳应缴纳金额的,普通地方公共团体的首长可以根据地方税的滞纳处理例,处理该岁入和与该岁入相关的前款手续费和滞纳金。此情形中这些征收金的先取特权应该是仅次于国税和地方税。

第一款的岁入、第二款的手续费、滞纳金的返还、这些征收金的征收或返还的文书的送达和公示送达,依照地方税例。

对普通地方公共团体首长以外的机关所作的前各款规定的处理,请求审查的,应该向普通地方公共团体的首长请求,即使普通地方公共团体的首长不是该机关的最上级行政机关。

对普通地方公共团体的首长根据第三款规定、依照地方税滞纳处理例所作的处理,请求审查的,准用《地方税法》(1950 年法律地 226 号)第十九条之四的规定。

发生第一款至第四款规定的处理的审查请求后,普通地方公共团体首长在咨询议会后作出决定。

议会必须在前款规定的咨询日起二十日内陈述意见。

只有在对第七款的审查请求作出裁决后,才能就第一款至第四款规定的处理向法院提起诉讼。

第三款规定的处理生效前,停止拍卖处理中的扣押物件。

即使在该普通地方公共团体的区域外,也可以实施第三款规定的处理。

第四节 支 出

(经费的支出等)

第二百三十二条 普通地方公共团体应该支付处理该普通地方公共团体事务所需经费及其他根据法律或基于法律的政令而由该普通地方公共团体负担的经费。

根据法律或基于法律的政令,向普通地方公共团体课赋处理事务的义务时,国家必须就此事务所需经费来源采取必要措施。

(捐赠或补助)

第二百三十二条之二 公益上有必要时,普通地方公共团体可以实施捐赠或补助。

(支出负担行为)

第二百三十二条之三 必须根据法律或预算的规定,实施应成为普通地方公共团体支出原因的合同缔结及其他行为(称为支出负担行为)。

（支出方法）

第二百三十二条之四 没有普通地方公共团体首长根据政令规定所作的命令，会计管理人不得支出。

会计管理人即使收到了前款的命令，也必须在确认该支出负担行为没有违反法令或预算，该支付负担行为相关债务已经生效后，才能支付。

第二百三十二条之五 普通地方公共团体的支出只能为债权人而为。

普通地方公共团体的支出可以根据政令的规定，通过资金预支、概算支付①、预付款支付、挪用支付、异地支付、账户转账等方法实施。

（支票和公款转账书的交付）

第二百三十二条之六 根据第二百三十五条规定而指定了金融机构的普通地方公共团体实施支出时，要根据政令的规定，替代现金支付，开具以该金融机构为支付人的支票，或者将公款转账书交于该金融机构。在应开具支票的情形中，债权人有要求的，会计管理人可以自己用现金进行小额支付，或者让该金融机构进行现金支付。

前款的金融机构收到会计管理人开具支票的提示后，该支票即使自开具日起超过十日以上，但没有经过一年的，也必须支付。

第五节　决　算

（决算）

第二百三十三条 会计管理人必须在每个会计年度，根据政令的规定，制作决算，在出纳关闭后三个月以内，与证书及其他政令规定的材料一起，提交于普通地方公共团体的首长。

普通地方公共团体的首长必须将决算和前款材料交给监察委员审查。

普通地方公共团体的首长必须在下次通常预算审议会议前，附带监察委员的意见，将根据前款规定交于监察委员审查的决算，交于议会认定。

前款规定的意见应该由监察委员合议决定。

普通地方公共团体的首长根据第三款规定将决算交于议会认定时，必须

---

① 在债务到期前，且应支付债务金额不能确定，可通过概算予以支付（[日]法令用语研究会编：《法律用语辞典（第3版）》，有斐阁2006年版，第108页）。

一起提交能说明与该决算相关的会计年度内主要政策成果的材料及其他政令规定的材料。

普通地方公共团体的首长必须向居民公布根据第三款规定而交于议会认定的决算的要领。

（岁计剩余金的处理）

第二百三十三条之二　各会计年度内产生决算剩余金时，必须编入次年度岁入。但根据条例的规定或者根据普通地方公共团体议会的决议，剩余金的全部或部分不可转入次年度，而是编入基金。

第六节　合　同

（合同的缔结）

第二百三十四条　买卖、借贷、承包及其他合同要通过一般竞标、指名竞标、任意合同、竞卖等方法缔结。

仅限符合政令规定的情形时，才能通过前款的指名竞标、任意合同、竞卖而缔结合同。

普通地方公共团体实施一般竞标、指名竞标时，应该根据政令的规定，对应合同的目的，以预定价格限制范围内报最高价或最低价者为合同另一方。但就成为普通地方公共团体支出原因的合同，可以根据政令的规定，以预定价格限制内报最低价以外者为合同另一方。

普通地方公共团体让竞标者交付了竞标保证金后，中标者不缔结合同的，该保证金（含根据政令规定，代替该保证金而提供担保的情形）属于该普通地方公共团体。

普通地方公共团体制作合同书或制作记录合同内容的电子记录，当采取旨在显示该普通地方公共团体首长或受其委任者与合同的另一方一起在合同书上签字盖章，或者记录合同内容的电子记录是该普通地方公共团体首长或受其委任者与合同的另一方共同制作而采取措施时，只有采取总务省令规定的确实能够显示上述人制作的可确认该电子记录是否被修改的措施，该合同才生效。

与竞标者所需资格、竞标公报、指名方法、任意合同、竞卖的程序及其他与合同缔结方法相关的必要事项，由政令规定。

（合同履行的保障）

第二百三十四条之二　普通地方公共团体缔结工程、制造等的承包合同或者物品采购等合同后，该普通地方公共团体的职员必须根据政令的规定，为保障合同适当履行或者确认所受给付使用完而进行必要的监督和检查。

普通地方公共团体让合同另一方缴纳合同保证金后，合同的另一方不履行合同义务的，该合同保证金（含根据政令规定，代替该保证金而提供担保的情形）归该普通地方公共团体。但合同就损害赔偿或违约金有特别规定的，应该从其规定。

（长期持续合同）

第二百三十四条之三　普通地方公共团体可以不管第二百一十四条的规定，可以在次年度以后，缔结接受电、气、水供给或电子通信服务的合同、不动产租赁合同及其他政令规定的合同。但必须在各年度这些经费预算范围内实施。

第七节　现金和有价证券

（金融机构的指定）

第二百三十五条　都道府县必须根据政令的规定，指定金融机构处理都道府县公款的收支事务。

市町村可以根据政令的规定，指定金融机构处理市町村公款的收支事务。

（现金出纳的检查和公款收纳等的监察）

第二百三十五条之二　监察委员必须于每月例日检查普通地方公共团体的现金出纳。

监察委员认为有必要时，或者普通地方公共团体首长有要求时，可以监察前条规定的指定金融机构所处理的该普通地方公共团体公款的收支事务。

监察委员必须向普通地方公共团体的议会和首长提交第一款规定的检查结果报告或者前款规定的监察结果报告。

（一时借入金）

第二百三十五条之三　普通地方公共团体的首长为实施岁出预算内支出，

可以借入一时借入金。

前款规定的一时借入金的借入最高金额必须由预算规定。

第一款规定的一时借入金必须用该会计年度的岁入偿还。

（现金和有价证券的保管）

第二百三十五条之四　属于普通地方公共团体岁入岁出的现金（以下称"岁计现金"）必须根据政令的规定，用最切实有利的方法加以保管。

除作为债券担保征收的外，不属于普通地方公共团体所有的现金或有价证券必须根据法律或者政令的规定加以保管。

除法令或者合同有特别规定的外，普通地方公共团体所保管的前款现金（以下称"岁入岁出外现金"）不带利息。

（出纳的关闭）

第二百三十五条之五　普通地方公共团体的出纳于次年度的五月三十一日关闭。

第八节　时　效

（金钱债权的消灭时效）

第二百三十六条　以金钱给付为目的的普通地方公共团体的权利，除其他法律就时效有规定的外，五年内不实现的，因时效而消灭。针对普通地方公共团体的、以金钱给付为目的的权利也一样。

关于以金钱给付为目的的普通地方公共团体权利的时效消灭，除法律有特别规定的情形外，无需援用时效，不得放弃该利益。针对普通地方公共团体的、以金钱给付为目的的权利也一样。

以金钱给付为目的的普通地方公共团体权利的消灭时效的中断、停止及其他事项（除前款规定事项）没有应适用的法律规定时，准用《民法》（1886年法律第89号）的规定。针对普通地方公共团体的、以金钱给付为目的的权利也一样。

普通地方公共团体根据法令规定所作的缴纳通知和督促可以不管《民法》第一百五十三条（含准用于前款的情形）的规定，具有时效中断的效力。

第九节 财 产

(财产的管理和处理)

第二百三十七条 本法的"财产"是指公有财产、物品、债券和基金。

除第二百三十八条之四第一款规定的情形外,普通地方公共团体的财产没有条例或议会议决,不得交换,不得出资,不得作为支付手段来使用,不得以不适当价格让渡或借贷。

普通地方公共团体的财产在第二百三十八条之五第二款情形中无议会决议的,或者非同条第三规定的情形时,不得信托。

Ⅰ 公有财产

(公有财产的范围和分类)

第二百三十八条 本法的"公有财产"是指下列属于普通地方公共团体的财产(基金除外):

一、不动产。

二、船舶、浮标、浮动栈桥、浮船坞和飞机。

三、前两项的不动产和动产的从属物。

四、地上权、地役权、矿业权及其准权利。

五、专利权、著作权、商标权、实用新型权及其准权利。

六、股份、公司债(含根据特别法而设立的法人所发债券上应表示的权利,短期公司债等除外)、地方债、国债及其准权利。

七、出资的权利。

八、财产信托的受益权。

前款第六项的"短期公司债等"是下列各项:

一、《公司债、股份等的同行转账法》(2001 年法律第 75 号)第六十六条第一项规定的短期公司债。

二、《投资信托和投资法人法》(1951 年法律第 198 号)第一百三十九条之十二第一款规定的短期投资法人债。

三、《信用金库法》(1951 年法律第 238 条)第五十四条之四第一款规定的短期债。

四、《保险业法》(1995 年法律第 105 号)第六十一条之十第一款规定的短期公司债。

五、《资产流动化法》(1998 年法律第 105 号)第二条第八款规定的特定短期公司债。

六、《农林中央金库法》(2001 年法律 93 号)第六十二条之二第一款规定的短期农林债。

公有财产分为行政财产和普通财产。

行政财产是指普通地方公共团体中公用、供于或者决定供于公共使用的财产;普通财产是指行政财产以外的一切的公有财产。

(首长对公有财产的综合调整权)

第二百三十八条之二　普通地方公共团体的首长为促进公有财产的高效利用而认为有必要时,可以要求有权限的委员会、委员及其管理下的机关就公有财产的取得或管理,提交报告;要求其实地调查,基于调查结果而采取必要措施。

有权限的普通地方公共团体的委员会、委员及其管理下机关取得公有财产,变更行政财产用途,实施该普通地方公共团体首长指定的作为第二百三十八条之四第二款或第三款(含同条第四款的准用情形)规定下行政财产的土地出租、地上权或地役权的设定、同条第七款规定的行政财产使用许可时,必须预先与该普通地方公共团体首长协商。

有权限的普通地方公共团体的委员会、委员及其管理下的机关废除其管理的行政财产的用途后,必须立即将其由该普通地方公共团体首长继承。

(职员行为的限制)

第二百三十八条之三　从事与公有财产事务相关的职员不能受让其处理的公有财产,或者与自己的所有物相交换。

违反前款规定的行为无效。

(行政财产的管理与处理)

第二百三十八条之四　除下款至第四款的规定以外,行政财产不得出租、交换、出售、让与、出资、信托,或者设定私权。

行政财产在下列情形中，在不妨碍其用途或目的的限度内，可以出租，或者设定私权：

一、该普通地方公共团体以外者在作为行政财产的土地上，所有或者拟所有被认为有利于实现该土地供用目的的政令规定坚固建筑物及其他固定于土地的工作物时（与该普通地方公共团体区分所有一栋建筑物者除外），向其出租该土地。

二、为了与国家、其他地方公共团体、政令规定的法人在作为行政财产的土地上区分所有一栋建筑物，普通地方公共团体出租该土地。

三、普通地方公共团体为了与该普通地方公共团体以外者，在作为行政财产的土地及其邻接地上区分所有一栋建筑物，向其（仅限于管理该建筑物的行政财产部分的普通地方公共团体认为在用适当方法进行管理方面合适者）出租该土地。

四、在行政财产中办公楼、其他建筑物、附属设施及其土地（本项称"办公楼等"）的建筑面积或土地还有剩余的政令规定的情形中，向该普通地方公共团体以外者（仅限于管理该办公楼等的普通地方公共团体认为在用适当方法进行管理方面合适者）出租该剩余部分（前三项情形除外）。

五、将作为行政财产的土地用于国家、其他地方公共团体、政令规定的法人所经营的铁路、道路及其他政令规定的设施时，为其在该土地上设定地上权。

六、将作为行政财产的土地用于国家、其他地方公共团体、政令规定的法人所使用的电线路及其他政令规定的设施时，为其在该土地上设定地役权。

在前款第二项情形中，作为该行政财产的土地的承租者拟将该土地上一栋建筑物的一部分（本款和下款称"特定设施"）让渡给该普通地方公共团体以外者时，可以将该土地出租给该特定设施的接受者（仅限于管理该行政财产的普通地方公共团体认为在用该行政财产的适当方法进行管理方面合适者）。

前款规定准用于根据同款（含准用于该款的情形）规定而承租作为行政财产的土地的人拟让渡该特定设施情形。

在前三款情形中，准用此条第四款和第五款的规定。

违反第一款规定的行为无效。

在不妨碍行政财产用途或目的的限度内可以许可行政财产的使用。

获得前款规定的许可而使用行政财产，不适用《租地租房法》（1991 年法律第 90 号)的规定。

根据第七款的规定,行政财产使用被许可后,为公用或公共使用而有必要时,或者认为有违反许可条件的行为时,普通地方公共团体的首长或委员会可以撤销该许可。

(普通财产管理与处理)

第二百三十八条之五 普通财产可以出租、交换、出售、让与、作资,或者设定私权。

可以以普通地方公共团体为受益者,根据政令规定的信托目的,信托作为普通财产的土地(含该土地的附着物)。

普通财产中的国债及其他政令规定的有价证券(本款称"国债等"),只有在以普通地方公共团体为受益者,以根据在获得相当价格的担保后向指定金融机构及其他确切的金融机构出租国债等这一方法而运用该国债等为信托目的时,才可以被信托。

普通财产出租期间,国家、地方公共团体及其他公共团体有必要将其公用或供于公共使用的,普通地方公共团体的首长可以解除该合同。

根据前款规定解除合同后,承租人可以就损失请求补偿。

普通地方公共团体的首长指定一定用途和供于该用途的期日和期间,出租普通财产后,承租人在指定期间过后还没有用于该用途,或者用于该用途后但在指定期间内废止了该用途的,该普通地方公共团体的首长可以解除该合同。

第四款和第五款的规定准用于用出租以外方法使用普通财产的情形;前款的规定准用于出售或者让与普通财产的情形。

第四款至第六款的规定准用于信托作为普通财产的土地(含该土地上的附着物)。

除第七款规定外,普通财产出售的必要事项和普通财产交换的必要事项由政令规定。

(依旧例的公有财产使用)

第二百三十八条之六 依旧例,市町村居民中有特别使用该公有财产之权利者时,从该旧例。拟变更或者废止该旧例时,必须经由市町村议会议决。

有重新使用前款的公有财产者时,市町村长可以在经由议会议决后,给予许可。

(与行政财产使用权利相关之处理的审查请求)

第二百三十八条之七　根据第二百三十八条之四的规定,普通地方公共团体首长以外的机关作出了与行政财产使用权利相关的处理后,请求审查的,应该向该普通地方公共团体的首长请求,即使该普通地方公共团体首长不是该机关的最上级行政机关。

与行政财产使用权利相关的处理被请求审查后,普通地方公共团体的首长必须在咨询议会后作出决定。

议会必须在前款规定的咨询发生之日起二十日内陈述意见。

Ⅱ　物　品

(物品)

第二百三十九条　在本法中"物品"是指归普通地方公共团体所有的动产中下列各项之外者和普通地方公共团体为使用而加以保管的动产(政令规定的动产除外):

一、现金(含代替现金而缴纳的证券)。

二、属于公有财产的物。

三、属于基金的物。

从事与物品相关事务的职员不得从普通地方公共团体受让自己处理的物品(政令规定的物品除外)。

违反前款规定的行为无效。

除前两款规定的外,与物品管理与处理相关的必要事项由政令规定。

不归普通地方公共团体所有的动产中,与政令规定的普通地方公共团体保管(为使用而保管者除外)的不动产管理相关的必要事项由政令规定。

Ⅲ　债　权

(债权)

第二百四十条　本章的"债权"是指以金钱给付为目的的普通地方公共团体

的权利。

关于债权,普通地方公共团体的首长必须根据政令的规定,就债权的督促、强制执行、保全和催促,采取必要措施。

关于债权,普通地方公共团体的首长可以根据政令的规定,停止债权的征收,延长履行期限,免除与该债权相关的债务。

前两款的规定不适用于下列各项债权:

一、与《地方税法》规定的征收金相关的债权。

二、与罚款相关的债权。

三、证券化债权(含根据《国债法》(1906年法律第34号)规定而登记者和根据《公司债、股份等的同行转账法》规定而记载或记录在同行转账账号本上者)。

四、《电子记录债权法》(2007年法律第102号)第二条第一款规定的电子记录债权。

五、与存款相关的债权。

六、以给付岁入岁出现金为目的的债权。

七、与捐款相关的债权。

八、属于基金的债权。

Ⅳ 基　金

(基金)

第二百四十一条　普通地方公共团体可以根据条例的规定,为特定目的而设立维持财产、累计资金、运用定额资金的基金。

必须按照前款条例规定的特定目的,切实而有效率地运营基金。

根据第一款规定为特定目的而设立取得财产、累计资金的基金后,非该目的不得处置。

基金运营所产生的收益和基金管理所需费用必须计入各自每会计年度的岁入岁出预算。

根据第一款规定为特定目的而设立运用定额资金的基金后,普通地方公共团体的首长必须在每个会计年度,制作表示其运营状况的文书,交于监察委员审查后,附带意见与第二百三十三条第五款的材料一起提交议会。

前款规定的意见由监察委员合议决定。

对应基金所属财产种类,依据收入或支出程序、岁计现金的出纳或保管、公有财产或物品的管理或处理、债权管理例,管理基金。

除第二款至前款规定的外,与基金管理和处理相关的必要事项必须由条例规定。

第十节　居民的监察请求和诉讼

(居民监察请求)

第二百四十二条　普通地方公共团体的居民认为该普通地方公共团体的首长、委员会、委员、职员违法或不当地实施了公费支出、财产取得管理处置、合同缔结履行、债务及其他义务负担时(含能较切实预见这些行为发生情形),或者认为违法或不当地课赋征收公费、懈怠财产管理时,可以携带证明这些情况的材料,向监察委员请求监察,要求防止或纠正这些行为,改正懈怠事实,为填补这些行为或懈怠事实给该普通地方公共团体带来的损害而采取必要措施。

行为发生日或者结束日起一年后,不能实施前款规定的请求。但有正当理由的,不在此限。

第一款规定的请求发生后,有相当理由足以认为该行为违法,有必要紧急避免该行为给该普通地方公共团体造成难以恢复的损害,且认为该行为停止不会明显阻碍人的生命或身体重大损害之防止及其他公共福利时,监察委员可以附带理由建议该普通地方公共团体的首长及其他执行机关或职员在下款程序结束前停止该行为。就此,监察委员必须将该建议的内容通知第一款规定的请求人(本条称"请求人"),并予以公布。

第一款规定的请求发生后,监察委员必须实施监察,认为请求没有理由的,通过书面形式附带理由地将该意告知请求人,并予以公布;认为请求有理由的,建议该普通地方公共团体的议会、首长、其他执行机关或职员在一定期间内采取必要措施,还要将该建议内容通知请求人。

前款规定的监察委员的监察和建议必须自第一款规定的请求发生之日起六十日内实施。

监察委员在实施第四款规定的监察时,必须给予请求人以提交证据和陈述的机会。

监察委员在听取前款规定的陈述,或者听取该普通地方公共团体的首长及其他执行机关或职员的陈述时认为有必要的,可以让相关的该普通地方公共团体的首长、其他执行机关、职员、请求人参加。

第三款规定的建议和第四款规定的监察和建议由监察委员合议决定。

根据第四款规定监察委员提出建议后,收到该建议的议会、首长、其他执行机关或职员必须在该建议规定的期间内采取必要措施,同时将其意通知监察委员。监察委员必须将与该通知相关的事项通知请求人,并公示。

(居民诉讼)

第二百四十二条之二 普通地方公共团体的居民根据前条第一款规定作出请求后,对同条第四款规定的监察委员的监察结果或建议、同条第九款规定的普通地方公共团体议会、首长、其他执行机关、职员的措施不服的;或者监察委员在同条第五款的期间内不实施同条第四款的监察或建议的;或者议会、首长、其他执行机关、职员不采取同条第九款规定的措施的,可以就与同条第一款请求相关的违法行为或懈怠事实,用诉讼方式向法院提出下列请求:

一、请求全部或部分阻止该执行机关或职员的行为。

二、就作为行政行为的该行为,请求撤销或者确认无效。

三、就该执行机关或职员的懈怠事实,请求违法确认。

四、要求该普通地方公共团体的执行机关或职员向该职员、与该行为或懈怠事实相关的相对人请求损害赔偿或返还不当得利。但该职员、与该行为或懈怠事实相关的相对人是第二百四十三条之二第三款规定的赔偿决定的对象时,请求作出该赔偿决定。

前款规定的诉讼必须在下列各项的期间内提起:

一、对监察委员的检查结果或建议不服的,自通知该监察结果或该建议内容之日起三十日内。

二、对收到监察委员建议的议会、首长、其他执行机关或职员的措施不服的,与该措施相关的监察委员的通知作出之日起三十日内。

三、监察委员作出请求后六十日内不实施监察或建议的,该六十日结束之日起三十日内。

四、收到监察委员建议的议会、首长、其他执行机关或职员不采取措施的,该建议规定的期间结束之日起三十日内。

前款的期间为不变期间。

第一款规定的诉讼正在进行时,该普通地方公共团体的其他居民不得另行起诉,作同一请求。

第一款规定的诉讼由管辖该普通地方公共团体之事务所所在地的地方法院专属管辖。

阻止该行为可能会明显阻碍人生命或身体之重大损害的防止及其他公共福利的,不得基于第一款第一项规定的请求而实施阻止。

第一款第四项规定的诉讼被提起后,该普通地方公共团体的执行机关或职员必须毫无延迟地向该职员、该行为或懈怠事实的相对人告知该诉讼。

前款的诉讼告知在与该诉讼相关的损害赔偿或不当得利返还请求权的时效中断方面,视为《民法》第一百四十七条第一项的请求。

第一款第四项规定的诉讼结束之日起六个月以内,不实施裁判上的请求、破产程序、不暂时扣押或暂时处置、不通知第二百三十一条规定的缴纳的,第七款的诉讼告知不产生时效中断的效力。

对第一款规定的违法行为或懈怠事实,不得根据《民事保全法》(1989年法律第91号)的规定,实施暂时处置。

除第二款至前款规定的外,就第一款规定的诉讼,应该适用《行政诉讼法》第四十三条的规定。

根据第一款规定而提起诉讼者胜诉(含部分胜诉)后,应当向律师或律师法人支付报酬的,可以请求该普通地方公共团体在该报酬额的范围内支付相当金额。

(起诉)

第二百四十二条之三　就前条第一款第四项主文规定的诉讼,命令损害赔偿或者请求返还不当得利的判决生效后,该普通地方公共团体的首长必须在该判决生效之日起六十日内,请求支付与该请求相关的损害赔偿金或不当得利的返还金。

在前款规定的情形中,该判决生效之日起六十日内与该请求相关的损害赔偿金或不当得利的返还金没有被支付的,该普通地方公共团体必须提起请求该损害赔偿或不当得利返还的诉讼。

提起前款诉讼,可以不管第九十六条第一款第十二项的规定,不需要该普通地方公共团体议会的议决。

前条第一款第四项主文规定的诉讼裁判对同条第七款诉讼告知的接受者也同样有效时,该诉讼裁判在该普通地方公共团体与该诉讼告知的接受者之间也具有效力。

就前条第一款第四项主文规定的诉讼,命令普通地方公共团体的执行机关或职员请求损害赔偿或返还不当得利的判决生效后,该普通地方公共团体提起诉讼,请求其首长作损害赔偿或者不当得利返还的,就该诉讼,监察委员代表该普通地方公共团体。

第十一节 杂　则

(私人的公费处理的限制)

第二百四十三条　除法律或者基于法律的政令有特别规定的外,普通地方公共团体不得将公费的征收、收纳、支出权限委任于私人,或者让私人实施。

(职员的赔偿责任)

第二百四十三条之二　会计管理人、辅助会计管理人事务的职员、受到资金预支的职员、保管占有动产的职员、使用物品的职员因为故意或者重大过失,灭失或者损伤与其保管相关的现金、有价证券、物品(含属于基金的动产)、占有动产、与其使用相关的物品的,必须赔偿由此造成的损害。普通地方公共团体规则指定的有权实施下列行为的职员或者直接辅助该权限内事务的职员因故意或重大过失而违反法令实施了该行为或者不作为,给普通地方公共团体造成损害的,也同样:

一、支出负担行为。

二、第二百三十二条之四第一款的命令或者同条第二款的确认。

三、支出或者支付。

四、第二百三十四条之二第一款的监督或者检查。

前款的损害因两人以上的职员的行为造成的,该职员应该对应其工作,并对应其行为成为该损害发生原因的程度,承担赔偿责任。

普通地方公共团体的首长认为第一款的职员因同款规定的行为而给该普通

地方公共团体造成损害时,必须要求监察委员对是否属实进行监察,要求其决定是否有赔偿责任和赔偿数额,并基于该决定,命令在一定期限内赔偿。

关于第二百四十二条之二第一款第四项但书规定的诉讼,判决命令赔偿的判决生效后,普通地方公共团体的首长必须命令其在该判决生效之日起六十日内予以赔偿。对此,不要求前款规定的监察委员的监察和决定。

根据前款规定命令赔偿后,在该判决生效之日起六十日内没有支付与该赔偿命令相关的损害赔偿金的,该普通地方公共团体必须提起诉讼,请求该损害赔偿。

提起前款诉讼时,可不管第九十六条第一款第十二项的规定,不需要该普通地方公共团体议会的议决。

对根据第二百四十二条之二第一款第四项但书规定的诉讼判决而实施的赔偿命令,提起撤销诉讼的,法院必须在该撤销诉讼判决生效前中止请求与该赔偿命令相关的损害赔偿的诉讼程序。

根据第三款的规定,监察委员作出有赔偿责任的决定后,普通地方公共团体的首长认为能证明该职员造成的该损害是因为无法避免的事故及其他不得已情况的,可以在经由议会同意后,免除全部或部分的赔偿责任。对此,必须预先听取监察委员的意见后,附其意见交由议会审议。

第三款规定的决定或者前款后段规定的意见决定应该由监察委员合议作出。

根据第二百四十二条之二第一款但书规定的诉讼判决而实施了第三款规定的处理后,不得请求审查该处理。

对第三款规定的处理的审查请求发生后,普通地方公共团体的首长必须在咨询议会后作出决定。

议会必须在前款规定的咨询发生日起二十日内陈述意见。

必须根据第一款规定赔偿损害的,同款职员的赔偿责任不适用《民法》关于赔偿责任的规定。

(财政状况的公布等)

第二百四十三条之三 普通地方公共团体的首长必须根据条例的规定,每年两次以上向居民公布岁入岁出预算的执行状况、财产、地方债、一时借入金的当时数额及其他与财政相关的事项。

普通地方公共团体的首长必须在每个事业年度,就第二百二十一条第三款的法人,制作政令规定的说明其经营状况的材料,并提交于下次议会。

普通地方公共团体的首长必须在信托合同规定的计算期内,就第二百二十一条第三款的信托,制作政令规定的说明该信托相关事务处理状况的材料,并提交于下次议会。

(普通地方公共团体财政运营相关事项等)

第二百四十三条之四　除本法有规定的外,关于普通地方公共团体财政运营、普通地方公共团体财政与国家财政之关系等的基本原则由其他法律规定。

(委任于政令)

第二百四十三条之五　除本法有规定的外,岁入和岁出的会计年度所属区分、预算和决算的制作样式、跨年度收入和跨年度支出、次年岁入转入充用及其他财务的必要事项由政令规定。

第十章　公共设施

(公共设施)

第二百四十四条　普通地方公共团体为增进居民福祉,应该设置供居民使用的设施(称公共设施)。

普通地方公共团体(含次条第三款规定的指定管理人,次款同)没有正当理由,不得拒绝居民使用公共设施。

就居民使用公共设施,普通地方公共团体不得实施差别对待。

(公共设施的设置、管理和废止)

第二百四十四条之二　除法律或者基于法律的政令有特别规定的外,普通地方公共团体必须通过条例规定与公共设施设置和管理相关的事项。

普通地方公共团体拟废止,或者通过条例规定长期独占使用条例规定的特别重要的公共设施时,必须获得议会中出席议员三分之二多数同意。

普通地方公共团体认为为有效实现公共设施设置目的而有必要时,可以根据条例的规定,让该普通地方公共团体指定的法人及其他团体(本条和第二百四十四条之四称"指定管理人")管理该公共设施。

前款条例应该规定指定管理人的指定程序、指定管理人实施管理的标准和业务范围及其他必要事项。

指定管理人的指定应该在规定期间内实施。

普通地方公共团体拟指定指定管理人时,必须预先经该普通地方公共团体议会议决。

指定管理人必须在每年度结束后,就其所管理的公共设施,制作有关管理业务的事业报告书,并提交给设置该公共设施的普通地方公共团体。

普通地方公共团体认为适当的,可以让指定管理人收取公共设施使用费(下款称"使用费"),作为该指定管理人的收入。

除认为公益上有必要的外,前款的使用费根据条例的规定,由指定管理人决定。指定管理人必须预先获得该普通地方公共团体对该使用费的认可。

为促进指定管理人适当管理公共设施,普通地方公共团体的首长或委员会可以要求指定管理人报告该管理业务或财经状况,进行实地调查,或者作出必要的指示。

指定管理人不遵从前款指示,或者认为该指定管理人不适合继续管理的,普通地方公共团体可以撤销该指定,或者命令其一定期间内停止或部分停止管理业务。

(公共设施的区域外设置和其他团体的公共设施使用)

第二百四十四条之三　普通地方公共团体也可以在其区域外设置公共设施,或者与相关普通地方公共团体协商,设置公共设施。

普通地方公共团体可以根据与其他普通地方公共团体间的协议,让自己居民使用该其他普通地方公共团体的公共设施。

前两款的协议必须经相关普通地方公共团体议会议决。

(与公共设施使用权利相关之处理的请求审查)

第二百四十四条之四　对普通地方公共团体首长以外的机关(含指定管理人)所作的有关公共设施使用权利的处理,请求审查的,应该向该普通地方公共团体的首长请求,即使普通地方公共团体的首长不是该机关的最上级行政机关。

普通地方公共团体的首长收到前款的审查请求后,必须咨询议会后作出决定。

议会必须在前款规定的咨询发生日起二十日内陈述意见。

第十一章　国家与普通地方公共团体的关系以及普通地方公共团体相互间的关系

第一节　国家或都道府县参与普通地方公共团体等

Ⅰ　国家或都道府县参与普通地方公共团体等

(参与的含义)

第二百四十五条　本章中的"国家或都道府县参与普通地方公共团体等"是指,就普通地方公共团体的事务处理,国家的行政机关[掌管《内阁设置法》(1999年法律第89号)第四条第三款事务的内阁府、宫内厅、同法第四十九条第一款或第二款规定的机关、《国家行政组织法》(1948年法律第120号)第三条第二款规定的机关、法律规定由内阁管辖的机关及其下的机关,本章同]或者都道府县的机关实施的下列行为(只限于普通地方公共团体在其固有资格中成为该行为的接收者时,国家或都道府县向普通地方公共团体所作的支出金的交付和返还除外):

一、对普通地方公共团体实施的下列行为:

(一)意见或建议;

(二)要求提交资料;

(三)要求纠正(普通地方公共团体的事务处理违反法定令规定时,或者明显不当且明显侵害公益时,要求该普通地方公共团体为纠正或改善该违反行为而采取必要措施后,收到该要求的普通地方公共团体必须为纠正或改善该违反行为而采取必要措施);

(四)同意;

(五)许可、认可、承认;

(六)指示;

(七)代执行(普通地方公共团体的事务处理违反法令规定时,或者该普通地方公共团体懈怠事务处理时,代替该普通地方公共团体而采取纠正措施)。

二、与普通地方公共团体协商。

三、前两项所列行为之外,为实现一定行政目的而个别具体地关涉普通地方公共团体的行为[为协调对立关系者之间利害关系而作出的裁定及其他行为(仅限于双方都是接收人)、对审查请求及其他不服申诉所作的裁决、决定及其他行为除外]。

(参与的法定主义)

第二百四十五条之二　　普通地方公共团体就其事务处理,只有依据法律或基于法律的政令,才接受或需要国家或都道府县对普通地方公共团体的参与。

(参与的基本原则)

第二百四十五条之三　　普通地方公共团体就其事务处理,接受或需要国家或都道府县对普通地方公共团体的参与时,国家应该在达成其目的的必要最小限度内,且必须考虑普通地方公共团体的自主性和自立性。

国家必须致力于:尽量让普通地方公共团体就其自治事务的处理,不接受或不需要国家或都道府县参与的第二百四十五条第一项(七)和第三项规定的行为;就法定受托事务的处理,不接受或不需要国家或都道府县参与的该项规定的行为。

国家必须致力于:除像国家或都道府县的规划需要与普通地方公共团体的规划保持协调等这样国家或都道府县的政策与普通地方公共团体的政策之间需要调整的情形外,就普通地方公共团体的事务处理,让普通地方公共团体不需要国家或都道府县参与的第二百四十五条第二项规定的行为。

国家必须致力于:除像普通地方公共团体制作国家依法需采取财税特别措施之计划等这样被认为国家或都道府县的政策与普通地方公共团体的政策不具有整合性,就会明显妨碍这些政策实施的情形外,就自治事务的处理,让普通地方公共团体不需要国家或都道府县参与的第二百十五条第一项(四)规定的行为。

国家必须致力于:除像普通地方公共团体根据特别法律而设立法人等这样被认为通过国家行政机关或都道府县机关作许可、认可、承认等以外的方法难以确保适当处理的情形外,就自治事务的处理,让普通地方公共团体不需要国家或都道府县参与的第二百十五条第一项(五)规定的行为。

国家必须致力于:除像为保护国民生命、身体或财产而需要紧急正确处理自治事务等这样被认为特别需要的情形外,就自治事务的处理,让普通地方公共团体不必遵从国家或都道府县参与的第二百四十五条第一项(六)规定的行为。

(技术性意见建议和资料提交要求)

第二百四十五条之四　各大臣(作为分管《内阁府设置法》第四条第三款事务之大臣的内阁总理大臣、《国家行政组织法》第五条第一款规定的各省大臣。本章、次章和十四章同)、都道府县知事及其他都道府县的执行机关可以在其分管事务范围内,就普通地方公共团体的事务运营及其他事项向普通地方公共团体提出适当的技术性意见建议,或者为作该意见建议、为提供与普通地方公共团体事务之适当处理相关的信息而要求提交必要的资料。

各大臣可以在其承担事务的范围内,就前款规定的针对市町村的意见建议或资料提交要求,向都道府县知事及其他都道府县的执行机关作必要的指示。

普通地方公共团体的首长及其他执行机关可以要求各大臣、都道府县知事及其他都道府县的执行机关,就其所承担事务的管理与执行,提供技术性意见建议或必要信息。

(纠正要求)

第二百四十五条之五　各大臣就其承担的事务,认为都道府县的自治事务处理违反法令的规定,或者明显不当且明显损害公益时,可以要求该都道府县为纠正或改善该自治事务处理而采取必要措施。

各大臣就其承担的事务,认为市町村下列各项事务的处理违反法令的规定,或者明显不当且明显损害公益时,可以指示各项规定的都道府县的执行机关要求该市町村为纠正或改善该事务处理而采取必要措施:

一、市町村长及其他市町村的执行机关(教育委员会和选举管理委员除外)承担的事务　都道府县知事

二、市町村教育委员会承担的事务　都道府县教育委员会

三、市町村选举管理委员会承担的事务　都道府县选举管理委员会

收到前款指示的都道府县的执行机关必须要求市町村为纠正或改善该事务处理而采取必要措施。

除依据第二款规定外,各大臣就其承担的事务,认为市町村的事务(第一项法定受托事务除外)处理违反法令的规定,或者明显不当且明显损害公益时,且认为很紧急或者有特别必要的,可以自己要求市町村为纠正或改善该事务处理而采取必要措施。

普通地方公共团体受到第一款、第三款或者前款规定的要求后,必须为纠正或改善该事务处理采取必要措施。

(纠正的建议)

第二百四十五条之六　下列各项所列的都道府县的执行机关认为市町村对各项规定的自治事务的处理违反法令的规定,或者明显不当且明显损害公益时,可以建议该市町村采取必要措施以纠正或改善该自治事务的处理:

一、都道府县知事　市町村长及其他市町村的执行机关(教育委员会和选举管理委员会除外)承担的自治事务

二、都道府县教育委员会　市町村教育委员会承担的自治事务

三、都道府县选举管理委员会　市町村选举管理委员会承担的自治事务

(纠正的指示)

第二百四十五条之七　各大臣认为与其所管的法律或基于法律的政令相关的都道府县法定受托事务的处理违反法令的规定,或者明显不当且明显损害公益时,可以向该都道府县作必要指示,要求其为纠正或改善该法定受托事务的处理而采取措施。

下列各项所列都道府县的执行机关认为市町村对各项所规定的法定受托事项的处理违反法令规定,或者明显不当且损害公益时,可以向该市町村作必要指示,要求其为纠正或改善该法定受托事务的处理而采取措施:

一、都道府县知事　市町村长及其他市町村的执行机关(教育委员会和选举管理委员会除外)承担的法定受托事务

二、都道府县教育委员会　市町村教育委员会承担的法定受托事务

三、都道府县选举管理委员会　市町村选举管理委员会承担的法定受托

事务

关于与各大臣所管的法律或基于法律的政令相关的市町村第一项法定受托事务的处理,各大臣可以向前款各项所列的都道府县的执行机关,就根据前款规定而对市町村所作的指示,作必要指示。

除根据前款规定外,各大臣认为与其所管的法律或基于法律的政令相关的市町村第一项法定受托事务的处理违反法令的规定,或者明显不当且明显损害公益时,且认为很紧急或者有特别必要的,可以自己向该市町村作必要指示,要求其为纠正或改善该第一项法定受托事务的处理而采取措施。

(代执行等)

第二百四十五条之八 各大臣认为与其所管的法律或基于法律的政令相关的都道府县知事的法定受托事务的管理执行违反法令规定或违反各大臣的处理时,或者懈怠该法定受托事务的管理执行时,通过本款至第八款规定以外的措施难以纠正,且置之不理明显损害公益的,可以通过书面形式向该都道府县知事指出此情况后,建议其在规定的期限内纠正该违反行为或懈怠行为。

都道府县知事在前款规定的期限内不实施同款规定的建议事项的,各大臣可以指示该都道府县知事在规定的期限内实施该事项。

都道府县知事在前款规定的期限内不实施该事项的,各大臣可以向高等法院起诉,请求法院作出命令其实施该事项的判决。

各大臣向法院提起前款规定的诉讼后,必须立即通过书面形式将该意通告该都道府县知事,同时将该通告的时间、场所和方法通知该高等法院。

该高等法院收到第三款规定的起诉后,必须迅速确定口头辩论的时间,召集当事人,该口头辩论时间必须在同款之诉提起日起十五日内。

该高等法院认为各大臣的请求有理由的,必须向该都道府县知事作出在规定期限内实施该行为的判决。

第三款之诉由管辖该都道府县区域的高等法院专属管辖。

都道府县知事没有遵守第六款的判决,在规定的期限内没有实施该事项的,各大臣可以取代该都道府县知事实施该事项。对此,各大臣必须就实施该事项的时间、场所和方法预先通知该都道府县知事。

对与第三款之诉相关的高等法院的判决提起上诉的期限为一周。

前款的上诉没有停止执行的效力。

认定各大臣请求没有理由的判决生效后,已经基于第八款规定,实施了与第二款指示相关的事项的,都道府县知事可以在判决生效后三个月内,撤销该处理,恢复原状,或者采取其他必要措施。

前各款规定准用于市町村长的法定受托事务的管理或执行违反法令规定或者各大臣、都道府县知事的处理时;或者懈怠该法定受托事务的管理或执行时,通过本款规定以外的措施难以纠正,且置之不理明显损害公益的情形。就此,前各款规定的"各大臣"读作"都道府县知事","都道府县知事"读作"市町村长","该都道府县区域"读作"该市町村区域"。

对于与各大臣所管的法律或基于法律的政令相关的市町村长第一项法定受托事项的管理执行,各大臣可以向都道府县知事,就在前款中准用的第一款至第八款规定的措施,作必要指示。

第三款(含第十二款的准用情形,下款同)之诉不适用《行政诉讼法》第四十一条第二款的规定,尽管有该法的第四十三条第三款。

除前款规定的外,就第三款之诉,与主张和证据的提出时限及其他促进审理的必要事项由最高法院规则规定。

(处理标准)

第二百四十五条之九 各大臣就与其所管法律或基于法律的政令相关的都道府县的法定受托事项的处理,可以规定都道府县处理该法定受托事项时依据的标准。

下列各项所列都道府县的执行机关,可以就市町村各项法定受托事项的处理,规定市町村处理该法定受托事项时应依据的标准。对此,都道府县执行机关规定的标准不得与各大臣根据次款规定的标准相抵触。

一、都道府县知事　市町村长及其他市町村的执行机关(教育与委员会和选举管理委员会除外)承担的法定受托事项

二、都道府县教育委员会　市町村教育委员会承担的法定受托事项

三、都道府县选举管理委员会　市町村选举管理委员会承担的法定受托事务

各大臣认为特别有必要时,可以就与其所管法律或基于法律的政令相关的

市町村第一项法定受托事务的处理,规定市町村处理该第一项法定受托事务时应该依据的标准。

关于与各大臣所管法律或基于法律的法令相关的市町村第一项法定受托事务的处理,各大臣可以向第二款各项所列都道府县的执行机关,就依据同款而规定的标准,作必要指示。

依据第一款至第三款而规定的标准必须在达成其目的的必要最小限度内。

Ⅱ 国家或都道府县参与普通地方公共团体的程序

(国家或都道府县参与普通地方公共团体的程序的适用)

第二百四十六条　次条至第二百五十条之五的规定适用于国家或都道府县参与普通地方公共团体。但其他法律有特别规定的,不在此限。

(意见等的方式)

第二百四十七条　国家的行政机关或都道府县的机关未通过书面形式向普通地方公共团体提供意见建议等后,该普通地方公共团体要求提供记载该意见等旨趣和内容的书面材料的,必须提供。

前款规定不适用于下列意见等:

一、要求普通地方公共团体实施已经结束的行为。

二、与已通过书面形式通知该普通地方公共团体的事项为同一内容的。

国家或都道府县的职员不得以普通地方公共团体不遵从国家的行政机关或都道府县的机关所作意见等为由,向其作不利对待。

(资料提交要求等的方式)

第二百四十八条　国家的行政机关或都道府县的机关未通过书面形式要求普通地方公共团体提交资料及其他类似行为(在本条和第二百五十二条之十七之三第二款中称"资料提交要求等")后,该普通地方公共团体要求提供记载该资料提交要求等旨趣和内容的书面材料的,必须提供。

(纠正要求等的方式)

第二百四十九条　国家的行政机关或都道府县的机关向普通地方公共团体

作纠正要求、指示及其他类似行为（在本条和第二百五十二条之十七之三第二款中称"纠正要求等"）时，必须提供记载该纠正要求等的内容和理由的书面材料。但不提供书面材料而紧迫作纠正要求等时，不在此限。

在前款但书情形中，国家的行政机关或都道府县的机关必须在作纠正要求等后的相当期间内，提供同款书面材料。

（协商方式）

第二百五十条　普通地方公共团体向国家的行政机关或都道府县的机关申请协商的，国家的行政机关、都道府县的机关和普通地方公共团体必须真诚协商，并尽力在相当的期限内协商完毕。

国家的行政机关或都道府县的机关就基于普通地方公共团体申请而进行的协商，陈述意见时，该普通地方公共团体请求提供载与该协商有关的意见的旨趣和内容的书面材料的，必须提供。

（许认可等的标准）

第二百五十条之二　普通地方公共团体基于法令提出申请或者协商申请（在本款、第二百五十条之十三第二款、第二百五十一条之三第二款、第二百五十一条之五第一款、第二百五十一条之六第一款和第二百五十二条之十七之三第三款中称"申请等"）的，国家的行政机关或都道府县的机关必须制定旨在根据法令规定判断是否实施许可、认可、承认、同意及其他类似行为（在本款和第二百五十二条之十七之三第三款中称"许认可等"）的必要标准，并在不特别妨碍行政的情况下予以公布。

国家的行政机关或都道府县的机关必须尽力制定旨在根据法令规定而判断是否向普通地方公共团体实施许认可等的撤销及其他类似行为（在本条和第二百五十条之四中称"许认可等的撤销等"）的必要标准，并予以公布。

国家的行政机关或都道府县的机关在规定第一款或前款的标准时，必须对照该许认可等或许认可等的撤销等的性质尽量具体规定。

（许认可等的标准处理期间）

第二百五十条之三　国家的行政机关或都道府县的机关必须尽力规定申请

等到达该国家的行政机关或都道府县的机关的事务所后至作出该申请等的许认可等的通常所需标准期间（根据法令，与该国家的行政机关或都道府县的机关不同的机关为该申请等的提交地时，自达到该不同的机关的事务所起至达到该国家的行政机关或都道府县的机关的事务所通常所需的标准期间），并予以公布。

（许认可等的撤销等）
第二百五十条之四 国家的行政机关或都道府县的机关拒绝普通地方公共团体的许认可等的申请或者撤销许认可等时，必须向其交付记载该拒绝或撤销的内容和理由的书面材料。

（报告）
第二百五十条之五 普通地方公共团体向国家的行政机关或都道府县的机关提交的报告书记载事项齐全、添加了必要材料、符合法令规定的报告形式的，该报告书到达法令规定的作为提交地的机关的事务所后，应该对该报告履行程序上的义务。

（国家的行政机关将自治事务的同一事务作为自己权限内事务来处理）
第二百五十条之六 国家的行政机关根据法令的规定，将与普通地方公共团体处理作为自治事务来处理之事务具有同一内容的事务，作为自己权限内事务来处理时，必须预先通过记载该事务处理之内容和理由的书面形式，通知该普通地方公共团体。

第二节　国家和普通地方公共团体间、普通地方公共团体相互间、普通地方公共团体的机关相互间的纠纷处理

Ⅰ　国家地方纠纷处理委员会

（设置和权限）
第二百五十条之七 总务省内设置国家地方纠纷处理委员会（本节称"委员会"）。

委员会就与国家的行政机关参与普通地方公共团体相关的审查申请，根据本法的规定，对其权限内的事项进行处理。

（组织）

第二百五十条之八 委员会由五人委员组成。

委员为非常勤。但可以设两人以下的常勤委员。

（委员）

第二百五十条之九 总务大臣在获得两议院同意后，从很有见识者任命委员。

任命委员时，其三人以上不得属于同一政党及其他政治团体。

委员任期届满或者缺员，因国会闭会或者众议院解散而无法获得两议院同意时，总务大臣可以不管第一条的规定，从同款规定的有资格者中任命委员。

在前款情形中，必须在任命后的最早国会中获得两议院的事后认可。没有获得两议院事后认可的，总务大臣必须立即罢免该委员。

委员任期三年。但缺员委员的任期为前任者的剩余期间。

委员可以连任。

委员任期届满后，该委员应该在后任者任命前继续履行其职务。

委员收到破产开始程序的决定，或者被处于禁锢以上刑罚的，总务大臣必须罢免该委员。

总务大臣应该在获得两议院同意后，罢免下列委员：

一、原来没有委员参加的同一政党及其他政治团体有三人以上委员加入时，其中超过两人人数的委员。

二、已有一人委员参加的政党及其他政治团体又有两人以上委员加入时，其中超过一人人数的委员。

总务大臣应该立即罢免新进加入已有两人委员的政党及其他政治团体的委员。

总务大臣认为委员身心原因而无法执行职务时，或者认为委员违反职务上的义务、实施了其他不符委员身份的非法行为时，可以在获得两议院同意后，罢免该委员。

除第四款后段和第八款至前款规定的情形外，不得违背委员之意罢免委员。

委员不得泄露职务上获得的秘密。退职后也一样。

委员在任期内不得成为政党及其他政治团体的领导，或者积极从事政治运动。

　　常勤委员在任期内,除获得总务大臣许可外,不得从事获取报酬的其他职务,或者不得经营营利事业及其他以金钱利益为目的的业务。

　　委员不得参与讨论与自己有直接利害关系的案件。

　　委员报酬由其他法律规定。

(委员长)
第二百五十条之十　　委员会设置委员长,由委员互选决定。

委员长总理会务,代表委员会。

委员长发生事故的,由预先指定的委员代理其职务。

(会议)
第二百五十条之十一　　委员会由委员长召集。

委员会必须在委员长和两人以上委员出席时,才能召开会议,进行议决。

委员会议事时,只有出席者过半数时才能作出决定;赞成数与否定数相同的,由委员长决定。

委员长发生事故后适用第二款规定时,前条第三款规定的委员视为委员长。

(委任于政令)
第二百五十条之十二　　除本法有规定的外,委员会的必要事项由政令规定。

Ⅱ 国家地方纠纷处理委员会的审查程序

(与国家参与相关的审查申请)
第二百五十条之十三　　就普通地方公共团体的首长及其他执行机关所承担的事务,国家要求纠正、拒绝许可、实施其他行政行为或相当于公权力行使之行为(下列行为除外)后,普通地方公共团体的首长及其他执行机关对其不服的,可以将实施该国家参与的行政机关为相对人,以书面形式向委员会申请审查。

　　一、根据第二百四十五条之八第二款和第十三款规定所作的指示。

　　二、基于第二百四十五条之八第八款规定,代替都道府县知事实施与同条第二款规定的指示相关的事项。

三、在根据第二百五十二条之十七之四第二款规定,替换适用第二百四十五条之八第十二款中准用的同条第二款规定的指示。

四、根据第二百五十二条之十七之四第二款规定,替换适用第二百四十五条之八第十二款中准用同条第八款规定后,代替市町村长实施与前项指示相关的事项。

普通地方公共团体的首长及其他执行机关对与自己所承担事务相关的国家不作为(是指申请等发生后,国家行政机关应该在相当期间内实施许可、其他行政行为、相当于公权力行使之行为,但没有实施)不服的,可以将与该国家不作为相关的国家行政机关为相对人,通过书面形式向委员会申请审查。

就普通地方公共团体的首长及其他执行机关所承担的事务,该普通地方公共团体根据法令向国家行政机关申请协商后,该普通地方公共团体的首长及其他执行机关尽管认为履行了与该协商相关的该普通地方公共团体的义务,但还是未协商好的,可以将作为协商相对人的国家行政机关作为相对人,通过书面形式向委员会申请审查。

第一款规定的审查申请必须在国家参与之日起三十日内提出。但因天灾及其他同款规定的不得已情形而未申请审查的,不在此限。

前款但书中第一款规定的审查申请必须在理由消失日起一周内实施。

通过邮政、《民间企业送达书信法》(2002年法律第99号)第二条第六款规定的一般书信件业者或同条第九款规定的特定书信件业者所做的同条第二款规定的书信件(在第二百六十条之二第十二款中称"书信件")而提出第一款规定的审查申请的,计算前两款的期间时,不算送达所需日数。

普通地方公共团体的首长及其他执行机关拟作第一款至第三款规定的审查申请时,必须预先将其旨通知作为相对方的国家行政机关。

(审查和建议)

第二百五十条之十四 就国家参与自治事务发生前条第一款规定的审查申请后,委员会进行审查,认为作为相对方的国家行政机关所做的国家参与不违法,且从尊重普通地方公共团体自主性和自立性要求看并无不当时,必须附理由地将其旨通知作出该审查申请的普通地方公共团体的首长及其他执行机关、该国家行政机关,并予以公布;当认为该国家行政机关所做的国家参与违法,或者从尊重普通地方公共团体自主性和自立性要求看不当时，必须附理由地建议该国家行政机关在规定期间内采取必要措施，同时将该建议内容通知该普通地方公共团体的首长及其他执行机关，并予以公布。

就国家参与法定受托事务发生前条第一款规定的审查申请后，委员会进行审查，认为作为相对方的国家行政机关所做的国家参与不违法时，必须附理由将其旨通知作出该审查申请的普通地方公共团体的首长及其他执行机关、该国家行政机关，并予以公布；当认为该国家行政机关所做的国家参与违法时，必须附理由地建议该国家行政机关在规定期间内采取必要措施，同时将该建议内容通知该地方公共团体的首长及其他执行机关，并予以公布。

发生前条第二款规定的审查申请后，委员会进行审查，认为该审查申请没有理由的，必须附理由地将该意通知申请审查的普通地方公共团体的首长及其他执行机关、作为相对方的国家行政机关，并予以公布；认为该审查申请有理由的，必须附理由地建议该国家行政机关在规定期间内采取必要措施，同时将该建议内容通知该普通地方公共团体的首长及其他执行机关，并予以公布。

发生前条第三款规定的审查申请后，委员会审查与该协商相关的普通地方公共团体就与该审查申请相关的协商，是否履行了其义务，必须附理由地将结果通知作出审查申请的普通地方公共团体的首长及其他执行机关、作为相对方的国家行政机关，并予以公布。

前各款规定的审查和建议必须在审查申请发生日起九十日内实施。

（相关行政机关的参加）

第二百五十条之十五　委员会认为有必要让相关行政机关参加到审查程序中时，可以根据就国家参与作出审查申请的普通地方公共团体的首长及其他执行机关、作为相对方的国家行政机关或该相关行政机关的申请，或者依职权让相关行政机关参加到审查程序中。

（证据调取）

第二百五十条之十六　委员会认为为实施审查而有必要时，可以根据就国家参与作出审查申请的普通地方公共团体的首长及其他执行机关、作为相对方的国家行政机关或根据前条第一款规定而参加到审查程序中的相关行政机关

(本条称"参加行政机关")的申请,或者依职权调取如下证据:

一、让适当者作为知情人陈述其知道的事实,或者要求适当者鉴定。

二、要求资料及其他物件持有人提交该物件,或者留置其所提交的物件。

三、对必要场所进行检查。

四、询问就国家参与作出审查请求的普通地方公共团体的首长及其他执行机关、作为相对方的国家行政机关、参加行政机关和它们的职员。

委员会在实施审查时,必须给予就国家参与作出审查请求的普通地方公共团体的首长及其他执行机关、作为相对方的国家行政机关、参加行政机关以证据提交和陈述的机会。

(与国家参与相关的审查申请的撤回)

第二百五十条之十七 就国家参与作出审查申请的普通地方公共团体的首长及其他执行机关,在根据第二五十条之十四第一款至第四款规定的审查结果通知或建议发生前,或者根据第二百五十条之十九第二款规定调解成功前,随时可以撤回该审查申请。

(国家行政机关的措施等)

第二百五十条之十八 第二百五十条之十四第一款至第三款规定的委员会建议作出后,收到该建议的国家行政机关必须在该建议规定的期间内采取必要措施,并将其旨通知委员会。委员会必须将与该通知相关的事项通知作出与该建议相关的审查申请的普通地方公共团体的首长及其他执行机关,并予以公布。

委员会可以要求收到前款建议的国家行政机关就根据同款规定而采取的措施作出说明。

(调解)

第二百五十条之十九 发生与国家参与相关的审查申请后,委员会认为相当时,可以依职权,制作调解方案,向作出与该国家参与相关的审查申请的普通地方公共团体的首长及其他执行机关、作为相对方的国家行政机关展示,建议其接受,同时附理由公布其要旨。

与前款调解方案相关的调解,在调解方案中的普通地方公共团体的首长及其他执行机关、国家行政机关向委员会提交记载其接受调解方案之意的文书时成立。委员会必须立即公布其旨和调解的要旨,同时将其旨通知该普通地方公共团体的首长及其他执行机关、国家行政机关。

(委任于政令)

第二百五十条之二十　除本法规定的外,与委员会的审查、建议和调解相关的必要事项由政令规定。

Ⅲ　自治纠纷处理委员

(自治纠纷处理委员)

第二百五十一条　自治纠纷处理委员根据本法规定,处理普通地方公共团体相互间或普通地方公共团体之机关相互间纠纷的调解、与都道府县之机关参与普通地方公共团体(本节称"都道府县的参与")相关的审查、为处理与第二百五十二条之二第一款规定的合作协约相关的纠纷而提出的方案、与第一百四十三条第三款(含第一百八十条之五和第一百八十四条第二款中的准用情形)的审查请求,本法规定的审查申请、审决申请相关的审理。

总务大臣或者都道府县知事对每个案件,从很有见识者中任命三名自治纠纷处理委员。就此,总务大臣或者都道府县知事应该预先与该案件相关的主管大臣、都道府县委员会或委员协商。

自治纠纷处理委员为非常勤。

自治纠纷处理委员有下列情形之一的,失去其职务:

一、当事人根据次条第二款规定而撤回调解申请。

二、自治纠纷处理委员根据次条第六款规定,通知当事人结束调解。

三、总务大臣或者都道府县根据次条第七款、第二百五十一条之三第十三款规定,通知当事人调解成功。

四、市町村长及其他市町村的执行机关根据在第二百五十一条之三第五款至第七款中准用的第二百五十条之十七的规定,撤回请求自治纠纷处理委员审查的申请。

五、自治纠纷处理委员作在第二百五十一条之三第五款中准用第二百五十条之十四第一款或第二款、在第二百五十一条之三第六款中准用第二百五十条之十四第三款规定的审查结果通知、建议和建议内容的通知、在第二百五十一条之三第七款中准用第二百五十条之十四第四款规定的审查结果通知,且予以公布。

六、普通地方公共团体根据第二百五十一条之三之二第二款规定,撤回请求提供同条第一款之处理方案的申请。

七、自治纠纷处理委员根据第二百五十一条之三第三款规定,向作为当事人的普通地方公共团体提供同条第一款规定的处理方案,并将其旨和处理方案通知总务大臣或者都道府县知事,且予以公布。

八、作出与第二百五十五条之五第一款规定的审理相关的审查请求、审查申请或审决申请者,撤回该审查请求、审查申请或审决申请。

九、总务大臣或者都道府县知事根据第二百五十五条之五第一款规定而审理后,对审查请求作出裁决、对审查申请作出裁决或裁定或审决。

自治纠纷处理委员与该案件有直接利害关系的,总务大臣或者都道府县知事必须罢免该自治纠纷处理委员。

第二百五十条之九第二款、第八款、第九款(第二项除外)和第十款之第十四款的规定准用于自治纠纷处理委员。对此,同条第二款中的"三人以上"读作"二人以上",同条第八款中的"总务大臣"读作"总务大臣或者都道府县知事","三人以上"读作"二人以上","二人"读作"一人",同条第十款中的"总务大臣"读作"总务大臣或者都道府县知事","经得两议院同意后,该委员"读作"该自治纠纷处理委员",同条第十二款中的"第四款后段和第八款至前款"读作"第八款、第九款(第二项除外)、第十款、前款和第二百五十一条第五款"。

Ⅳ 自治纠纷处理委员所作调解、审查和处理方案提供的程序

(调解)

第二百五十一条之二　普通地方公共团体相互间或者普通地方公共团体的机关相互间出现纠纷后,除本法有特别规定的外,当都道府县或都道府县的机关是当事人时,总务大臣可以基于当事人的书面申请,或者依职权为解决纠纷而根据前条第二款的规定任命自治纠纷处理委员,让其调解;都道府县或都道府县的机关以外者是当事人时,都道府县知事可以基于当事人的书面申请或者依职权,为解决纠纷而根据前条第二款的规定任命自治纠纷处理委员,让其调解。

就基于当事人申请而开始的调解，当事人可以在获得总务大臣或者都道府县知事的同意后，撤回其申请。

自治纠纷处理委员制作调解方案，向当事人展示，建议他们接受，可以附理由公布其要旨。

自治纠纷处理委员根据前款规定向当事人展示调解方案，建议其接受后，必须立即附带调解方案的副本向总务大臣或者都道府县知事报告要旨和调解经过。

自治纠纷处理委员认为不可能通过调解解决时，可以在经得总务大臣或者都道府县知事的同意后，终止调解，并公布案件要点和调解经过。

自治纠纷处理委员根据前款规定终止调解后，必须将其旨通知当事人。

所有的当事人向总务大臣或者都道府县知事提交接受调解方案之意的书面材料时，第一款的调解成功。对此，总务大臣或者都道府县知事必须立即公布该意和调解的要旨，同时向当事人通知调解成功之意。

根据前款规定，当事人提交书面材料后，总务大臣或者都道府县知事应该将该意通知自治纠纷处理委员。

自治纠纷处理委员认为为制作第三款规定的调解方案而有必要时，可以要求当事人和相关人到场和陈述，或者要求当事人、相关人、与纠纷案件有关系者提供调解纠纷的必要记录。

第三款调解方案制作和其要旨公布的决定，第五款终止调解的决定，公布案件要点和调解经过的决定，请求前款到场、陈述、提供记录的决定应该由自治纠纷处理委员合议作出。

（审查和建议）

第二百五十一条之三 市町村长及其他市町村的执行机关对与其所承担事务相关的都道府县参与中的纠正要求、许可拒绝、其他行政行为及其他公权力行使行为（下列各项除外）不服，书面申请交付自治纠纷处理委员审查后，总务大臣必须迅速根据第二百五十一条第二款规定任命自治纠纷处理委员，将与该申请相关的案件交其审查。

一、在第二百四十五条之八第十二款中准用的同条第二款规定的指示。

二、基于在第二百四十五条之八第十二款中准用的同条第八款规定，代替市町村长实施与前项指示相关的事项。

市町村及其他市町村的执行机关对与其所承担事务相关的都道府县的不作为不服,通过书面形式申请自治纠纷处理委员审查后,总务大臣必须迅速根据第二百五十一条第二款的规定任命自治纠纷处理委员,将该申请事项交由自治纠纷处理委员审查。

基于与市町村及其他市町村的执行机关所承担的事务相关的该市町村的法令的协商申请向都道府县的行政机关作出后,市町村及其他市町村的执行机关认为虽然履行了与该协商相关的该市町村的义务,但该协商还是没有成功,并通过书面形式申请自治纠纷处理委员审查后,总务大臣必须迅速根据第二百五十一条第二款的规定任命自治纠纷处理委员,将与该申请相关的案件交其审查。

前三款规定的申请必须以下列对象为相对方:

一、根据第一款规定申请时,实施了与该申请相关之都道府县参与的都道府县的行政机关。

二、根据第二款规定申请时,与该申请中都道府县不作为相关的都道府县的行政机关。

三、根据前款规定申请时,作为与该申请相关之协商相对方的都道府县的行政机关。

第二百五十条之十三第四款至第七款,第二百五十条之四第一款、第二款和第五款,第二百五十条之十五至第二百五十条之十七的规定准用于第一款规定的申请。就此,这些规定中的"普通地方公共团体的首长及其他执行机关"读作"市町村长及其他市町村的执行机关","国家的行政机关"读作"都道府县的行政机关","委员会"读作"自治纠纷处理委员",第二百五十条之十三第四款、第二百五十条之十四第一款和第二款中的"国家的参与"读作"都道府县的参与",第二百五十条之十七第一款中的"第二百五十条之十九第二款"读作"第二百五十一条之三第十三款"。

第二百五十条之十三第七款、第二百五十条之十四第三款和第五款、第二百五十条之十五至第二百五十条之十七的规定准用于根据第二款规定提出的申请。就此,这些规定中的"普通地方公共团体的首长及其他执行机关"读作"市町村长及其他市町村的执行机关","国家的行政机关"读作"都道府县的行政机关","委员会"读作"自治纠纷处理委员",第二百五十条之十七第一款中的"第二百五十条之十九第二款"读作"第二百五十一条之三第十三款"。

第二百五十条之十三第七款、第二百五十一条之十四第四款和第五款、第二百五十条之十五至第二百五十条之十七的规定准用于第三款规定的申请。对此,这些规定中的"普通地方公共团体的首长及其他执行机关"读作"市町村长及其他市町村的执行机关","国家的行政机关"读作"都道府县的行政机关","委员会"读作"自治纠纷处理委员",第二百五十条之十四第四款中的"与该协商相关的普通地方公共团体"读作"与该协商相关的市町村",第二百五十条之十七第一款中的"第二百五十条之十九第二款"读作"第二百五十一条之三第十三款"。

自治纠纷处理委员作出在第五款中准用的第二百五十条之十四第一款或第二款、在第六款中准用的第二百五十条之十四第三款规定的审查结果通知、建议和建议内容的通知、在前款中准用的第二百五十条之十四第四款规定的审查结果通知后,必须立即向总务大臣报告将其旨和审查结果或建议内容。

根据在第五款中准用的第二百五十条之十四第一款或第二款、在第六款中准用的第二百五十条之十四第三款规定,自治纠纷处理委员作出建议后,收到该建议的都道府县的行政机关必须在该建议规定的期间内,按照建议采取必要措施,同时将其旨通知总务大臣。就此,总务大臣必须将与该通知相关之事项通知与该建议相关的、根据第一款或第二款规定而作出申请的市町村长及其他市町村的执行机关,并予以公布。

总务大臣可以要求收到前款建议的都道府县的行政机关对根据同款规定所采取的措施进行说明。

自治纠纷处理委员根据在第五款中准用的第二百五十条之十四第一款或第二款、在第六款中准用的第二百五十条之十四第三款、在第七款中准用的第二百五十条之十四第四款的规定实施审查时,认为适当的,可以依职权制作调解方案,并向根据第一款之第三款规定而作申请的市町村长及其他市町村的执行机关、作为相对方的都道府县的行政机关展示,建议其接受,并附理由公布其要旨。

自治纠纷处理委员根据前款规定向根据第一款至第三款规定而作申请的市町村长及其他市町村的执行机关、作为相对方的都道府县的行政机关展示前款规定的调解方案,建议其接受后,必须立即附带调解方案的副本向总务大臣报告其旨和调解经过。

看到调解方案的市町村长及其他市町村的执行机关、都道府县的行政机关向总务大臣提交记载接受建议的书面材料时,与第十一款的调解方案相关的调解成功。就此,总务大臣必须立即公布该意和调解的要旨,并将其旨通知该市町村长及其他市町村的执行机关、都道府县的行政机关。

根据前款规定,市町村长及其他市町村的执行机关、都道府县的行政机关提交书面材料后,总务大臣应该其旨通知自治纠纷处理委员。

下列事项应该由自治纠纷处理委员合议决定:

一、对根据在第五款中准用的第二百五十条之十四第一款之规定所作的都道府县参与是否违法,或者从尊重普通地方公共团体自主性和自立性要求看是否不当,作出决定和同款规定的建议决定。

二、对根据在第五款中准用的第二百五十条之十四第二款之规定所作的都道府县参与是否违法,作出决定和同款规定的建议决定。

三、对根据在第六款中准用的第二百五十条之十四第三款规定所作的第二款申请是否有理由作出决定,和对根据在第六款中准用的第二百五十条之十四第三款规定所作的建议决定。

四、对根据在第七款中准用的第二百五十条之十四第四款规定所作的与第三款申请相关的协商,与该协商相关的市町村是否履行了义务,作出决定。

五、对根据在第五款至第六款中准用的第二把五十条之十五第一款规定所作的相关行政机关参加,作出决定。

六、对根据在第五款至第六款中准用的第二百五十条之十六第一款规定实施证据调取,作出决定。

七、对根据第十一款规定制作调解方案、公开其要旨,作出决定。

(提供处理方案)

第二百五十一条之三之二 根据第二百五十二条之二第七款的规定,普通地方公共团体申请提供自治纠纷处理委员对与同条第一款规定的合作协约相关的处理方案(本条称"处理方案")后,总务大臣就必须根据第二百五十一条第二款的规定,任命自治纠纷处理委员,让其决定处理方案。

作出前款申请的普通地方公共团体可以在获得总务大臣或者都道府县知事同意后,撤回该申请。

自治纠纷处理委员决定处理方案后,必须将其提供给作为当事人的普通地方公共团体,同时将其旨和该处理方案通知总务大臣或者都道府县知事,并公布。

自治纠纷处理委员认为为决定处理方案而有必要时,可以要求当事人和相关人到场和陈述,要求当事人、相关人、与该纠纷案件有关系者提交旨在决定处理方案的必要记录。

第三款规定的处理方案、前款规定的到场、陈述或记录提交的要求,应该由自治纠纷处理委员合议作出。

根据第三款规定,收到处理方案后,作为当事人的普通地方公共团体必须对其尊重,并采取必要措施。

(委任于政令)
第二百五十一条之四　除本法规定的外,自治纠纷处理委员的调解、审查、建议和处理方案的必要事项由政令规定。

Ⅴ 国家或都道府县参与普通地方公共团体之诉

(国家参与之诉的提起)
第二百五十一条之五　根据第二百五十条之十三第一款或第二款规定而作审查申请的普通地方公共团体的首长及其他执行机关符合下列各项之一的,可以以作为该审查申请相对方的国家行政机关(国家参与后或者申请等作出后,该行政机关的权限由其他行政机关继受的,为该其他行政机关)为被告,向高等法院提起诉讼,请求撤销与该审查申请相关的违法的国家参与,或者确认与该审查申请相关的国家不作为违法。在请求撤销违法的国家参与之诉中,没有应成为被告的行政机关时,必须将国家作为被告而提起该诉。

一、对第二百五十条之十四第一款至第三款规定的委员会审查结果或建议不服的。

二、对第二百五十条之十八第一款规定的国家行政机关措施不服的。

三、审查申请作出已经过九十日,委员会仍没作第二百五十条之十四第一款至第三款规定的审查或者建议的。

四、国家行政机关没有采取第二百五十条之十八第一款规定的措施的。

前款之诉必须在下列期间内提起:

一、关于前款第一项,自通知第二百五十条之十四第一款至第三款规定的委员会审查结果或建议内容之日起三十日内。

二、关于前款第二项,自委员会根据第二百五十条之十八第一款的规定作出通知之日起三十日内。

三、关于前款第三项,作出该审查申请日起经过九十日后的三十日内。

四、关于前款第四项,第二百五十条之十四第一款至第三款规定的委员会建议规定的期间结束之日起三十日内。

第一款之诉由管辖该普通地方公共团体区域的高等法院专属管辖。

原告提起第一款之诉后,必须立即通过书面形式将其旨通知被告,并向该高等法院告知作前通知的时间、场所和方法。

第一款之诉提起后,该高等法院必须迅速确定口头辩论的时间,并召集当事人。该时间应该在同款之诉被提起后的十五日内。

对与第一款之诉相关的高等法院的判决提起上诉的期限为一周。

撤销国家参与的判决对相关行政机关也有效。

就第一款之诉中请求撤销违法国家参与之诉,不适用《行政诉讼法》第八条第二款、第十一条至第二十二条、第二十五条至第二十九条、第三十一条、第三十二条和第三十四条的规定,尽管有同法第四十三条第一款的规定。

就第一款之诉中请求确认国家不作为违法之诉,不适用《行政诉讼法》第四十条第二款和第十一条第二款的规定,尽管有同法第四十三条第三款的规定。

除前面各款外,就第一款之诉,最高法院规则规定与主张和证据申请时限及其他促进审理相关的必要事项。

(都道府县参与之诉的提起)

第二百五十一条之六 根据第二百五十一条之三第一款或第二款规定所作申请的市町村长及其他市町村的执行机关符合下列各项之一的,可以以作为该申请相对方的都道府县行政机关(都道府县参与后或者申请等作出后,该行政机关的权限由其他行政机关继受的,为该其他行政机关)为被告,向高等法院提起诉讼,请求撤销与该申请相关的违法的都道府县参与,或者确认与该申请相关的都道府县不作为违法。在请求撤销违法的都道府县参与之诉中,没有应成为被告的行政机关时,必须将该都道府县作为被告而提起该诉。

一、对在第二百五十一条之三第五款中准用的第二百五十条之十四第一第二款，或者在第二百五十一条之三第六款中准用的第二百五十条之十四第三款规定的自治纠纷处理委员的审查结果或建议不服的。

二、对第二百五十一条之三第九款规定的都道府县行政机关的措施不服的。

三、申请作出已经过九十日，自治纠纷处理委员仍没作在第二百五十一条之三第五款中准用的第二百五十条之十四第一款、第二款，或者在第二百五十一条之三第六款中准用的第二百五十条之十四第三款规定的审查或者建议的。

四、都道府县的行政机关没有采取第二百五十一条之三第九款规定的措施的。

前款之诉必须在下列期间内提起：

一、关于前款第一项，自通知在第二百五十一条之三第五款中准用的第二百五十条之十四第一款、第二款，或者在第二百五十一条之三第六款中准用的第二百五十条之十四第三款规定的自治纠纷处理委员审查结果或建议内容之日起三十日内。

二、关于前款第二项，自总务大臣根据第二百五十一条之三第九款规定通知之日起三十日内。

三、关于前款第三项，作出该申请日起经过九十日后的三十日内。

四、关于前款第四项，在第二百五十一条之三第五款中准用的第二百五十条之十四第一款、第二款，或者在第二百五十一条之三第六款中准用的第二百五十条之十四第三款规定的自治纠纷处理委员建议规定的期间结束之日起三十日内。

前条第三款至第七款的规定准用于第一款之诉。就此，同条第三款中的"该普通地方公共团体区域"读作"该市町村区域"，同条第七款中的"国家参与"读作"都道府县参与"。

就第一款之诉中请求撤销违法都道府县参与之诉，尽管有《行政诉讼法》第四十三条第一款的规定，但还是不适用同法第八条第二款、第十一条之第二十二条、第二十五条至第二十九条、第三十一条、第三十二条和第三十四条的规定。

就第一款之诉中请求确认都道府县不作为违法之诉，尽管有《行政诉讼法》第四十三条第三款的规定，但还是不适用同法第四十条第二款和第十一条第二款的规定。

除前面各款外,就第一款之诉,最高法院规则规定与主张和证据申请时限及其他促进审理相关的必要事项。

(与普通地方公共团体不作为相关的国家之诉的提起)

第二百五十一条之七　作出第二百四十五条之五第一款或第四款规定的纠正要求、第二百四十五条之七第一款或第四款规定的指示的各大臣,符合下列各项之一的,可以以与收到该纠正要求或指示的普通地方公共团体之不作为(是指收到该纠正要求或指示的普通地方公共团体的行政机关必须在一定期间内对应纠正要求或指示采取措施,但没有采取措施。在本款、次条和第二百五十二条之十七之四第三款中同)相关的普通地方公共团体的行政机关(发生该纠正要求或指示后该行政机关的权限由其他行政机关继受的,为该其他行政机关)为被告,向高等法院提起诉讼,请求确认该普通地方公共团体不作为违法。

一、普通地方公共团体的首长及其他执行机关就该纠正要求或指示,不作第二百五十条之十三第一款规定的审查申请(含作出审查申请后根据第二百五十条之十七第一款规定而撤回该审查申请的情形),且没有采取对应该纠正要求的措施或与指示相关的措施时。

二、普通地方公共团体的首长及其他执行机关就该纠正要求或指示作出第二百五十条之十三第一款规定的审查申请的,符合下列情况时:

(一) 委员会通知第二百五十条之十四第一款或第二款规定的审查结果或建议内容后,该普通地方公共团体的首长及其他执行机关没有根据第二百五十一条之五第一款的规定,提起请求撤销该纠正要求或指示之诉[含起诉后撤诉情形,在(二)中同],且没有采取对应该纠正要求的措施或与指示相关的措施时。

(二) 审查申请作出日起九十日后,委员会仍没有根据第二百五十条之十四第一款或第二款的规定作审查或建议后,该普通地方公共团体的首长及其他执行机关没有根据第二百五十一条之五第一款的规定提起诉讼,请求撤销该纠正要求或指示,且没有采取对应该纠正要求的措施或与指示相关的措施。

在下列期间结束前不得提起前款之诉:

一、关于前款第一项,为第二百五十条之十三第四款主文的期间。

二、关于前款第二项(一),为第二百五十一条之五第二款第一项、第二项或第四项所列期间。

三、关于前款第二项(二),为第二百五十一条之五第二款第三项所列期间。

第二百五十一条之五第三款至第六款的而规定准用于第一款之诉。

就第一款之诉,尽管有《行政诉讼法》第四十三条第三款的规定,但不适用同法第四十条第二款和第四十一条第二款的规定。

除前面各款外,就第一款之诉,最高法院规则规定与主张和证据申请时限及其他促进审理相关的必要事项。

(与市町村不作为相关的都道府县之诉的提起)

第二百五十二条 作第二百四十五条之五第二款指示的各大臣符合下列各项之一的,可以指示根据同条第三款而作纠正要求的都道府县之执行机关要以与收到该纠正要求的市町村的不作为相关的市町村的行政机关(发生该纠正要求后该行政机关的权限由其他行政机关继受的,为该其他行政机关。下款同)为被告,向高等法院提起诉讼,确认该市町村的不作为违法。

一、市町村长及其他市町村的执行机关就该指示,不作第二百五十一条之三第一款规定的申请(含作出申请后根据在同条第五款中准用的第二百五十条之十七第一款规定而撤回申请的情形),且没有采取与指示相关的措施。

二、市町村长及其他市町村的执行机关就该指示作出第二百五十一条之三第一款规定的申请时,符合下列情况的:

(一)自治纠纷处理委员根据在第二百五十一条之三第五款中准用的第二百五十条之十四第一款规定而通知审查结果或建议内容后,该市町村长及其他市町村的执行机关没有根据第二百五十一条之六第一款的规定,提起请求撤销该指示之诉[含起诉后撤诉情形。在(二)中同],且没有采取与指示相关的措施。

(二)申请作出日起九十日后,自治纠纷处理委员仍没有根据在第二百五十一条之三第五款中准用的第二百五十条之十四第一款规定而作审查或建议后,该市町村长及其他市町村的执行机关没有根据第二百五十一条之六第一款的规定提起诉讼,请求撤销该指示,且没有采取与指示相关的措施。

收到前款指示的都道府县的执行机关必须以与该市町村的不作为相关的市町村的行政机关为被告,向高等法院提起诉讼,要求确认该市町村的不作为违法。

根据第二百四十五条之七第二款规定而作指示的都道府县的执行机关符合下列各项之一的,可以以与收到该指示的市町村不作为相关的市町村的行政机关(该指示作出后该行政机关的权限由其他行政机关继受的,为该其他行政机关)为被告,向高等法院提起诉讼,请求确认该市町村的不作为违法。

一、市町村长及其他市町村的执行机关就该指示,不作第二百五十一条之三第一款规定的申请(含作出申请后根据在同条第五款中准用的第二百五十条之十七第一款规定而撤回申请的情形),且没有采取与指示相关的措施。

二、市町村长及其他市町村的执行机关就该指示作出第二百五十一条之三第一款规定的申请时,符合下列情况的:

(一)自治纠纷处理委员根据在第二百五十一条之三第五款中准用的第二百五十条之十四第一款规定而通知审查结果或建议内容后,该市町村长及其他市町村的执行机关没有根据第二百五十一条之六第一款的规定,提起请求撤销该指示之诉[含起诉后撤诉情形。在(二)中同],且没有采取与指示相关的措施。

(二)申请作出日起九十日后,自治纠纷处理委员仍没有根据在第二百五十一条之三第五款中准用的第二百五十条之十四第二款规定而作审查或建议后,该市町村长及其他市町村的执行机关没有根据第二百五十一条之六第一款的规定提起诉讼,请求撤销该指示,且没有采取与指示相关的措施。

作第二百四十五条之七第三款指示的各大臣可以就同款规定的起诉,向前款的都道府县的执行机关作必要指示。

在下列期间结束前不得提起第二款和第三款之诉:

一、关于第一款第一项和第三款第一项,为在第二百五十一条之三第五款中准用的第二百五十条之十三第四款主文的期间。

二、关于第一款第二项(一)和第三款第二项(一),为第二百五十一条之五第二款第一项、第二项或第四项所列期间。

三、关于第一款第二项(二)和第三款第二项(二),为第二百五十一条之六第二款第三项所列期间。

第二百五十一条之五第三款至第六款的规定准用于第二款和第三款之诉。对此,同条第三款中的"该普通地方公共团体区域"读作"该市町村区域"。

就第二款和第三款之诉,尽管有《行政诉讼法》第四十三条第三款的规定,但也不适用同法第四十条第二款和第四十一条第二款的规定。

除前面各款外，就第二款和第三款之诉，最高法院规则规定与主张和证据申请时限及其他促进审理相关的必要事项。

第三节　普通地方公共团体相互间的合作

Ⅰ　合作协约

（合作协约）

第二百五十二条之二　普通地方公共团体为在自己及其他普通地方公共团体区域内处理自己及其他普通地方公共团体事务时能与其他普通地方公共团体合作，可以与其他普通地方公共团体协商，缔结关于合作处理事务时的基本方针和作用分担的协约（以下称"合作协约"）。

普通地方公共团体缔结合作协约后，必须公开协约，都道府县缔结的，还必须报告总务大臣，其他地方公共团体缔结的，报告都道府县知事。

第一款的协商必须经相关普通地方公共团体议会议决。

普通地方公共团体拟变更、废止合作协约时，必须依照前三款例实施。

公益上必要时，总务大臣可以建议都道府县缔结合作协约，都道府县知事可以建议都道府县以外的地方公共团体缔结合作协约。

缔结了合作协约的普通地方公共团体必须根据合作协约，在与协约内其他普通地方公共团体合作处理事务时，采取必要措施以实现自己应承担的作用。

缔结了合作协议的普通地方公共团体相互间发生合作协约纠纷时，作为当事人的都道府县可以通过书面形式向总务大臣，作为当事人的都道府县以外地方公共团体向都道府县知事，请求提供旨在通过自治纠纷处理委员来处理该纠纷的方案。

Ⅱ　协议会

（协议会的设置）

第二百五十二条之二之二　普通地方公共团体为了共同管理执行普通地方公共团体的部分事务、对普通地方公共团体事务的管理执行进行联络调整、共同制定广域的综合规划，可以经协商制定规约，设置普通地方公共团体的协议会。

普通地方公共团体设置协议会后，必须公布其旨和规约，并报告总务大臣（都道府县加入协议会时）、都道府县知事（都道府县以外者加入协议会时）。

第一款的协商必须经相关普通地方公共团体的议会议决。但为对普通地方公共团体事务的管理执行进行联络调整而设置普通地方公共团体协议会的，不在此限。

公益上有必要时，总务大臣（都道府县加入协议会时）、都道府县知事（都道府县以外者加入协议会时）可以向相关普通地方公共团体建议设置普通地方公共团体协议会。

普通地方公共团体协议会制定广域综合规划后，相关普通地方公共团体必须根据该规划处理其事务。

普通地方公共团体协议会认为有必要时，可以要求相关公共机关的首长提交资料、陈述意见、作出说明及其他必要协助。

（协议会的组织）
第二百五十二条之三　普通地方公共团体的协议会由会长、委员组成。

普通地方公共团体协议会的会长和委员，根据规约的规定，设常勤和非常勤，在相关普通地方公共团体的职员中选任。

普通地方公共团体协议会的会长管理普通地方公共团体协议会事务，代表协议会。

（协议会的规约）
第二百五十二条之四　普通地方公共团体协议会的规约必须规定如下事项：
一、协议会的名称。
二、设置协议会的普通地方公共团体。
三、促进协议会管理执行或协议会联络调整的相关普通地方公共团体的事务的目录、协议会所作规划的目录。
四、协议会的组织、会长与委员的选任方法。
五、协议会经费的支付方法。

为共同管理执行普通地方公共团体的部分事务而设置普通地方公共团体的协议会时，必须在协议会的规约中规定前款各项之外的以下事项：
一、协议会管理执行相关普通地方公共团体事务（在本款中称"协议会承担事务"）时的管理执行方法。

二、管理执行协议会所承担事务的场所。

三、从事协议会所承担事务的相关普通地方公共团体的职员身份。

四、用于协议会所承担事务的相关普通地方公共团体的财产取得、管理、处理的方法,或者公共设施的设置、管理、废止的方法。

五、前各项所列之外,对协议会与设置协议会的普通地方公共团体之间关系而言所必要的事项,及其他协议会必要事项。

(协议会事务管理执行的效力)

第二百五十二条之五 普通地方公共团体的协议会以相关普通地方公共团体或者相关普通地方公共团体的首长及其他执行机关的名义而实施的事务管理执行,具有视为相关普通地方公共团体首长及其他执行机关实施管理执行的效力。

(协议会的组织变更和废止)

第二百五十二条之六 普通地方公共团体拟增减设置普通地方公共团体协议会的普通地方公共团体的数量,或者变更协议会规约,或者废止协议会时,必须按照第二百五十二条之二之二第一款至第三款例实施。

(因退出而变更和废止协议会组织的特例)

第二百五十二条之六之二 尽管有前条的规定,但设置协议会的普通地方共公共团体可以经议会议决后,在退出之日的两年前书面预告所有相关普通地方公共团体后,退出协议会。

收到前款预告的相关普通地方公共团体,必须在作出预告的普通地方公共团体退出前,按照第二百五十二条之二之二第一款至第三款例,对应该退出而对规约实施必要的变更。但只与第二百五十二条之四第一款第二项所列事项相关的规约变更,应该不用按照第二百五十二条之二之二第三款主文例。

只有其他所有的相关普通地方公共团体经议会议决同意后,才可以撤回第一款的预告。对此,作出同款预告的普通地方公共团体就预告的撤回向其他相关普通地方公共团体请求同意时,必须预先经其议会议决。

普通地方公共团体根据第一款规定退出协议会后,必须公布。

因第一款的退出而让设置协议会的普通地方公共团体只剩一个时,应该废止该协议会。此时,该普通地方公共团体必须公布其旨,并按照第二百五十二条之二之二第二款例,报告总务大臣或者都道府县知事。

Ⅲ 机关机构的共同设置

(机关机构的共同设置)

第二百五十二条之七　普通地方公共团体可以经协商制定规约,共同设置第一百三十八条第一款或第二款规定的事务局或其内部组织(在次款和第二百五十二条之十三中称"议会事务局")、第一百三十八条之四第一款规定的委员会或委员、同条第三款规定的附属机关、第一百五十六条第一款规定的行政机关、第一百五十八条第一款规定的内部组织、委员会或委员的事务局及其内部组织(次款和第二百五十二条之十三称为"委员会事务局")、普通地方公共团体的议会、首长、委员会或委员的辅助职员、第一百七十四条第一款规定的专门委员会。但政令规定的委员会,不在此限。

拟增减共同设置前款规定的议会事务局、执行机关、附属机关、行政机关、内部组织、委员会事务局或职员的普通地方公共团体数量时;拟变更与这些议会事务局、执行机关、附属机关、行政机关、内部组织、委员会事务局或职员之共同设置相关的规约;拟废止这些议会事务局、执行机关、附属机关、行政机关、内部组织、委员会事务局或职员的共同设置时,相关普通地方公共团体必须按照同款例,协商后实施。

第二百五十二条之二之二第二款与第三款主文的规定准用于前两款情形,同条第四款的规定准用于第一款情形。

(因退出而变更和废止机关机构的共同设置的特例)

第二百五十二条之七之二　可以不管前条第二款的规定,根据同条第一款规定而共同设置机关机构的普通地方公共团体,可以经由议会议决,在退出之日的两年前,书面预告其他所有相关普通地方公共团体后,退出共同设置。

收到前款的预告的相关普通地方公共团体,必须在作出该预告的普通地方公共团体退出前,协商对规约进行必要变更。

第二百五十二条之二之二第二款与第三款主文的规定准用于前款情形。但就只与次条第二项(含第二百五十二条之十三的准用情形)所列事项相关的规约变更,不适用第二百五十二条之二之二第三款主文的规定。

只有其他所有相关普通地方公共团体经议会议决同意后,才能撤回第一款的预告。作出同款预告的普通地方公共团体请求其他相关普通地方公共团体同意撤回该预告时,必须预先经其议会议决。

普通地方公共团体根据第一款的规定退出机关机构的共同设置后,必须公布其旨。

因第一款规定的退出而使共同设置机关机构的普通地方公共团体只剩一个时,应该废止该共同设置。对此,该普通地方公共团体必须公布其旨,同时按照第二百五十二条之二之二第二款例,报告总务大臣或者都道府县知事。

(与机关的共同设置相关的规约)

第二百五十二条之八　根据第二百五十二条之七条而共同设置的普通地方公共团体的委员会、委员或附属机关(本条称"共同设置机关")的共同设置规约必须规定如下事项:

一、共同设置机关的名称。

二、共同设置机关的普通地方公共团体。

三、共同设置机关的办公场所。

四、组成共同设置机关的委员及其他组成人员的选任方法及其身份处理。

五、除以上各项外,共同设置机关与相关普通地方公共团体之间关系及其他共同设置机关的必要事项。

(共同设置机关的委员等的选任和身份)

第二百五十二条之九　规约应该规定用下列各项的某种方法,选任应由普通地方公共团体议会选举的、普通地方公共团体共同设置的委员会的委员:

一、规约规定的普通地方公共团体议会选举。

二、所有相关普通地方公共团体议会,从相关普通地方公共团体的首长协商确定的共通候选人中选举。

规约应该规定用下列各项的某种方法,选任普通地方公共团体的首长经普通地方公共团体议会同意而选任的、普通地方公共团体共同设置的委员会的委员(教育委员会时,为教育长和委员)、委员、附属机关的委员及其他组成人员。

一、规约规定的普通地方公共团体的首长经该普通地方公共团体议会同意后选任。

二、规约规定的普通地方公共团体在经该普通地方公共团体议会同意后，从相关普通地方公共团体的首长协商确定的共通候选人中选任。

规约应该规定用下列各项的某种方法，选任普通地方公共团体首长、委员会或委员应选任的普通地方公共团体共同设置的委员会委员、委员、附属机关的委员及其他组成人员。

一、规约规定的普通地方公共团体首长、委员会或委员选任。

二、相关普通地方公共团体首长、委员会或委员经协商确定的人，由规约规定的普通地方公共团体首长、委员会或委员选任。

因第一款或第二款规定而选任的普通地方公共团体共同设置的委员会的委员（教育委员会时，为教育长和委员）、委员、附属机关的委员及其他组成人员，视为该普通地方公共团体的职员（规约规定的普通地方公共团体议会选举或者规约规定的普通地方公共团体的首长选任时），或者规约规定的普通地方公共团体的职员（所有相关普通地方公共团体议会选举时）。

根据第三款规定而选任的普通地方公共团体共同设置的委员会委员、委员、附属机关委员及其他组成员，视为选任他们的普通地方公共团体的首长、委员会、委员所属的普通地方公共团体的职员。

（共同设置机关的委员等的解职请求）

第二百五十二条之十　根据法律规定，基于选举权人和普通地方公共团体议会决议解除普通地方公共团体共同设置的委员会的委员（教育委员会时，为教育长和委员）、委员、附属机关的委员及其他组成人员的职务时，相关普通地方公共团体的选举权人根据政令的规定，向其所属的普通地方公共团体的首长请求解职，两个普通地方公共团体共同设置的，所有相关普通地方公共团体议会议决同意解职后，该解职成立；三个以上普通地方公共团体共同设置的，过半数相关普通地方公共团体议会议决同意解职后，该解职成立。

（共同设置机关的辅助职员等）

第二百五十二条之十一　辅助普通地方公共团体共同设置的委员会或委员

之事务的职员,由因第二百五十二条之九第四款或第五款规定而共同设置的委员会的委员(教育委员会时,为教育长和委员)或委员所属的普通地方公共团体(本条称"规约规定的普通地方公共团体")首长下作为首长辅助机关的职员充当。

普通地方公共团体共同设置的委员会、委员、附属机关所需经费应该由相关普通地方公共团体负担,计入规约规定的普通地方公共团体的年度收支预算后支出。

普通地方公共团体共同设置的委员会收取的手续费及其他收入作为规约规定的普通地方公共团体的收入。

普通地方公共团体共同设置的委员会实施的与相关普通地方公共团体财务相关的事务执行,以及与相关普通地方公共团体经营相关的事业管理的一般监察,应该由规约规定的普通地方公共团体的监察委员每个会计年度至少实施一次以上。规约规定的普通地方公共团体的监察委员必须向其他相关普通地方公共团体的首长提交监察结果报告,并予以公布。

(共同设置机关的法令适用)

第二五十二条之十二　普通地方公共团体共同设置的委员会、委员、附属机关,在适用本法及其他与这些机关权限内事务的管理执行有关的法令、条例、规则及其他规程时,除本法有特别规定的外,视为各自相关地方公共团体的委员会、委员、附属机关。

(与议会事务局等的共同设置相关的准用规定)

第二百五十二条之十三　第二百五十二条之八至前条的规定,根据政令的规定,准用于辅助第二百五十二条之七规定的议会事务局、行政机关、内部组织、委员会事务局、普通地方公共团体议会、首长、委员会之事务的职员或专门委员的共同设置。

Ⅳ 事务委托

(事务委托)

第二百五十二条之十四　普通地方公共团体可以协商制定规约,将普通地方公共团体的部分事务委托给其他普通地方公共团体,由该其他普通地方公共团体的首长、同类委员会或委员予以管理执行。

拟变更前款规定的委托事务,或者废止该事务委托时,相关普通地方公共团体必须按照同款例,协商后实施。

第二百五十二条之二之二第二款与第三款主文的规定准用于根据前两款规定委托普通地方公共团体之事务,或者变更委托事务,或者废止其事务委托的情形,同条第四款的规定准用于第一款的情形。

(事务委托规约)

第二百五十二条之十五　　因前条规定而委托的普通地方公共团体事务(本条称"委托事务")的委托规约必须规定下列事项:

一、委托的普通地方公共团体和受托的普通地方公共团体。

二、委托事务的范围、委托事务的管理和执行方法。

三、委托事务所需经费的支付方法。

四、以上各项之外,与委托事务相关的必要事项。

(事务委托的效果)

第二百五十二条之十六　　将普通地方公共团体的事务委托于其他普通地方公共团体,让该其他普通地方公共团体的首长、同类委员会、委员管理执行这些事务时,该事务管理执行之法令中应适用于作出委托的普通地方公共团体或其执行机关的规定,在该被委托事项的范围内,应该适用于接受该事务委托的普通地方公共团体或其执行机关,除规约有特别规定外,接受事务委托的普通地方公共团体的受托事务管理执行的条例、规则或其机关规定的规程,具有作为作出委托的普通地方公共团体的条例、规则、其机关所定规程的效力。

Ⅴ　事务代替执行

(事务代替执行)

第二百五十二条之十六之二　　普通地方公共团体可以应其他普通地方公共团体的要求,协商制定规约,以该其他普通地方公共团体或者该其他普通地方公共团体的首长、同类委员会、委员的名义,管理和执行该其他普通地方公共团体的部分事务(在本条和次条中称"事务代替执行")。

拟变更或者废止前款规定的代替执行的事务时,相关普通地方公共团体必须按照同款例,协商实施。

第二百五十二条之二之二第二款与第三款主文的规定,准用于根据前两款规定而作事务代替执行,或者变更代替执行事务,或者废止事务代替执行之情形;同条第四款的规定准用于第一款的情形。

(事务代替执行的规约)

第二百五十二条之十六之三 关于事务代替执行的规约必须规定下列事项:

一、实施事务代替执行的普通地方公共团体和作为相对方的普通地方公共团体。

二、代替执行事务的范围和代替执行事务的管理执行方法。

三、代替执行事务所需经费的支付方法。

四、除前三项外,与事务代替执行相关的必要事项。

(代替执行事务的管理执行的效力)

第二百五十二条之十六之四 普通地方公共团体根据第二百五十二条之十六之二的规定,以其他普通地方公共团体或者其他普通地方公共团体的首长、同类委员会、委员的名义实施管理执行时,具有与该其他普通地方公共团体的首长或者同类委员会、委员的管理执行相同的效力。

Ⅵ 职员派遣

(职员派遣)

第二百五十二条之十七 普通地方公共团体的首长、委员会、委员,除法律有特别规定的外,认为为处理该普通地方公共团体事务而必要时,可以向其他普通地方公共团体的首长、委员会、委员请求其派遣职员。

应前款请求而派遣的职员应该具有受派遣之普通地方公共团体的职员身份,其工资、津贴(不含退休津贴)和旅费由接受该职员派遣的普通地方公共团体负担,退休津贴、退休年金或退休金由派遣该职员的普通地方公共团体负担。但该派遣为长期性或有其他特别情形时,可以根据请求该职员派遣的普通地方公共团体以及因请求而拟作出该职员派遣的普通地方公共团体的首长、委员会、委员的协商,对应派遣宗旨而确定的必要范围内,由请求该职员派遣的普通地方公共团体负担全部或部分该职员的退休津贴。

普通地方公共团体的委员会或委员拟根据第一款规定请求职员派遣,或者应请求而派遣职员时,或者拟根据前款但书规定而就退休津贴负担进行协商时,必须预先与该普通地方公共团体的首长协商。

第二款规定之外,就基于第一款规定而被派遣的职员的身份,应该适用与作出派遣该职员的普通地方公共团体的职员相关的法令的规定。但在不违反该法令旨趣的范围内,政令可以作出特别规定。

第四节　条例中事务处理的特例

(条例中事务处理的特例)

第二百五十二条之十七之二　都道府县可以根据条例的规定,将都道府县知事权限内部分事务作为市町村处理事务。对此,这些事务应该由该市町村的首长管理和执行。

制定或改废前款条例(在根据同款规定,基于都道府县的规则而将事务作为市町村处理事务的情况下,根据同款条例的规定,该事务范围被交由规则来确定时,含该规则。本节同)时,都道府县知事必须预先与成为处理该部分事务的市町村的首长协商。

市町村的首长经议会议决后,可以请求都道府县知事根据第一款的规定,将其权限内的部分事务作为该市町村处理事务。

前款规定的请求发生后,都道府县知事必须迅速与该市町村的首长协商。

(条例中事务处理特例的效果)

第二百五十二条之十七之三　根据前条第一款中条例的规定,市町村处理都道府县知事权限内部分事务时,在就该条例规定视为市町村处理事务作了规定的法令、条例或规则中有关都道府县的规定,在该事务范围内应该作为有关该市町村的规定,适用于该市町村。

法令规定根据前款规定而有适用于市町村的事项时,国家行政机关根据该法令规定对市町村实施的意见等、资料提交要求等、纠正要求等,可以通过都道府县知事实施。

法令规定根据第一款规定而有适用于市町村的事项时,市町村根据该法令规定而与国家行政机关进行的协商应该通过都道府县知事实施;与国家行政机关根据该法令而实施的许认可等相关的申请等应该经由都道府县知事实施。

(纠正要求等的特别规则)

第二百五十二条之十七之四 都道府县知事认为,根据第二百五十二条之十七之二第一款条例的规定而作为市町村处理事务中的自治事务的处理违反法令规定时,或者明显不当且明显损害公益时,即使没有第二百四十五条之五第二款规定的各大臣指示,也可以根据同条第三款的规定,要求该市町村就该自治事务的处理,纠正违法行为或者采取必要的改善措施。

关于在(针对第二百五十二条之十七之二第一款条例规定由市町村处理的法定受托事务的)第二百四十五条之八第十二款中准用的同条第一款至第十一款的适用,同条第十二款中准用的同条第二款至第四款、第六款、第八款和第十一款中的"都道府县知事"读作"各大臣"。对此,不适用同条第十三款的规定。

就第二百五十二条之十七之二第一款条例规定由市町村处理的法定受托事务,根据第二百四十五条之五第三款规定而作了纠正要求(含第一款规定的纠正要求)的都道府县知事符合第二百五十二条第一款各项之一的,即使没有同款规定的各大臣指示,也可以根据同条第二款的规定,提起诉讼,请求确认收到该纠正要求的市町村的不作为违法。

对与第二百五十二条之十七之二第一款条例规定而由市町村处理的法定受托事务相关的市町村长的处理,请求审查并对第二百五十五条之二第一款的审查请求的裁决不服者,可以向主管(规范与该处理相关之事务的法律或政令的)大臣请求再审查。

就第二百五十二条之十七之二第一款条例规定由市町村处理事务中的法定受托事务,有处理权限的市町村长将该权限委任于作为其辅助机关的职员或者归其管理的行政机关的首长后,对被委任的职员或行政机关的首长基于该委任所作的处理请求第二百五十五条之二第二款的再审查,并作裁决后,对裁决不服者,可以再次申请审查。再再审查请求应该以与该处理相关的再审查请求、审查请求的裁决、该处理为对象,向主管(规范与该处理相关之事务的法律或政令的)

大臣作出。

前款的再再审查请求准用《行政不服审查法》的规定。

基于在前款中准用的《行政不服审查法》之规定所作的行政行为及其不作为,不适用《行政不服审查法》第二条和第三条的规定。

第五节 杂 则

(与组织和运营合理化相关的意见建议以及资料提交要求)

第二百五十二条之十七之五 为促进普通地方公共团体的组织和运营的合理化,总务大臣或者都道府县知事可以向普通地方公共团体提出适当的技术性意见建议,或者为作该意见建议、为提供与普通地方公共团体事务之适当处理相关的信息而要求提交必要的资料。

就根据前款规定而向市町村提出意见建议或要求提交资料,总务大臣可以向都道府县知事做必要指示。

普通地方公共团体的首长认为对实现第二条第十四款和第十五款的宗旨而有必要时,可以向总务大臣或者都道府县知事,请求提供与该普通地方公共团体之组织和运营合理化相关的技术性意见建议或者提供必要信息。

(财务的实地检查)

第二百五十二条之十七之六 总务大臣认为有必要时,可以就都道府县的财务相关事务,进行实地检查。

都道府县知事认为有必要时,可以就市町村的财务相关事务,进行实地检查。

总务大臣可以就前款规定的检查,向都道府县知事作必要的指示。

除依据前款规定之外,总务大臣认为紧急或有其他特别必要时,可以就市町村的财务相关事务,进行实地检查。

(市町村的调查)

第二百五十二条之十七之七 对第二百五十二条之十七之五第一款和第二款、前条第三款和第四款规定的权限行使及其他市町村适当运营有必要时,总务大臣可以指示都道府县知事对特别指定的市町村事项进行调查。

(首长的临时代理人)

第二百五十二条之十七之八　根据第一百五十二条规定也没有产生普通地方公共团体首长职务代理人时,总务大臣可以在该普通地方公共团体区域内有首长被选举权的居民中选任都道府县知事的临时代理人;都道府县知事可以在该普通地方公共团体区域内有首长被选举权的居民中选任市町村长的临时代理人,让其行使该普通地方公共团体首长的职务。

在该普通地方公共团体的首长被选举出,就任前,临时代理人行使普通地方公共团体首长权限内的所有职务。

被临时代理人选任或任命的该普通地方公共团体的职员,在该普通地方公共团体的首长被选举出,就任时,失去其职务。

(临时选举管理委员)

第二百五十二条之十七之九　普通地方公共团体的选举管理委员会没有成立,该普通地方公共团体的议会也尚未成立时,总务大臣可以选任都道府县的临时选举管理委员;都道府县知事可以选任市町村的临时选举管理委员,让其行使选举管理委员的职务。

第二百五十二条之十七之十一一第二百五十二条之十八之二　（译者略）

第十二章　大城市等的特例

第一节　关于大城市的特例

(指定市的权能)

第二百五十二条之十九　政令指定的五十万人口以上的市(以下称"指定市")可以根据政令的规定,处理下列事务中,法律或基于法律的政令规定由都道府县处理之事务的全部或部分:

一、关于儿童福祉的事务。

二、关于民生委员①的事务。

---

① 民生委员是秉持奉献精神,保护和指导生活穷困人员,致力于增进社会福祉的荣誉职务;设置于市町村内,经都道府县知事推荐,由厚生劳动大臣任命([日]法令用语研究会编:《法律用语辞典(第 3 版)》,有斐阁 2006 年版,第 1329 页)。

三、关于身体障碍者福祉的事务。

四、关于生活保障的事务。

五、关于处理身份不明病人和身份不明死亡人的事务。

五之二、关于社会福祉事业的事务。

五之三、关于认知障碍者福祉的事务。

六、关于母子家庭、父子家庭和寡妇福祉的事务。

七、关于母子保健的事务。

七之二、关于护理保险的事务。

八、关于障碍者自立支援的事务。

八之二、关于生活穷困者自立支援的事务。

九、关于食品卫生的事务。

九之二、关于医疗的事务。

十、关于精神保健和精神障碍者福祉的事务。

十一、关于结核预防的事务。

十二、关于土地区划整理事业的事务。

十三、关于户外广告物规制的事务。

指定市在处理这些事务时,就根据法律或基于法律之政令而需要都道府县知事或都道府县的委员会的许可、认可、承认及其他类似行为并由政令所规定的事项,或者就该事务处理需要接受都道府县知事或都道府县的委员会的改善、停止、限制、禁止及其他类似指示、其他命令并由政令所规定的事项,应该根据政令的规定,不需要这些许可、认可等行为,或者不适用与这些指示及其他命令相关的法令的规定,或者取代都道府县知事或都道府县的委员会的许可、认可等行为或指示、其他命令而需要各大臣的许可、认可等行为,或者接受各大臣的指示及其他命令。

(区的设置)

第二百五十二条之二十　指定市为分管市长权限内事务,应该通过条例划分其区域,设区,设区的事务所,有必要时设其出差所。

区的事务所或其出差所的位置、名称、所辖区域和区事务所分管事务必须由条例规定。

区内设置区长,作为其事务所的首长。

区长或者区事务所的出差所的首长由作为该普通地方公共团体首长的辅助机关的职员充当。

区内设置选举管理委员会。

第四条第二款规定准用于第二款的区事务所或其出差所的位置和管辖区域;第一百七十五条第二款的规定准用于区长或第四款的区事务所的出差所的首长;第二编第七章第三节中有关市选举管理委员会的规定准用于前款的选举管理委员会。

指定市认为有必要时,可以通过条例在各个区设置区地域协议会。在其区域内设置了地域自治区的区可以不设置区地域协议会。

第二百零二条之五第二款至第五款和第二百零二条之六至第二百零二条之九的规定准用于区地域协调会。

指定市设置地域自治区时,必须划分区的区域,确定其区域。

根据第七款的规定,在区内设置区地域协议会的指定市,尽管有第二百零二条之四第一款的规定,但也可以在其部分区的区域内设置地域自治区。

除前各款规定外,指定市的区的必要事项由政令规定。

(综合区的设置)

第二百五十二条之二十之二 指定市为保障其行政平稳进行而认为有必要时,可以为让第八款规定的综合区长执行与特定区区域内相关的市长权限内事务,而通过条例,取代该区而设置综合区、综合区的事务所,有必要时设置其出差所。

综合区的事务所或其出差所的位置、名称、管辖区域和综合区事务所分管事务必须由条例规定。

综合区内设置综合区长,作为其事务所的首长。

综合区长由市长经议会同意后选任。

综合区长的任期为四年。但市长可以在其任期中将其解职。

综合区长预先在综合区事务所的职员中指定人,当综合区长发生事故或者缺员时,代理其职务。

第一百四十一条、第一百四十二条、第一百五十九条、第一百六十四条、第一百六十五条第二款、第一百六十六条第一款和第三款、第一百七十五条第二款的规定准用于综合区长。

综合区长除负责综合区内的政策和规划外,还执行主要与综合区区域相关的,根据法律、政令、条例规定由综合区长执行的事务和属于市长权限内的有关该综合区区域内的事务中的下列事务,执行这些事务时代表该指定市。但法律或者基于法律的政令有特别规定的,不在此限。

一、反映综合区内有住所者的意见,推进综合区内街镇建设的事务(法律、政令、条例规定由市长执行的除外)。

二、旨在促进综合区内有住所者相互交流的事务(法律、政令、条例规定由市长执行的除外)。

三、关于社会福祉和保健卫生的事务中,对综合区内有住所者直接提供服务的事务(法律、政令、条例规定由市长执行的除外)。

四、前三款之外,条例规定的主要与综合区区域相关的事务。

综合区长任免综合区事务所或者其出差所的职员(政令规定者除外)。但任免指定市规则规定的主要职员时,必须预先获得市长同意。

综合区长就与综合区长执行事务相关的岁入岁出预算,认为有必要时,可以向市长陈述意见。

综合区内设置选举管理委员会。

第四条第二款的规定准用于第二款的综合区事务所、其出差所的位置和管辖区域;第一百七十五条第二款的规定准用于综合区事务所的出差所的首长;第二编第七章第三节中的选举管理委员会的规定准用于前款的选举管理委员会。

前条第七款至第十款的规定准用于综合区。

除前各款规定的外,与指定市综合区相关的必要事项由政令规定。

(委任于政令)

第二百五十二条之二十一 除法律或基于法律的政令有规定的外,发生第二百五十二条之十九第一款规定的指定市的指定后,其必要事项由政令规定。

(指定市都道府县协调会议)

第二百五十二条之二十一之二 指定市和统括该指定市的都道府县(在本

条至第二百五十二条之二十一之四中称"统括都道府县")为就指定市和统括都道府县的事务处理进行必要的协商,设置指定市都道府县协调会议。

指定市都道府县协调会议由下列成员组成:

一、指定市的市长。

二、统括都道府县的知事。

指定市的市长和统括都道府县的指示认为有必要的,可以协商后将下列人员增加为指定市都道府县协调会议成员:

一、指定市市长以外的指定市的执行机关从该执行机关的委员长(教育委员会时,为教育长)、委员、辅助该执行机关事务的职员、该执行机关所管机关的职员中选任的人。

二、指定市的市长从作为其辅助机关的职员中选任的人。

三、指定市的议会从该指定市议会议员中选举选出的人。

四、统括都道府县知事以外的统括都道府县的执行机关从该执行机关的委员长(教育委员会时,为教育长)、委员、辅助该执行机关事务的职员、该执行机关所管机关的职员中选任的人。

五、统括都道府县知事从作为其辅助机关的职员中选任的人。

六、统括都道府县的议会从该统括都道府县议会议员中选举选出的人。

七、有学识经验的人。

指定市的市长或者统括都道府县的知事,就指定市市长或者统括都道府县知事以外的执行机关权限内事务的处理,举行指定市都道府县协调会议,进行协商时,应该在指定市都道府县协调会议中,将该执行机关从该执行机关的委员长(教育委员会时,为教育长)、委员、辅助该执行机关事务的职员、该执行机关所管机关的职员中选任的人增加为成员。

指定市的市长或者统括都道府县的知事认为为实现第二条第六款或第十四款的旨趣而有必要时,指定市的市长可以就统括都道府县的事务,要求该统括都道府县知事在指定市都道府县协调会议上协商;统括都道府县知事就指定市的事务,要求该指定市市长在指定市都道府县协调会议上进行协商。

收到前款要求的指定市的市长或者统括都道府县的知事必须响应与该要求相关的协商。

前各款规定的外,指定市都道府县协调会议的必要事项由指定市都道府县协调会议决定。

（与指定市与统括都道府县间协商相关的建议）

第二百五十二条之二十一之三　指定市市长或者统括都道府县的知事为成功协商前条第五款中所要求的协商而认为有必要时，可以书面请求总务大臣为成功协商该指定市和统括都道府县之事务处理而作必要建议。

指定市的市长或者统括都道府县知事拟请求前款的建议（本条和次条称"建议请求"）时，必须预先经该指定市或者统括都道府县议会议决。

指定市的市长或者统括都道府县的知事拟作建议请求时，指定市的市长必须预先将其旨通知统括都道府县的知事；统括都道府县的知事必须预先将其旨通知指定市的市长。

作出建议请求的指定市的市长或者统括都道府县的知事可以在获得总务大臣同意后，撤回该建议请求。

发生建议请求后，总务大臣必须将其通知国家的相关行政机关的首长，同时根据次条第二款规定而任命指定市都道府县建议协调委员，就与该建议请求相关的总务大臣的建议，听取意见。

收到前款通知的国家相关行政机关的首长可以通过书面，就该建议请求向总务大臣陈述意见。

发生前款的陈述意见后，总务大臣应该将该意见通知指定市都道府县建议协调委员。

收到指定市都道府县建议协调委员的意见后，总务大臣必须毫无延迟地向指定市的市长或者统括都道府县的知事，作旨在实现第二条第六款或第十四款旨趣的必要建议，同时将该建议内容通知国家相关行政机关的首长，且予以公布。

（指定市都道府县建议协调委员）

第二百五十二条之二十一之四　指定市都道府县建议协调委员根据前条第五款规定，响应总务大臣的要求，就有建议请求的事项，向总务大臣发表意见。

指定市都道府县建议协调委员为三人，针对不同案件，由总务大臣从很有见识者中任命。

指定市都道府县建议协调委员为非常勤。

指定市都道府县建议协调委员在作出建议请求的指定市市长或统括都道府县知事根据前条第四款规定撤回建议请求时,或者响应同条第五款中总务大臣的意见要求,向总务大臣就有建议请求的事项发表意见时,失去其职务。

指定市都道府县建议协调委员与该事件由直接利害关系时,总务大臣必须罢免该指定市都道府县建议协调委员。

第二百五十条之九第二款、第八款、第九款(第二项除外)、第十款至第十四款的规定准用于指定市都道府县建议协调委员。就此,同条第二款中的"三人以上"读作"两人以上",同条第九款中的"总务大臣获得两议院同意"读作"总务大臣","三人以上"读作"两人以上","两人"读作"一人",同条第十款中的"两人"读作"一人",同条第十一款中的"获得两议院同意后,该委员会"读作"该指定市都道府县建议协调委员",同条第十二款中的"第四款后段和第八款至前款"读作"第八款、第九款(第二项除外)、第十款、前款、第二百五十二条之二十一之四第五款"。

(委任于政令)

第二百五十二条之二十一之五　前两条规定的外,第二百五十二条之二十一之三第一款规定的与总务大臣建议相关的必要事项由政令规定。

第二节　关于中核市的特例

(中核市的权能)

第二百五十二条之二十二　根据政令规定,政令指定的二十万人口以上的市(以下称"中核市")根据政令的规定,可以处理的事务是,第二百五十二条之十九第一款规定指定市能处理的事务中,都道府县跨区域地、一体地处理比中核市处理更有效率之事务及其他不适合由中核市处理事务以外的事务。

中核市处理其事务时,根据法律或基于法律之政令的规定,就该事务处理需要接受都道府县知事的改善、停止、限制、禁止及其他类似指示、其他命令的政令规定的事项,应该根据政令的规定,不适用与这些指示及其他命令相关的法令的规定,或者取代都道府县知事的指示及其他命令,而接受各大臣的指示及其他命令。

第二百五十二条之二十三（删除）

(中核市的指定程序)

第二百五十二条之二十四　总务大臣拟起草与第二百五十二条之二十二第一款之中核市指定相关的政令时，应该基于相关市的申请而实施。

拟作前款规定的申请时，相关市必须预先经该市议会议决，获得都道府县同意。

前款的同意必须经该都道府县议会议决。

(委任于政令)

第二百五十二条之二十五　第二百五十二条之二十一的规定准用于第二百五十二条之二十二第一款规定的中核市指定情形。

(指定市指定情形下的处理)

第二百五十二条之二十六　就被指定为中核市的市，根据第二百五十二条之十九第一款规定而发生了指定市的指定后，与该市相关的第二百五十二条之二十二第一款规定的中核市的指定应该失效。

(中核市指定程序的特例)

第二百五十二条之二十六之二　向总务大臣报告或者申请决定用根据第七条第一款或第三款规定而被指定为中核市的全部区域来设置市时，视为第二百五十二条之二十四第一款的相关市作出了申请。

第十三章　基于外部监察合同的监察(译者略)

第十四章　补　则

第二百五十三条　都道府县知事权限内的、与市町村相关的案件跨越都道府县时，可以根据相关都道府县知事的协商，确定管理该事件的都道府县知事。

前款情形中相关都道府县协商不成的，总务大臣可以确定管理该事件的都道府县知事，或者取代都道府县知事而行使该权限。

第二百五十四条　本法中的人口根据官报公布的最近国情调查或者与之类

似的全国人口调查的结果。

第二百五十五条 除本法有规定的外,第六条第一款和第二款、第六条之二第一款、第七条第一款和第三款情形中的必要事项由政令规定。

第二百五十五条之二 对与法定受托事务相关的下列各项处理及其他不作为的审查请求,除其他法律有特别规定的外,应该按下列各项提出。其中,对不作为的审查请求,除其他法律有特别规定的外,也可以取代该各项中者,而向与该不作为相关的执行机关作出。

一、都道府县知事及其他都道府县的执行机关的处理　主管(规范与该处理相关之事务的法律或政令的)大臣

二、市町村长及其他市町村的执行机关(教育委员会和选举管理委员会除外)的处理　都道府县知事

三、市町村教育委员会的处理　都道府县教育委员会

四、市町村选举管理委员会的处理　都道府县选举管理委员会

普通地方公共团体的首长及其他执行机关将处理法定受托事务的权限委任于辅助该执行机关事务的职员、该执行机关所管机关的职员、该执行机关所管行政机关的首长时,就受委任职员或行政机关的首长基于该委任所作处理的审查请求,作该委任的执行机关作出裁决后,除其他法律有特别规定的外,对该裁决不服的,可以再作审查请求。对此,该再审查请求应该向如下者提出,即作该委任的执行机关自己作该处理时与该处理相关之审查请求的受理者。

第二百五十五条之三 普通地方公共团体的首长拟实施罚款时,必须将其旨告知被罚款人,并给予其申辩机会。

第二百五十五条之四 除根据法律规定可以作异议申请、审查请求、再审查请求、审查申请的情形外,就普通地方公共团体的事务,根据本法规定,因普通地方公共团体之机关所作处理而权利遭受不法侵害者,可以在处理发生日起二十日内,就都道府县机关所作处理,向总务大臣申请审决;就市町村机关所作处理,向都道府县知事申请审决。

第二百五十五条之五 向总务大臣或者都道府县知事作出第一百四十三条第三款(含第一百八十条之五第八款和第一百八十四条第二款中的准用情形)的审查请求或者本法规定的审查申请、审决申请后,总务大臣或者都道府县知事应该根据第二百五十一条第二款的规定,任命自治纠纷处理委员,经其审理后,对

审查请求作出裁决,对审查申请作出裁决或裁定,或者作出审决。但根据《行政不服审查法》第二十四条(含第二百五十八条第一款中的准用情形)的规定,驳回该审查请求、审查申请、审决申请的情形,不在此限。

前款规定的审查请求不适用《行政不服审查法》第九条、第十七条和第四十三条的规定。关于此情形中同法的其他规定适用的必要技术性读法,由政令规定。

第一款规定的审查申请或审决申请,不适用在第二百五十八条第一款中准用的《行政不服审查法》第九条的规定。关于此情形中在同款中准用的《行政不服审查法》的其他规定适用的必要技术性读法,由政令规定。

前三款规定的外,与第一款规定的自治纠纷处理委员之审理相关的必要事项由政令规定。

第二百五十六条 以下行为的效力只能在本法规定的提起期间内,并依据管辖法院的规定,进行争议:市町村边界的裁定或决定、市町村边界的确定;普通地方公共团体中的直接请求署名册上的署名;基于直接请求的议会解散,议员或首长的解职投票,以及副知事、副市町村长、指定市的综合区长、选举管理委员、监察委员或公安委员会委员的解职议决;在议会中举行的选举或决定、再议决或再选举;在选举管理委员会中举行的资格决定;其他基于本法的居民赞成与否的投票。

第二百五十七条 本法规定的审查申请发生后,必须在申请受理之日起九十日内作出裁决。但本法有特别规定的除外。

在本法规定的应对异议申请或审查申请作决定或裁决的期间内没有做出决定或裁决的,视为作出了驳回申请的决定或裁决。

第二百五十八条 就本法规定的异议申请、审查申请、审决申请,准用《行政不服审查法》第九条至第十四条、第十八条第一款但书和第三款、第十九条第一款、第二款、第四款、第五款第三项、第二十一条、第二十二条第一款至第三款和第五款、第二十三条至第三十八条、第四十条至第四十二条、第四十四条、第四十五条、第四十六条第一款、第四十七条、第四十八条、第五十条至第五十三条的规定。但本法或政令有特别规定的除外。

基于前款中准用的《行政不服审查法》之规定而作出的行政行为及其不作为,不适用《行政不服审查法》第二条和第三条的规定。

第二百五十九条　拟重新划定或废止郡的区域，或者拟变更郡的区域或其名称时，都道府县知事必须在经该都道府县议会议决后决定，并报告总务大臣。

郡的区域内设置了市时，或者跨越郡区域变更了市町村的边界时，郡的区域也自行变更。

町村跨越郡区域边界而设置后，该町村所属的郡区域依照第一款例而定。

在第一款至第三款的情形中，总务大臣必须立即予以公告，并通知相关国家行政机关的首长。第七条第八款的规定准用于根据第一款或前款规定而重新划定或废止郡的区域、变更郡的区域。

第一款和第三款中的必要事项由政令规定。

第二百六十条　市町村长拟重新划定或废止市町村区域内的町或字①的区域，或者拟变更町或字的区域或其名称时，必须经该市町村议会议决后决定。但政令有特别规定的除外。

根据前款规定作出决定后，市町村长必须予以公告。

第一款规定的决定依前款规定的公告而生效。但政令有特别规定的除外。

第二百六十条之二　在町或字区域内、其他市町村内的一定区域内有住所者基于地缘而形成的团体（在本条中称"地缘团体"），为持有旨在促进地域共同活动的不动产或不动产权利等而接受市町村长的认可后，在规约规定的目的范围内，享有权利，承担义务。

前款的认可基于符合下列要件的地缘团体的代表人依总务省令提出的申请而作出：

一、被认为在实践中开展了旨在形成和维护良好地域社会（区域内居民相互联系、环境得到建设、集会设施得到维护管理等）的地域性集体活动。

二、其区域被确定为对居民客观而明亮。

三、其区域内所有居民都可成为组成人员，有相当数量的居民已经是组成人员。

四、制定规约。

规约必须规定如下事项：

一、目的。

---

① "字"是市町村区域内的一定区域（[日]法令用语研究会编：《法律用語辞典（第3版）》，有斐阁2006年版，第4页）。

二、名称。

三、区域。

四、主要事务所所在地。

五、关于组成人员资格的事项。

六、关于代表人的事项。

七、关于会议的事项。

八、关于资产的事项。

第二款第二项的区域，必须依据该地缘团体相当长存续的区域的现状。

市町村长认为地缘团体符合第二款各项要件时，必须作出第一款的认可。

第一款的认可不得解释为受到该认可的地缘团体是公共团体及其他行政组织的一部分。

受到第一款认可的地缘团体（以下称"受认可地缘团体"）无正当理由，不得拒绝区域内居民加入。

受认可地缘团体进行民主运营、自主活动，不得对组成人员进行不当的差别化对待。

受认可地缘团体不得为特定政党服务。

市町村长作出第一款的认可后，必须根据总务省令的规定，予以公告。公告事项发生变更的，同样。

受认可地缘团体基于前款规定而变更公告事项时，必须根据总务省令的规定，报告市町村长。

任何人都可以根据总务省令的规定，请求市町村长提供关于第十款公告事项的证明书。此时，请求人可以请求通过邮寄或书信方式送达该证明书。

在第十款的公告作出前，受认可地缘团体不得用已成为受认可地缘团体之事、基于第十款规定而被公告之事来对抗第三人。

受认可地缘团体缺失第二款某项要件后，或者通过不正当手段获得第一款认可后，市町村长可以撤销该认可。

《一般社团法人和一般财团法人法》（2006年法律第48号）第四条和第七十八条的规定准用于受认可地缘团体。

受认可地缘团体在适用《法人税法》（1965年法律第34号）及其他法人税相关法的规定时，视为同法第二条第六项规定的公益法人等。

经认可地缘团体在适用《消费税法》(1988年法律第108号)及其他消费税相关法的规定时,视为同法附表第三中的法人。

第二百六十条之三—第二百六十条之四十 （译者略）

第二百六十一条 只适用于一个普通地方公共团体的特别法在国会或参议院紧急会议上议决后,最后议决的议院议长(众议院议决成为国会议决的,为众议院议长;参议院紧急会议上议决的,为参议院议长)必须附上该法律,将其旨通知内阁总理大臣。

发生前款规定的通知后,内阁总理大臣必须立即附上该法律,将其旨通知总务大臣;总务大臣必须在收到通知之日起五日内将其旨通知相关普通地方公共团体的首长,并移送该法律及其他文书。

发生前款的通知后,相关普通地方公共团体的首长必须在该日的三十一日以后的六十日内,让该选举管理委员会实施是否赞成该法的投票。

前款投票结果出来时,相关普通地方公共团体的首长必须在该日起的五日内,附上相关材料,将结果报告总务大臣;总务大臣必须立即将其旨报告内阁总理大臣。该投票结果确定时,同样。

根据前款规定发生第三款投票结果确定报告后,内阁总理大臣必须立即实施该法律公布程序,同时通知众议院议长和参议院议长。

第二百六十二条 《公职选举法》中关于普通地方公共团体选举的规定准用于前条第三款规定的投票。但政令有特别规定的除外。

前条第三款规定的投票,可以根据政令的规定,与普通地方公共团体的选举、第七十六条第三款规定的解散投票、第八十条第三款和第八十一条第二款规定的解职投票同时举行。

第二百六十三条 关于普通地方公共团体经营企业的组织、从业人员身份、财务及其他企业经营的特例,由其他法律规定。

第二百六十三条之二 普通地方公共团体可以经议会议决后,通过委托于代表其利益的全国型公益法人,与其他普通地方公共团体一起,从事对火灾、水灾、震灾及其他灾害导致的财产损害的相互救济工作。

前款的公益法人必须每年一次以上,定期向相关普通地方公共团体通知相互救济工作的经营状况,并登载于报纸上两次以上。

符合保险业的第一款相互救济工作不适用《保险业法》。

第二百六十三条之三　都道府县的知事或议长、市的市长或议长、市町村的首长或议长,为密切相互间联系、协商处理共同问题而建立了全国性联合组织的,该联合组织的代表人必须将其旨报告总务大臣。

通过前款联合组织所提交的报告,可以就影响地方自治的法律、政令及其他事项,经由总务大臣向内阁陈述意见,或者向国会提交意见书。

内阁在收到前款的意见后,要尽量毫无延迟地予以回答。

在前款情形中,其意见事关给地方公共团体新事务或负担的国家政策时,内阁要毫无延迟地回答。

各大臣就其负责的事务,拟制定给地方公共团体新事务或负担的政策时,要采取适当措施以便于第二款的联合组织根据同款规定向内阁提出意见、向该联合组织通知应成为政策内容的事项。

第三编　特别地方公共团体

第一章　删　除

第二章　特别区

(特别区)

第二百八十一条　都①的区被称为特别区。

特别区处理除法律或基于法律之政令所规定由都处理的事务之外的下列事务,即法律或基于法律之政令规定由市处理的地域内事务及其他事务、法律或基于法律之政令规定由特别区处理的事务。

(都与特别区作用分担的原则)

第二百八十一条之二　都在有特别区的区域内,作为包含特别区的广域地方公共团体,处理第二条第五款规定由都道府县处理的事务、与特别区相关的联络协调事务、同条第三款规定由市町村处理事务中为保障人口高度集中的大城市区域内行政的一体性和统一性而被认为需要都一体处理的事务。

特别区应该作为基础性地方公共团体,处理前款中都一体处理事务以外的、

---

① "都"指的是东京都。

一般被作为第二条第三款中市町村处理的事务。

都和特别区在处理其事务时不得相互竞合。

(特别区的废置分合或边界变更)

第二百八十一条之三　第七条的规定不适用于特别区。

第二百八十一条之四　不伴随市町村的废置分合或者边界变更的特别区的废置分合或边界变更必须基于相关特别区的申请,由都知事经都议会议决后决定,并立即将其旨报告总务大臣。

根据前款规定,拟废置分合特别区时,都知事必须预先与总务大臣协商,获得其同意。

跨越都与道府县之边界的特别区的边界变更,基于相关特别区和有关系的普通地方公共团体的申请,由总务大臣决定。

在第一款情形中有必要处理财产的,相关特别区协商决定;在前款情形中有必要处理财产的,相关特别区和相关市町村协商决定。

第一款、第三款和前款的申请或协商必须经相关特别区和有关系的普通地方公共团体议会议决。

受理第一款规定的报告后,或者作出第三款规定的决定后,总务大臣必须立即将其旨公布,并通知国家相关行政机关的首长。

第一款或第三款的决定因前款规定的公告而发生效力。

对都内的市町村的全部或部分区域设置特别区,必须基于该市町村的申请,都知事经都议会议决后决定,并立即将其旨报告总务大臣。

第二款、第五款至第七款的规定准用于前款规定的特别区设置。对此,第二款中的"前款"读作"第八款","废置分合"读作"设置",第五款中的"第一款、第三款和前款的申请或协商"读作"第八款的申请","相关特别区和有关系的普通地方公共团体"读作"该市町村",第六款中的"受理第一款规定的报告后,或者作出第三款规定的决定后"读作"受理第八款规定的报告后",第七款中的"第一款或第三款"读作"次款","前款"读作"在第九款中准用的前款"。

对伴随都内市町村的废置分合或边界变更,但不伴随市町村设置的特别区的边界变更,必须基于相关特别区和相关市町村的申请,都知事经都议会议决后决定,并立即将其旨报告总务大臣。

第二款、第四款至第七款的规定准用于前款规定的特别区的边界变更。对此,第二款中的"前款"读作"第十款","废置分合"读作"边界变更",第四款中的"第一款"读作"第十款","相关特别区在前款情形中有必要处理财产时,相关特别区"读作"相关特别区",第五款中的"第一款、第三款和前款的申请或协商"读作"第十款的申请或在第十一款中准用的前款的协商","有关系的普通地方公共团体"读作"相关市町村",第六款中的"受理第一款规定的报告后,或者作出第三款规定的决定后"读作"受理第十款规定的报告后",第七款中的"第一款或第三款"读作"第十款","前款"读作"在第十一款中准用的前款"。

除本法有规定的外,第一款、第三款、第八款和第十款情形中的必要事项由政令规定。

第二百八十一条之五　第九条第七款、第九条之三第一款、第二款、第六款、第九十一条第三款、第五款适用于第二百八十三条第一款的特别区时,第九条第七款中的"第七条第一款、第二款、第三款、第七款"读作"第二百八十一条之四第一款、第三款、第六款、在同条第十款和同条第十一款中准用的同条第六款",第九条之三第一款中的"第七条第一款"读作"第二百八十一条之四第一款和第十款",同条第二款中的"第七条第三款"读作"第二百八十一条之四第六款和第七款",第九十一条第三款中的"第七条第一款、第三款"读作"第二百八十一条之四第一款、第三款、第八款、第十款",同条第五款中的"第七条第一款、第三款"读作"第二百八十一条之四第一款、第八款"。

(都与特别区间、特别区相互间的协调)

第二百八十一条之六　在都与特别区之间、特别区相互间的协调上,都知事可以就特别区的事务处理,向特别区提供像处理标准等这样的必要的意见建议。

(特别区财政调整交付金)

第二百八十二条　为促进都与特别区之间、特别区相互间的财源均衡化,保障特别区的行政自主且有计划地推进,都应该根据政令的规定,通过条例,交付特别区财政调整交付金。

前款的特别区财政调整交付金是指,为保障特别区同等完成其事务而交付的下列数额的交付金,即就《地方税法》第五条第二款所列税,都根据同法第七百三十四条第一款和第二款第二项规定所征收额乘以条例规定比例后所得数额。

都根据政令的规定,必须向总务大臣报告第一款的特别区财政调整交付金事项。

总务大臣认为有必要时,可以就第一款的特别区财政调整交付金事项提供必要的意见建议。

(都区协议会)

第二百八十二条之二　为促进都与特别区间、特别区相互间,就都和特别区的事务处理,更好地联络协调,都和特别区设立都区协议会。

根据前条第一款或第二款规定,制定条例时,都知事必须预选听取都区协议会的意见。

除前两款规定的外,与都区协议会相关的必要事项由政令规定。

(适用市的规定)

第二百八十三条　除本法或政令有特别规定的外,第二编和第四编中关于市的规定准用于特别区。

在其他法令对市的规定中,第二百八十一条第二款规定由特别区处理的、法律或基于法律之政令规定由市处理的事务,准用于特别区。

在前款情形中,在都与特别区间、特别区相互间协调上,其他法律对市的规定难以原原本本地适用于特别区的,可以由政令作特别规定。

第三章　地方公共团体的组合

第一节　总　则

(组合的种类与设置)

第二百八十四条　地方公共团体的组合分为部分事务组合和广域联合。

普通地方公共团体和特别区为了共同处理其部分事务,可以经协商制定规约,经总务大臣(都道府县参加时)、都道府县知事(其他者参加时)许可后,设置部分事务组合。部分事务组合内的地方公共团体之执行机关权限内事项消失时,该执行机关伴随部分事务组合的成立而消灭。

普通地方公共团体和特别区,就适合广域处理的事务,可以制定广域综合规划(以下称"广域规划"),就该事务的管理与执行,为实施广域规划而进行必要的联络协调,为广域地、综合而有规划地处理该事务之一部分而协商制定规约,根据前款例,获得总务大臣或都道府县知事许可后,设立广域联合。对此,准用同款后段的规定。

总务大臣拟许可时,应当与国家相关行政机关的首长协商。

第二百八十五条　旨在共同处理市町村与特别区相互关联事务的市町村与特别区的部分事务组合,即使市町村或者特别区拟共同处理的事务与其他市町村或者特别区拟共同处理的事务不是同一种类事务,也不妨碍其设置。

(设置的建议等)

第二百八十五条之二　公益上有必要时,都道府县知事可以向相关市町村和特别区建议设立部分事务组合或广域联合。

都道府县知事作出第二百八十四条第三款的许可后,必须立即公布其旨,并报告总务大臣。

总务大臣作出第二百八十四条第三款的许可后,必须立即公布其旨,并通知国家相关行政机关的首长;收到前款的报告后,必须立即将其旨通知国家相关行政机关的首长。

第二节　部分事务组合

(组织、事务和规约的变更)

第二百八十六条　拟增减组建部分事务组合的地方公共团体(本节以下称"构成团体")数、变更共同处理事务,变更部分事务组合规约时,应当根据相关地方公共团体的协议而决定,并获得总务大臣(都道府县参加时)、都道府县知事(其他者参加时)的许可。但变更只与第二百八十七条第一款第一项、第四项或者第七项所列事项相关的部分事务组合规约的,不在此限。

部分事务组合拟变更只与第二百八十七条第一款第一项、第四项、第七项所列事项相关的部分事务组合规约时,必须经构成团体协商决定,并依照前款主文例,立即报告总务大臣或都道府县知事。

(因退出而变更组织、事务和规约的特例)

第二百八十六条之二 构成团体可以不管前条第一款主文的规定,经由其议会决议,在退出日的两年前,书面预告其他所有构成团体后,退出部分事务组合。

收到前款预告的构成团体应当在作出预告的构成团体退出前,依照前条之例,变更该退出所需的规约。对此,同条中的"第二百八十七条第一款第一项"作为"第二百八十七条第一款第一项、第二项"。

只有在其他所有构成团体经议会议决同意后,才能撤回第一款的预告。

因第一款规定的退出而让部分事务组合只剩一个构成团体时,该部分事务组合解散。对此,该构成团体应当依照前条第一款主文例,报告总务大臣或都道府县知事。

(规约等)

第二百八十七条 部分事务组合的规约应当就如下事项设置规定:

(一) 部分事务组合的名称。

(二) 部分事务组合的构成团体。

(三) 部分事务组合共同处理的事务。

(四) 部分事务组合事务所的位置。

(五) 部分事务组合的议会的组织和议员的选举方法。

(六) 部分事务组合执行机关的组织和选任方法。

(七) 部分事务组合经费的支付方法。

部分事务组合的议会议员或者管理者(根据第二百八十七条之三第二款的规定,取代管理者而设置理事会的第二百八十五条的部分事务组合时,为理事)及其他职员可以不管第九十二条第二款、第一百四十一条第二款和第一百九十六条第三款(包括适用或者准用这些规定的情形)的规定,兼任该部分事务组合的构成团体的议会议员、首长及其职员。

(特殊部分事务组合)

第二百八十七条之二 部分事务组合(将部分事务组合作为构成团体者、在第二百八十五条规定情形中被设立者、根据次条第二款规定而取代管理者来设置理事会者除外)可以根据规约的规定,用构成团体的议会来组建该部分事务组合的议会。

当根据本法及其他法令的规定,出现了部分事务组合的管理者决定交由部分事务组合议会审议之事项时,根据前款规定而用构成团体的议会来组建其议会的部分事务组合(在本条中称为"特殊部分事务组合")的管理者必须通过构成团体的首长,将该事项的议案提交给所有构成团体的议会。

构成团体的议会收到前款议案后应该对该事项进行议决。

前款的议决作出后,构成团体的议会议长必须通过该构成团体的首长,将议决结果送达特殊部分事务组合的管理者。

特殊部分事务组合的第二款规定项目的议会决议必须是组成该议会的构成团体议会的一致决议。

在特殊部分事务组合中,就本法及其他法令规定由部分事务组合的执行机关在规定事项内向议会所作的报告、提交、建议应该是该特殊部分事务组合的执行机关通过构成团体的首长将该事项向所有构成团体议会报告、提交、建议。

前编第六章第一节(仅限于第九十二条之二的规定)、第二节(第一百条第十四款至第二十款除外)和第七节的规定准用于特殊部分事务组合的议会。对此,第九十二条之二、第九十八条、第九十九条、第一百条第一款至第五款、第八款至第十三款、第一百条之二、第一百二十五条中的"普通地方公共团体的议会"和"议会"读作"特殊部分事务组合的构成团体的议会";第九十七条第一款中的"法律"读作"根据规约规定,法律";第一百二十四条中的"议员"读作"特殊部分事务组合的构成团体的议会议员";"请愿书"读作"向该构成团体议会提交请愿书"。

根据第二百九十二条的规定,本法中都道府县、市、町村的规定准用于特殊部分事务组合,……。(译者略)

关于特殊部分事务组合,可以不管前条第一款第六项的规定,本法及其他法令规定的部分事务组合监察委员的事务由规约规定的构成团体监察委员承担。

(决议方法的特例和理事会设置)

第二百八十七条之三 在第二百八十五条的部分事务组合的规约中,可以就该议会应决议事项中与组织该部分事务组合的部分市町村或特别区相关的决议方法、必要情况下的决议方法,设置特别规定。

就第二百八十五条的部分事务组合,可以根据该部分事务组合规约的规定,设置由理事组成的理事会来代替管理者。

前款的理事由组织部分事务组合的市町村或特别区的首长担任,或者该市町村或特别区的首长在经得其议会同意后,从该市町村或特别区的职员中指定担任。

(决议事项的通知)

第二百八十七条之四　部分事务组合的管理者(根据前条第二款规定,取代管理者而设置理事会的第二百八十五条的部分事务组合的理事会。第二百九十一条第一款和第二款中相同)就该部分事务组合议会应决议事项中政令规定的重要事项请求该议会决议时,必须预先通知该部分事务组合的构成团体的首长。关于该议决结果,同样。

(解散)

第二百八十八条　拟解散部分事务组合时,必须根据构成团体的协议和第二百八十四条第二款例,报告总务大臣或者都道府县知事。

(财产处理)

第二百八十九条　第二百八十六条、第二百八十六条之二或者前条情形中,有必要处理财产的,由相关地方公共团体协商决定。

(需要议会决议的协商)

第二百九十条　第二百八十四条第二款、第二百八十六条[含根据第二百八十六条之二第二款规定,依据其例的情形(同款规定的规约的变更只与第二百八十七条第一款第二项所列事项相关的情形除外)]和前两条的协商,必须经由相关地方公共团体议会决议。

(经费分配的异议)

第二百九十一条　部分事务组合的经费分配违法或者有错误时,部分事务组合的构成团体可以在被告知日起三十日内向该部分事务组合的管理者提出异议。

发生前款的异议后,部分事务组合的管理者必须在咨询议会后作出决定。

部分事务组合的议会必须在前款咨询发生之日起二十日内陈述意见。

第三节 广域联合

(广域联合所作的事务处理等)

第二百九十一条之二 国家可以根据法律或者基于法律的政令的规定,决定将其行政机关首长权限内事务中与广域联合相关的事务交由该广域联合处理。

都道府县可以根据条例的规定,决定将其执行机关权限内事务中与都道府县未加入之广域联合的事务相关者,交由广域联合处理。

第二百五十二条之十七第二款、第二百五十二条之十七之三和第二百五十二条之十七之四的规定,准用于广域联合根据前款规定而处理都道府县事务之情形。

都道府县加入的广域联合的首长(根据在第二百九十一条之十三中准用的第二百八十七条之三第二款规定,取代首长而设置理事会的广域联合时,为理事会。除第二百九十一条之四第四款、第二百九十一条之五第二款、第二百九十一条之六第一款、第二百九十一条之八第二款外,下同),可以在经其议会决议后,向国家行政机关的首长请求将与该广域联合之事务紧密相连的国家机关首长权限内的部分事务交由该广域联合处理。

都道府县没有加入的广域联合的首长,可以在经其议会决议后,向都道府县请求将与该广域联合之事务紧密相连的都道府县的部分事务交由该广域联合处理。

(组织、事务和规约的变更)

第二百九十一条之三 广域联合拟增减参与地方公共团体的数量或者变更事务、变更广域联合的规约时,必须经相关地方公共团体协商决定,并获得总务大臣(都道府县加入的广域联合时)或者都道府县知事(都道府县以外者加入的广域联合时)的许可。但拟变更只与次条第一款第六项或第九项所列事项,或者前条第一款或第二款规定由广域联合新处理事务(含已被变更情形)相关的广域联合规约的,不在此限。

总务大臣拟作出前款许可时,必须与国家的相关行政机关首长协商。

广域联合拟变更只与次条第一款第六项或者第九项所列事项相关的广域联合的规约时,必须经相关地方公共团体协商决定,并依照第一款主文之例,立即报告总务大臣或者都道府县知事。

根据前条第一款或者第二款规定由广域联合新处理事务时(含已被变更时),广域联合的首长必须立即对次条第一款第四项或第九项所列事项的规约进行必要的变更,依照第一款主文例,报告总务大臣或者都道府县知事,并通知组织该广域联合的地方公共团体的首长。

都道府县知事作了第一款的许可或者受理了第三款、前款的报告后,必须立即予以公布,并报告总务大臣。

总务大臣作了第一款的许可或者受理了第三款、第四款的报告后,必须立即予以公布,并通知国家的相关行政机关的首长,收到前款规定的报告后,必须立即通知国家的相关行政机关的首长。

广域联合的首长认为有必要综合且有规划地处理关于广域规划所定事项的事务时,可以经由议会议决,向组织该广域联合的地方公共团体请求变更该广域联合的规约。

发生前款规定的请求后,组织广域联合的地方公共团体必须予以尊重并采取必要措施。

(规约等)

第二百九十一条之四 广域联合的规约必须就下列事项作出规定:

一、广域联合的名称。

二、组织广域联合的地方公共团体。

三、广域联合的区域。

四、广域联合处理的事务。

五、广域联合所做广域规划的项目。

六、广域联合的事务所的位置。

七、广域联合议会的组织与议员选举方法。

八、广域联合的首长、选举管理委员会及其他执行机关的组织与选任方法。

九、广域联合经费的支付方法。

应该规定前款第三项的广域联合的区域是与组织该广域联合的地方公共团体的区域相对应的区域。但在都道府县加入的广域联合中，出现该广域联合处理的事务只与该都道府县的部分区域相关，或者其他特别情形时，可以规定为该都道府县所包括的市町村或特别区中非组织该广域联合者的部分或全部区域之外的区域。

广域联合的规约被确定或者被变更后，广域联合的首长必须迅速公布它。

广域联合的议会议员或者首长（根据在第二百九十一条之十三中准用的第二百八十七条之三第二款规定，取代首长而设置理事会的广域联合时，为理事。次条第二款、第二百九十一条之六第一款中，相同）及其他职员可以不管第九十二条第二款、第一百四十一条第二款及第一百九十六条第三款（含适用或准用它们的情形）的规定，兼任组织该广域联合的地方公共团体的议会议员、首长及其他职员。

（议会议员和首长的选举）

第二百九十一条之五 广域联合的议会议员，除政令有特别规定的外，根据广域联合规约的规定，由广域联合的选举人（在该广域联合区域内有住所的、组织该广域联合的普通地方公共团体或特别区的议会议员和首长的选举权人。在次款和次条第八款中，相同）在组织广域联合的地方公共团体的议会中通过投票选举产生。

广域联合的首长，除政令有特别规定的外，根据广域联合的规约，由广域联合的选举人投票，或者由组织广域联合的地方公共团体的首长投票选举产生。

（直接请求）

第二百九十一条之六 前编第五章（第七十五条第五款后段、第八十条第四款后段、第八十五条、第八十六条第四款后段除外）和第二百五十二条之三十九（第十四项除外）的规定，除政令有特别规定的外，准用于广域联合的条例（地方税的课赋征收、分担金、使用费、手续费的征收除外）的制定或改废、广域联合事务执行的监察、广域联合议会的解散、广域联合的议会议员或首长及其他广域联合职员中政令规定的解职的请求。对此，同章（第七十四条第一款除外）规定中的"选举权人"读作"请求权人";第七十四条第一款中的"普通地方公共团体的议会议员和首长的选举权人(在本编称"选举权人")"读作"在该广域联合区域内有住所的、组织广域联合的普通地方公共团体或特别区的议会议员和首长的选举权人(以下称"请求权人")";同条第六款第一项(含第七十五条第五款前段、第七十六条第四款、第八十条第四款前段、第八十一条第二款、第八十六条第四款前段的准用情形)中的"相关"读作"加入的广域联合相关","其他的市町村区域内"读作"其他的市町村区域内(仅限于该广域联合区域内。以下本项中,相同)";第七十四条第六款第三项(含第七十五条第五款前段、第七十六条第四款、第八十一条第二款、第八十六条第四款前段中的准用情形)中的"普通地方公共团体为都道府县时,为该都道府县)"读作"广域联合(该广域联合)"……。(译者略)

除前款规定的外,在广域联合区域内有住所的、组织广域联合的普通地方公共团体或特别区议会议员和首长的选举权人,根据政令的规定,可以以其总数三分之一(总数超过四十万,且八十万以下时,为超出四十万部分乘以六分之一所得数加四十万乘以三分之一所得数的和;总数超过八十万时,为超出八十万部分乘以八分之一所得数加四十万乘以六分之一所得数加四十万乘以三分之一所得数的总和)以上联名,由其代表人请求该广域联合首长变更该广域联合的规约。

发生前款请求后,广域联合的首长必须立即公布请求的要旨,并报请组织该广域联合的地方公共团体变更与该请求相关的广域联合的规约。必须将该报请之意通知同款的代表人。

发生前款的报请后,组织广域联合的地方公共团体必须予以尊重,采取必要措施。

第七十四条第五款的规定准用于请求权人及其总数的三分之一人数(总数超过四十万,且八十万以下时,为超出四十万部分乘以六分之一所得数加四十万乘以三分之一所得数的和;总数超过八十万时,为超出八十万部分乘以八分之一所得数加四十万乘以六分之一所得数加四十万乘以三分之一所得数的总和);同条第六款的规定准用于第二款的代表人;同条第七款至第九款、第七十四条之二至第七十四条之四的规定准用于请求人的署名。对此,第七十四条第五款中的"第一款的选举权人"读作"在广域联合区域内有住所的、组织广域联合的普通地方公共团体或特别区议会议员和首长的选举权人";……(译者略)

第二百五十二条之三十八第一款、第二款、第四款至第六款的规定准用

于……。(译者略)

除政令有特别规定的外,《公职选举法》中有关普通地方公共团体选举的规定准用于在第一款中准用的第七十六条第三款规定的解散投票和第八十条第三款、第八十一条第二款规定的解职投票。

前款的投票可以根据政令的规定,与广域联合选举人所作选举同时进行。

(广域规划)

第二百九十一条之七 广域联合在其设立后必须迅速经其议会决议,制定广域规划。

第二百九十一条之二第一款或第二款规定广域联合新处理事务时(含已变更时),或者被认为适合变更时,可以变更广域规划。

广域联合拟变更广域规划时,必须经由其议会议决。

广域联合和组织该广域联合的地方公共团体必须根据广域规划处理其事务。

广域联合的首长认为组织该广域联合的地方公共团体的事务处理妨碍或者有可能妨碍广域规划实施时,可以经该广域联合议会议决,向组织该广域联合的地方公共团体建议就该广域联合的实施采取必要措施。

广域联合的首长实施了前款建议后,可以要求收到该建议的地方公共团体报告对建议所采取的措施。

(协议会)

第二百九十一条之八 广域联合为整体且顺利地推进广域规划所定事项,可以通过广域联合的条例,设置旨在进行必要协商的协议会。

前款的协议会由广域联合的首长(在第二百九十一条之十三中准用的第二百八十七条之三第二款规定取代首长而设置理事会的广域联合的理事)、国家的地方行政机关首长、都道府县知事(作为组织该广域联合之地方公共团体的都道府县知事除外)、广域联合的首长(在第二百九十一条之十三中准用的第二百八十七条之三第二款规定取代首长而设置理事会的广域联合的理事)任命的广域联合区域内公共性团体等的代表或有学识经验者组成。

除前款规定的外,第一款协议会运营的必要事项通过广域联合的条例规定。

（广域联合的分配金）

第二百九十一条之九 作为第二百九十一条之四第一款第九项所列广域联合经费的支付方法，对组织广域联合的普通地方公共团体或者特别区的分配金进行规定时，为有利于联络调整广域联合所作广域规划的实施，有利于基于广域规划而综合且有计划地处理事务，必须依据组织该广域联合的普通地方公共团体或者特别区的人口、面积、地方税的收入额、财力及其他客观指标。

就前款规定确定的、广域联合规约下的地方公共团体的分配金，该地方公共团体必须采取必要的预算措施。

（解散）

第二百九十一条之十 拟解散广域联合时，必须根据相关地方公共团体的协议，依照第二百八十四条第二款例，获得总务大臣或都道府县知事的许可。

总务大臣拟作许可时，必须与国家的相关行政机关的首长协商。

都道府县知事拟作第一款的许可时，必须立即公布其旨，并报告总务大臣。

总务大臣作了第一款的许可后，必须立即公布其旨，同时通知国家的相关行政机关的首长，收到前款的报告后，必须立即通知国家的相关行政机关的首长。

（需要议会议决的协商）

第二百九十一条之十一 在第二百八十四条第三款、第二百九十一条之三第一款与第三款、前条第一款、第二百九十一条之十三中准用的第二百八十九条的协商，必须经相关地方公共团体议会议决。

（经费分配等的异议）

第二百九十一条之十二 组织广域联合的地方公共团体认为广域联合的经费分配违法或者有错误的，可以在收到告知之日起三十日内向该广域联合的首长提出异议。

根据第二百九十一条之三第四款而变更广域联合规约，对涉及第二百九十一条之四第一款第九项所列事项的变更不服的，组织广域联合的地方公共团体可以在收到第二百九十一条之三第四款的通知后三十日内向该广域联合的首长提出异议。

发生第一款的异议后,广域联合的首长必须咨询该广域联合的议会后作出决定;发生前款的异议后,广域联合的首长必须咨询该广域联合的议会后采取变更规约及其他必要措施。

广域联合的议会必须在前款咨询发生日起二十日内陈述其意见。

(部分事务组合相关规定的准用)

第二百九十一条之十三　第二百八十七条之三第二款、第二百八十七条之四与第二百八十九条的规定准用于广域联合。对此,第二百八十七条之三第二款中的"第二百八十五条的部分事务组合"应该读作"广域联合",第二百八十九条中的"第二百八十六条、第二百八十六条之二或者前条"应该读作"第二百九十一条之三第一款、第三款、第四款或者第二百九十一条之十第一款"。

第四节　杂　则

(普通地方公共团体相关规定的准用)

第二百九十二条　关于地方公共团体的组合,除法律或者基于法律的政令有特别规定的外,对都道府县加入者准用都道府县的规定,对市和特别区加入但都道府县未加入者准用市的规定,对其他准用町村的规定。

(跨都道府县的组合的特例)

第二百九十三条　与跨都道府县的市町村和特别区的组合相关的第二百八十四条第二款与第三款、第二百八十六条第一款主文、第二百九十一条之三第一款主文、第二百九十一条之十第一款的许可,以及第二百八十五条之二第一款的建议,可以不管这些规定,而是总务大臣依据政令的规定,在听取相关都道府县知事的意见后实施。与跨都道府县的市町村和特别区的组合相关的第二百八十六条第二款、第二百八十八条、第二百九一条之三第三款与第四款的报告,可以不管这些规定,而必须经相关都道府县知事向总务大臣作出。

(委托于政令)

第二百九十三条之二　除本法的规定外,与地方公共团体的组合的规约相关的事项及其他本章规定适用方面的必要事项,由政令规定。

第四章 财产区

第二百九十四条 除法律或者基于法律的政令有特别规定的外,拥有财产或者设置了公共设施的市町村和特别区的一部分、在市町村和特别区的废置分合或边界变更中根据本法或基于本法的政令所定的财产处理协议而拥有财产或设置了公共设施的市町村和特别区的一部分(称之为财产区)出现后,就其财产或公共设施的管理、处理、废止,依据本法中地方公共团体之财产或公共设施的管理、处理、废止的规定。

前款的财产或公共设施的特需经费由财产区负担。

在前两款情形中,地方公共团体必须分别会计核算财产区的收入和支出。

第二百九十五条 认为对财产区的财产或公共设施而言有必要时,都道府县知事可以经议会议决后设定市町村或特别区的条例,设置财产区的议会或总会,让其就财产区,议决市町村或特别区议会应议决的事项。

第二百九十六条 关于财产区议会议员的名额、任期、选举权、被选举权和选举人名册的事项必须规定在前条的条例中。财产区总会的组织事项也一样。

除前款规定外,财产区议会议员的选举依据《公职选举法》第二百六十八条的规定。

就财产区的议会或总会,准用第二编中町村议会的规定。

第二百九十六条之二 市町村和特别区可以通过条例在财产区内设置财产区管理会。但在市町村和特别区的废置分合或边界变更情形中,根据本法或基于本法的政令规定的财产处理的协议而设置财产区的,可以根据该协议,在该财产区内设置财产区管理会。

财产区管理会由七人以下委员组成。

财产区管理委员为非常勤,任期为四年。

根据第二百九十五条规定而设置财产区议会或总会的,不能设置财产区管理会。

第二百九十六条之三 就条例或前条第一款但书中协议规定的财产区财产或公共设施的管理、处理和废止的重要事项,市町村长和特别区区长必须获得财产区管理会的同意。

市町村长和特别区区长在获得财产区管理会同意后,可以将财产区财产或公共设施管理的全部或部分事务委任于财产区管理会或财产区管理委员。

财产区管理会可以对该财产区事务的处理进行监察。

第二百九十六条之四 除前两条规定的外,财产区管理委员的选任、财产区管理会的运营及其他必要事项,由条例规定。但根据第二百九十六条之二第一款但书规定,设置财产区管理会的,可以由同款但书规定的协议决定。

第二百九十六条之五 财产区在管理、处理或废止其财产或公共设施时,必须致力于增进居民福祉,不损害财产区所在市町村或特别区的一体性。

财产区所在的市町村或特别区可以在与财产区协商后,用该财产区财产或公共设施所产生收入的全部或部分充当市町村或特别区的部分事务经费。就此,该市町村或特别区可以在该充当金额的限度内,向财产区居民进行不均一征税,或者不均一征收使用费及其他征收金。

拟作前款前段的协商时,财产区必须预先经议会或总会议决,或者获得财产区管理会的同意。

第二百九十六条之六 都道府县知事认为有必要时,可以就财产区之事务处理,进行监察,或要求该财产区所在市町村或特别区的首长提交报告或资料。

第二百九十七条 除本法规定的外,财产区的事务由政令规定。

第四编 补 则

(事务的区分)

第二百九十八条 都道府县根据第三条第六款,第七条第一款和第二款(含第八条第三款规定遵从其例的情形),第八条之二第一款、第二款和第四款,第九条第一款、第二款(含同条第十一款中的准用情形)、第五款、第九款(含同条第十一款、第九条之三第六款中的准用情形)、第九条之二第一款和第五款,第九条之三第一款和第三款而处理的事务;根据第二百四十五条之四第一款而处理的事务(当市町村所处理事务为自治事务或第二号法定受托事务时,仅限于根据同条第二款规定而收到各大臣指示者);根据第二百四十五条之五第三款而处理的事务;根据在第二百四十五条之七第二款,第二百四十五条之八第十二款中准用的同条第一款至第四款、第八款,第二百四十五条之九第二款而处理的事务(仅限于与市町村处理的第一号法定受托事务相关者);

根据第二百五十二条第二款而处理的事务；根据同条第三款而处理的事务（仅限于与市町村处理的第一号法定受托事务相关者）；根据第二百五十二条之十七之三第二款和第三款、第二百五十二条之十七之四第一款和第三款（含第二百九十一条之二第三款中的准用情形）而处理的事务（仅限于根据同条第二款规定，收到总务大臣指示者）；根据第二百五十二条之十七之六第二款和第二百五十二条之十七之七而处理的事务；根据第二百五十五条之二而处理的事务（仅限于第一号法定受托事务）；根据第二百六十一条第二款至第四款而处理的事务；根据第二百八十四条第二款而处理的事务（仅限于与都道府县未加入的广域联合相关的许可）；根据第二百八十六条（含根据第二百八十六条之二第四款而遵从其例的情形）、第二百八十六条之二第四款而处理的事项（仅限于与都道府县未加入的部分事务组合相关的许可、申报）；根据第二百九十一条之三第一款、第三款之第五款而处理的事务（仅限于与都道府县未加入的广域联合相关的许可、申报）；根据同条第三款而处理的事务；根据在第二百六十二条第一款中准用的《公职选举法》中有关普通地方公共团体选举的规定而处理的事务，为第一号法定受托事务。

都根据第二百八十一条之四第一款、第二款（含同条第九款和第十一款中的准用情形）、第八款和第十款而处理的事务，为第一号法定受托事务。

市町村根据第二百六十一条第二款至第四款而处理的事务、根据在第二百六十二条第一款中准用的《公职选举法》中有关普通地方公共团体选举的规定而处理的事务，为第一号法定受托事务。

第二百九十九条 市町村根据第七十四条之二第一款至第三款、第五款、第六款、第十款（含第七十五条第五款、第七十六条第四款、第八十条第四款、第八十一条第二款、第八十六条第四款中的准用情形）、第七十四条之三第三款（含第七十五条第五款、第七十六条第四款、第八十条第四款、第八十一条第二款、第八十六条第三款中的准用情形）而处理的事务（仅限于与请求都道府县相关者）；根据在第八十五条第一款中准用的《公职选举法》中有关普通地方公共团体选举的规定而处理的事务（仅限于与第七十六条第三款规定的都道府县议会解散投票、第八十条第三款和第八十一条第二款规定的都道府县议会议员和首长解职投票相关者），为第二号法定受托事务。

附则

第一条 本法自日本国宪法实施日起实施。

第二条—第二十条 （译者略）

第二十一条 关于本法实施的必要规定由政令规定。

附表一　第一号法定受托事务（与第二条相关）

法　律	事　　务
防沙法（1897 年法律第 29 号）	一、本法规定由地方公共团体处理之事务中的下列事务： （一）第四条第一款、第五条、第六条第二款、第七条、第八条、第十一条之二第一款、第十五条至第十七条、第十八条第二款、第二十二条、第二十三条第一款、第二十八条至第三十条、第三十二条第二款、第三十六条、第三十八条规定由都道府县处理的事务 （二）第六条第二款、第七条和第二十三条第一款规定由市町村处理的事务 二、其他法律和政令规定由都道府县处理的、国土交通大臣根据第二条规定而指定的土地管理事务
……（译者省略 210 多部法）	……（译者略）
国外犯罪受害慰问金支付法（2016 年法律第 73 号）	第十条、第十一条第一款、第十三条规定由都道府县处理的事务

附表二　第二号法定受托事务（与第二条相关）

法　律	事　　务
测量法（1949 年法律第 88 号）	在第三十九条中准用的第二十一条第三款规定由市町村处理的事务（仅限于测量规划机关是都道府县，且与公共测量相关的事务）
……（译者省略 23 部法）	……（译者略）
促进公寓改建法（2002 年法律第 78 号）	第九条第七款（含第三十四条第二款、第四十五条第四款、第五十条第二款和第五十四条第三款中的准用情形）、第十一条第一款（含第三十四条第二款中的准用情形）、第十四条第三款（含第三十四条第二款中的准用情形）、第二十五条第一款、第三十八条第五款、第四十九条第三款（含第五十条第二款中的准用情形）、第五十一条第四款和第六款、第九十七条第一款规定由市町村处理的事务

地方自治法
实施条例

王树良　译

地方自治法实施条例

第一编　总　则

（政令规定的法定委托事务）

第一条　在政令规定的法定委托事务中［指《地方自治法》（昭和二十二年法律第六十七号）第二条第九款所规定的法定委托事务］，关于同条第十款中政令所表示内容，属于第一项法定委托事务的（指同条第九款第一项所规定的第一项法定受托事务。第二百二十三条中同样适用），由附表一的上下栏对应列出，属于第二项法定委托事务的（以上法律第二条第九款第二项所规定的第二项法定委托事务。第二百二十四条中同样适用），由附表二的上下栏对应列出。

第二编　普通地方公共团体

第一章　总　则

第一条之二　设立普通地方公共团体时，根据协议规定，由该普通地方公共团体所在地的相关地方公共团体的首长或者曾担过首长职务者（根据《地方自治法》第一百五十二条或第二百五十二条之十七之八第一款的规定，包括曾经代理或者行使过职务的人）履行职责，直到普通地方公共团体的首长被选举出为止。

如果没有就前款的情形达成协议，在设立都道府县时应当由总务大臣、在设立市町村时由都道府县的知事，从本款所列人员中确定履行相关普通地方公共团首长职责的人员。

在本条第一款的情况下，如果只有一个相关地方公共团体，那么由该地方公共团体的首长或者曾经担任过首长职务的人员履行该普通地方公共团体中的首长职责。

第二条　在设立普通地方公共团体时，依照前条规定履行普通地方公共团体职责的人员在议会对预算进行决议期间，应该制作必要收支的临时预算，并予以执行。

第三条　设立普通地方公共团体时，依照第一条之二的规定履行普通地方公共团体职责的人员,可以将先前在该地区执行的条例或者规则作为该普通地方公共团体的条例或规则继续在该地区施行,直到制定并实施相关必要事项的条例或者规则为止。

第四条 设立普通地方公共团体时,该普通地方公共团体的选举管理委员应当由先前地方公共团体所属地域的选举管理委员或者担任过选举管理委员者互选确定,直至议会推选出选举管理委员为止。但是,如果该地区原地方公共团体的选举管理委员或担任过选举管理委员者的数量未超过新设普通地方公共团体选举管理委员的规定名额,则直接由以上人员担任临时选举管理委员。若即便如此人数仍然不足,或者原地方公共团体没有选举管理委员或者担任过选举管理委员者,则应当由第一条之二规定的履行该地方公共团体首长职责者,从原地方公共团体的选举管理委员候补人员或者担任过候补的人员(如果没有上述人员,则为该普通地方公共团体的议会议员和拥有选举权的首长)中任命选举管理委员。

前款规定进行互选的地点和日期,应当由第一条之二规定的履行该普通地方公共团体首长职务者对相关人员进行预先通知。

第五条 在普通地方公共团体废置、分立、合并时,其事务由该地区新设的普通地方公共团体承继。当难以根据地域确定承继区划时,在都道府县废置、分立、合并时由总务大臣,在市町村废置、分立、合并时由都道府县知事确定继承该事务的界线划分,或者指定某普通地方公共团体承继该事务。

在前款情况下,已撤销的地方公共团体的收支应当在其撤销之日终止,该地方公共团体的首长或是曾经代理或行使该职务者要对此进行清算。

依照前款规定进行清算的账目,应当由承继事务的各普通地方公共团体的首长提交监察委员审查后,将审查意见一并提交议会决议。

前款中普通地方公共团体的首长应当把提交议会决议的清算要旨向居民公布。

第六条 当普通地方公共团体的边界发生变更而有必要对行政事务进行分割时,关于该事务的承继,都道府县的事务继承由总务大臣决定,市町村的事务继承由都道府县知事决定。

第七条 都道府县知事、《地方自治法》第二百五十二条之十九第一款中的指定市(以下简称"指定市")的市长或者港口管理局局长(不包括都道府县知事及指定市的市长)在对公有水面填埋竣工(包括填海造田,下同)予以认可,或者受理竣工通知后,因填埋公有水面产生的土地之权属问题发生《地方自治法》第九条之三规定的涉及公有水面市町村边界变更或者裁定的,应当在收到总务大臣或者都道府县知事要求对相关程序的要旨进行汇报的通知时,立即对以上认可或者受理通知的情况向总务大臣及都道府县知事进行汇报。

第八条—第九十条 删除

第二章 直接请求

第一节 制定条例和请求监察

第九十一条 根据《地方自治法》第七十四条第一款的规定,要求制定或者请求改废普通地方公共团体条例的代表人(以下简称"条例制定或改废请求代表"),应当向该普通地方公共团体的首长提交记载其请求要旨(不超过一千字)和其他必要事项的请求书,并通过书面形式申请《条例制定或改废请求代表人证明书》。

普通地方公共团体首长收到前款中的申请时,应当及时向市町村的选举管理委员会确认申请人是否已经被登记在选举人名单里,经确认后,应交付证明书并予以公示。

出现两名以上代表人领取第一款中的证明书时,当部分代表人符合《地方自治法》第七十四条第六款各项所规定的某一类型时,其他代表人应当向普通地方公共团体的首长提交记载代表人变更事项的证明书。

当市町村的选举管理委员会得知收到第一款中证明书的代表人符合《地方自治法》第七十四条第六款各项所规定的某一类型时,则其应当将该事项告知普通地方公共团体的首长。

交付第一款中证明书的普通地方公共团体的首长,通过第三款规定的通知、前款通知,或者其他方式获知代表人符合《地方自治法》第七十四条第六款各项规定的某一类型时,则应立即对此进行公示。

第九十二条 条例制定或修改代表人应当制作附有条例制定或修改的请求书、代表证明书或者副本的署名册,并让符合《地方自治法》第七十四条第五款规定的选举权人(以下简称"选举权人")在署名册上署名盖章。

条例制定或者修改请求代表人可以委托选举权人根据前款规定获得该市町

村其他选举权人的署名盖章。此时，署名册中应当附带代表人的委托书。

关于前两款中署名和盖章的实施期限，都道府县及指定市应当在前条第二款规定的通知之日起二个月以内实施，指定市之外的市町村应当在一个月之内实施。但是，在《地方自治法》第七十四条第七款规定的无法寻求署名的地区，则从排除无法署名原因后开始计算。具体计算方式为自前条第二款规定的通知之日起，都道府县及指定市在六十二日之内实施，指定市以外的市町村在三十一日内实施。

《地方自治法》第七十四条第七款中由政令规定的期间，是指以下在每一种选举类别中指定的日期和选举截止日之间的期间：

一、因任期届满而进行的选举，在任期届满日的前 60 日内。

二、因众议院解散而进行的选举，在解散日的次日。

三、《众议院和参议院议员公职选举法》（昭和二十五年法律第一百号）第三十三条之二第二款规定的统一实施再选举或补缺选举，在公示发生应当进行选举事由的次日或者应当实施选举的日期（根据该条第三款规定的情形，应是参议院议员任期届满之日）的前 60 日，以较晚者为准。

四、因设立都道府县而进行的都道府县议会议员普选或者议长选举，根据《地方自治法》第六条之二的规定，在都道府县设立之日。

五、增加都道府县议会议员的选举，根据《地方自治法》第九十条第三款的规定，该条第一款所列的有关增加议员人数的条例执行日。

六、因设立市町村而进行的市町村议会议员普选或者议长选举，根据《地方自治法》第七条规定，在市町村设立之日。

七、增加市町村议会议员的选举，根据《地方自治法》第九十一条第三款的规定，该条第一款所列的有关增加议员人数的条例执行日［适用《市町村合并特别法例》（平成十六年法律第五十九号）第八条第一款的规定的情况下，则在该法令第二条第一款规定的市町村合并之日］。

八、前面各项以外的选举，在对选举事由进行公示的次日。

前款第三项或者第八项规定的公示选举事由之日，具体是指《公职选举法》第一百九十九条之五第四款第四项到第六项规定的公示日。

第九十三条　涉及对都道府县的请求时，条例制定或改废请求者署名册应当由各个市町村制作，涉及指定市时，则由各个区或综合区制作。

第九十三条之二　关于对都道府县或者指定市的请求,涉及该请求地区的一部分适用第九十二条第三款但书的规定时,若应当制作署名册的区域也适用该条款,条例制定或者修改请求代表应当自该款规定的期限届满之日起十日之后向市町村的选举管理委员会临时提交涉及该地区的署名册。但如果在该临时提交期间内依据下一条第一款的规定进行提交时,则不受此限制。

关于前款规定临时提交的署名册,当条例制定或修改请求代表在下一条第一款规定的截止日之内根据同款规定申请提交的,在提交申请时就应当视为已经按照该款的规定完成了提交。

第九十四条　署名册上署名盖章的人数超过《地方自治法》第七十四条第五款规定公示的选举人总数五十分之一时,对于都道府县或者指定市的请求,在条例制定或者修改请求代表应当在根据第九十二条第三款所规定的期间届满之日十日内(当适用同款但书的规定时,指的是在关于该请求涉及所有区域中该规定的届满之日)将署名册提交到市町村管理委员会(当署名册被分成两本以上时,应当全部提交)。指定市之外的市町村则应当在五日内提交。

市町村选举管理委员会依照前款规定收到意见书的,在决定条例制定或改废请求人署名册上署名的效力,应当使用印章对审查结果予以证明。此时,如果同一人提交了两个以上有效署名,应当认定一个署名有效。

市町村选举管理委员会应当制作署名审查录,对署名的效力做出决定时,应当对相关人员的证言证词以及其他涉及署名效力的事项进行记录,该记录应当保存到确定条例制定或修改请求人的签字盖章效力为止。

请求簿的提交超出前条第一款规定的期间或者前条第一款规定的临时提交期间的,市町村选举管理委员会应当予以驳回。

第九十五条　条例制定或改废请求代表依据前条第一款的规定向市町村选举管理委员会提交署名册前,在署名册上署名盖章者可以通过请求代表将其署名和盖章删除。

第九十五条之二　根据《地方自治法》第七十四条之二第一款的规定完成署名册的署名效力证明后,市町村选举管理委员会应当立即以公众容易看到的方式公告署名册上署名盖章人的总数及有效署名的总数。

第九十五条之三　根据《地方自治法》第七十四条之二第五款的规定对证明进行修改时,市町村选举管理委员会应当将修改的原因、有异议的申请人的姓名及作出异议决定的年月日记载于署名册，同时也应当对署名审查录的修改程序予以记载。

第九十五条之四　根据《地方自治法》第七十四条之二第六款的规定向条例制定或改废请求代表交还署名册时，市町村选举管理委员会应当在该署名册的末尾记载签字盖章的人数、有效及无效署名的总数。

第九十六条　依据《地方自治法》第七十四条第一款请求内容，对该法第七十四条之二第六款中予以返还的条例制定或改废请求人署名册中署名的效力予以确定时，当条例制定或改废请求代表没有异议或者相关行政审查及诉讼的裁决判决确定效力时，应当自返还日或者确定效力之日起，对都道府县或者指定市的请求，应当在十日之内，对于指定市之外的市町村的请求，应当在五日之内，以书面形式证明条例制定或改废请求书的有效署名已达到该法第七十四条第五款规定所公示的选举人总数的五十分之一以上，并附加条例制定或改废请求人署名册。

关于前款规定的能证明存在有效署名的书面文件，如果有关于条例制定或改废请求人署名册的效力认定裁决书、判决书或者《地方自治法》第七十四条之二第十款所规定的通知书，则应予以附加。

第九十七条　在前条第一款规定的请求已经被提出的情况下，当署名册上有效署名的总数没有超过《地方自治法》第七十四条第五款规定公示的选举人总数五十分之一，或者超过前条第一款所规定的期间的，普通地方公共团体首长应当驳回申请。

前条第一款规定的请求已经被提出的情况下，如果其请求方式不合法，则对都道府县或指定市的请求应当在五日之内予以补正，对指定市之外的市町村的请求应当在三日之内予以补正。

第九十八条　对第九十六条规定的请求予以受理时，普通地方公共团体首长在及时向条例制定或改废请求代表通知请求要旨的同时，还应当以容易被公众知悉的方式公告申请人的住所、姓名及请求要旨。

普通地方公共团体的首长根据《地方自治法》第七十四条第三款的规定向条例制定或改废请求代表通知议会审议结果的同时，还应当以容易被公众知悉的方式公告上述内容。

第九十八条之二　议会根据《地方自治法》第七十四条第四款的规定提供陈

述意见的机会时,应当向条例制定或改废请求代表通知日期、时间、地点和其他必要事项的同时,以容易被公众知悉的方式公告上述事项。

当有两个或两个以上的条例制定或改废请求代表时,议会应当根据《地方自治法》第七十四条第四款的规定确定获得陈述意见机会的条例制定或改废请求代表的人数。

当根据前款规定确定获得陈述意见机会的条例制定或改废请求代表的人数时,议会应当将第一款的事项与该决定一并通知条例制定或改废请求代表。

第九十八条之三 《地方自治法》第七十四条之二及第七十四条之三的规定适用于指定市的直接请求时,相关市町村选举管理委员会的规定应当被视为区或者综合区的选举管理委员会的规定。但是,根据该法第七十四条之二第十款的规定提出请求的,则应当通过城市选举管理委员会处理。

将本节规定适用于指定市的直接请求时,相关市町村选举管理委员会的规定应当被视为区或者综合区选举管理委员会的规定,第九十二条第二款中的"市町村"应当视为"区或者综合区的区域内"。

第九十八条之四 普通地方公共团体的条例制定或改废请求书、条例制定或改废请求代表证明书、条例制定或改废请求署名册、条例制定或改废请求署名收集委托书、条例制定或改废请求署名审查录及条例制定或改废请求署名收集证明书都应当按照命令规定的格式制作。

第九十九条 《地方自治法》第七十五条第一款规定的对普通地方公共团体事务进行监察的请求,准用第九十一条至第九十八条、第九十八条之三及前条的规定。具体准用时,对照下表进行用词转换。

原条文	原条文中的用词	转换后的用词
第九十一条第一款、第二款	普通地方公共团体首长	监察委员
第九十一条第三款至第五款	《地方自治法》第七十四条第六款各项	《地方自治法》第七十五条第五款中准用于同法第七十四条第六款各项
	普通地方公共团体首长	监察委员
第九十二条第一款	《地方自治法》第七十四条第五款	《地方自治法》第七十五条第五款中准用于同法第七十四条第五款
第九十二条第三款、第四款	《地方自治法》第七十四条第七款	《地方自治法》第七十五条第五款准用于同法第七十四条第七款

续表

原条文	原条文中的用词	转换后的用词
第九十四条第一款	《地方自治法》第七十四条第五款	《地方自治法》第七十五条第五款准用于同法第七十四条第五款
第九十五条之二	《地方自治法》第七十四条之二第一款	《地方自治法》第七十五条第五款准用于同法第七十四条之二第一款
第九十五条之三	《地方自治法》第七十四条之二第五款	《地方自治法》第七十五条第五款准用于同法第七十四条之二第五款
第九十五条之四	《地方自治法》第七十四条之二第六款	《地方自治法》第七十五条第五款准用于同法第七十四条之二第六款
第九十六条第一款	《地方自治法》第七十四条第一款	《地方自治法》第七十五条第一款
	同法第七十四条之二第六款	同条第五款准用于同法第七十四条之二第六款
	同法第七十四条第五款	同法第七十五条第五款准用于同法第七十四条第五款
第九十六条第二款	《地方自治法》第七十四条之二第十款	《地方自治法》第七十五条第五款准用于同法第七十四条之二第十款
第九十七条第一款	《地方自治法》第七十四条第五款	《地方自治法》第七十五条第五款准用于同法第七十四条第五款
	普通地方公共团体首长	监察委员
第九十八条第一款	普通地方公共团体首长	监察委员
第九十八条第二款	普通地方公共团体首长	监察委员
	第七十四条第三款规定的议会审议	第七十五条第三款规定的事务监察
第九十八条之三第一款	《地方自治法》第七十四条之二及第七十四条之三	《地方自治法》第七十五条第五款准用于同法第七十四条之二以及第七十四条之三
	同法第七十四条之二第十款	同法第七十五条第五款准用于同法第七十四条之二第十款

第二节　请求解散和解职

第一百条　《地方自治法》第七十六条第一款中对普通地方公共团体的议会进行解散的请求,准用第九十一条至第九十七条、第九十八条第一款、第九十八条之三及第九十八条之四的规定。具体准用时,对照下表进行用词转换。

原条文	原条文中的用词	转换后的用词
第九十一条第一款、第二款	普通地方公共团体首长	普通地方公共团体的选举管理委员会
第九十一条第三款	《地方自治法》第七十四条第六款各项	《地方自治法》第七十六条第四款准用于同法第七十四条第六款各项
	普通地方公共团体首长	普通地方公共团体的选举管理委员会
第九十一条第四款	《地方自治法》第七十四条第六款各项	《地方自治法》第七十六条第四款准用于同法第七十四条第六款各项
	知道之时	知道之时(该请求限定在都道府县或指定市的情况下)
	普通地方公共团体首长	普通地方公共团体的选举管理委员会
第九十一条第五款	普通地方公共团体首长	普通地方公共团体的选举管理委员会
	《地方自治法》第七十四条第六款各项	《地方自治法》第七十六条第四款准用于同法第七十四条第六款各项
第九十二条第一款	《地方自治法》第七十四条第五款	《地方自治法》第七十六条第四款准用于同法第七十四条第五款
第九十二条第三款、第四款	《地方自治法》第七十四条第七款	《地方自治法》第七十六条第四款准用于同法第七十四条第七款
第九十四条第一款	《地方自治法》第七十四条第五款	《地方自治法》第七十六条第四款准用于同法第七十四条第五款
	五十分之一	三分之一(总数为四十万以上八十万以下时,是指四十万以上的部分乘以六分之一与四十万乘以三分之一相加之和。总数超过八十万时,超过八十万的部分乘以八分之一、四十万到八十万的部分乘以六分之一、四十万乘以三分之一,取三者相加之和)
第九十五条之二	《地方自治法》第七十四条之二第一款	《地方自治法》第七十六条第四款准用于同法第七十四条之二第一款
第九十五条之三	《地方自治法》第七十四条之二第五款	《地方自治法》第七十六条第四款准用于同法第七十四条之二第五款
第九十五条之四	《地方自治法》第七十四条之二第六款	《地方自治法》第七十六条第四款准用于同法第七十四条之二第六款

续表

原条文	原条文中的用词	转换后的用词
第九十六条第一款	《地方自治法》第七十四条第一款	《地方自治法》第七十六条第一款
	同法第七十四条之二第六款	同条第四款准用于同法第七十四条之二第六款
	同法第七十四条第五款	同法第七十六条第四款准用于同法第七十四条第五款
	五十分之一	三分之一（总数为四十万以上八十万以下时，是指四十万以上的部分乘以六分之一与四十万乘以三分之相加之和。总数超过八十万时，超过八十万的部分乘以八分之一、四十万到八十万的部分乘以六分之一、四十万乘以三分之一，取三者相加之和）
第九十六条第二款	《地方自治法》第七十四条之二第十款	《地方自治法》第七十六条第四款准用于同法第七十四条之二第十款
第九十七条第一款	《地方自治法》第七十四条第五款	《地方自治法》第七十六条第四款准用于同法第七十四条第五款
	五十分之一	三分之一（总数为四十万以上八十万以下时，是指四十万以上的部分乘以六分之一与四十万乘以三分之相加之和。总数超过八十万时，超过八十万的部分乘以八分之一、四十万到八十万的部分乘以六分之一、四十万乘以三分之一，取三者相加之和）
第九十八条第一款	普通地方公共团体首长	普通地方公共团体的选举管理委员会
	普通地方公共团体首长	普通地方公共团体的选举管理委员会
第九十八条之三第一款	《地方自治法》第七十四条之二、第七十四条之三	《地方自治法》第七十六条第四款准用同法第七十四条之二、第七十四条之三
	同法第七十四条之二第十款	同法第七十六条第四款准用于同法第七十四条之二第十款

第一百条之二 投票解散普通地方公共团体议会的，应当根据前条规定比照准用第九十八条第一款的规定，在公告之日起六十日内及时进行。

前款投票日期，对于都道府县的请求，应当至少在三十日前公告，对于市町村的请求，应当至少在二十日前公告。

第一百零一条　对普通地方公共团体的议会有两个或两个以上的解散请求,并不妨碍以合并成一票的方式实施解散投票。

第一百零二条　普通地方公共团体的议会议员全部缺席时不能投票解散议会。

第一百零三条　解散地方公共团体议会的投票区与开票区与该地方公共团体议会议员选举时的投票区和开票区一致。

第一百零四条　普通地方公共团体选举管理委员会根据第一百条中准用第九十六条的规定受理解散议会请求书的,应当在二十日内向议会征集记载辨明要旨(一千字以内)及其他必要事项的辨明书。

前款解散请求书上记载的请求要旨及前款辨明书上记载的辨明意旨在第一百条之二第二款或《地方自治法》第八十五条第一款中准用《公职选举法》第一百条第三款的公示要求而要对其予以公告时,应当选择投票站入口和其他易于公众看到的场所原封不动地公布原文。但是,如果没有提交前款规定的辨明书,则辨明要旨的公示方式不限于此。

第一百零五条　关于《地方自治法》第八十五条第一款中准用《公职选举法》第二百零二条及第二百零六条有关诉讼的规定,应当自受理申请之日起十日内对涉及异议的申请作出决定,自受理审查申请之日起二十日内对涉及审查的申请作出裁决。

第一百零六条　解散普通地方公共团体议会的投票,准用《公职选举法实施条例》的相关规定。准用时的相关用语转换参照下表(此处图表译者略)。

第一百零七条　普通地方公共团体的议会及请求解散议会的代表可以在下列场所举行宣传演说：

一、学校[《学校教育法》(昭和二十二年法律第二十六号)第一条规定的学校]及《有关综合性地推进学龄前儿童教育、保育的法律》(平成十八年法律第七十七号)第二条第七款规定的幼保联合型幼儿园]及文化馆[《社会教育法》(昭和二十四年法律第二百零七号)第二十一条规定的文化馆]。

二、由地方公共团体管理的礼堂。

三、上述各项外的市町村选举管理委员会指定场所。

前款规定宣传演说活动不得影响教学、研究及其他正常的事务和活动。

在第一款规定的场所举行宣传演说的活动费用,应当由管理者经市选举管理委员会批准后决定，并事先予以公告。

普通地方公共团体的议会及请求解散议会的代表如果要在第一款规定的场所中举行宣传演说，应当预先向管理者支付前款规定的费用。

第一百零八条 根据《地方自治法》第八十五条第一款的规定，投票解散普通地方公共团体议会时，准用《公职选举法》中关于选举普通地方公共团体的规定。准用时词语的转换参见下表（此处图表译者略）。

根据《地方自治法》第八十五条第一款的规定，在投票解散普通地方公共团体议会中准用《公职选举法》中普通地方公共团体选举的相关规定时，该法中关于地方公共团体议会议员以及首长的选举的规定作为普通地方公共团体议会解散投票的相关规定使用，公职候选人或推荐申请人的规定作为该普通地方公共团体议会或解散请求代表的相关规定使用。

第一百零九条 根据《地方自治法》第八十五条第一款的规定，准用《公职选举法》关于普通地方公共团体选举的相关规定投票解散普通地方公共团体的议会时，不得适用该法中的以下条文（具体条文译者略）。

第一百零九条之二 请求解散普通地方公共团体议会所需费用及发生的与请求有关的费用（包含诉讼费用），除了根据《地方自治法》和本实施条例的规定由该普通地方公共团体承担之外，还应当由普通地方公共团体的议会议员或前议员、请求解散议会的代表承担。

第一百零九条之三 当投票解散普通地方公共团体的议会根据《地方自治法》第八十五条第一款的规定准用《公职选举法》第二百零二条、第二百零三条、第二百零六条或第二百零七条的规定而提出异议、申请审查或者请求诉讼结果无效时，选举管理委员会应当根据该法第二百二十条第一款后段的规定自对该异议申请、审查申请、裁决确定或诉讼的受理之日起四十日内重新投票。

对于都道府县的请求，应当至少在前款规定的重新投票日期三十日前公告，对于市町村的请求，应当至少在二十日前公告。

除前款规定外，对于第一款规定的重新投票，应将该重新投票视为对普通地方公共团体议会的解散投票，准用有关投票解散普通地方公共团体议会的规定。

第一百一十条 根据《地方自治法》第八十条第一款规定，对普通地方公共团体议会议员的解职请求准用第九十一条至第九十七条、第九十八条第一款、第九十八条之三及第九十四条之四的规定。准用时的词语转换参加下表。

原条文	原条文中的用词	转换后的用词
第九十一条第一款、第二款	普通地方公共团体首长	普通地方公共团体的选举管理委员会
第九十一条第三款	《地方自治法》第七十四条第六款各项	《地方自治法》第八十条第四款准用于同法第七十四条第六款各项
	普通地方公共团体首长	普通地方公共团体的选举管理委员会
第九十一条第四款	《地方自治法》第七十四条第六款各项	《地方自治法》第八十条第四款准用于同法第七十四条第六款各项
	知道之时	知道之时（该请求限定在都道府县或指定市的情况下）
	普通地方公共团体首长	普通地方公共团体的选举管理委员会
第九十一条第五款	普通地方公共团体首长	普通地方公共团体的选举管理委员会
	《地方自治法》第七十四条第六款各项	《地方自治法》第八十条第四款准用于同法第七十四条第六款各项
第九十二条第一款	《地方自治法》第七十四条第五款	《地方自治法》第八十条第四款准用于同法第七十四条第五款
第九十二条第三款、第四款	《地方自治法》第七十四条第七款	《地方自治法》第八十条第四款准用于同法第七十四条第七款
第九十四条第一款	《地方自治法》第七十四条第五款	《地方自治法》第八十条第四款准用于同法第七十四条第五款
	五十分之一	三分之一（总数为四十万以上八十万以下时，是指四十万以上的部分乘以六分之一与四十万乘以三分之相加之和。总数超过八十万时，超过八十万的部分乘以八分之一、四十万到八十万的部分乘以六分之一、四十万乘以三分之一，取三者相加之和）
第九十五条之二	《地方自治法》第七十四条之二第一款	《地方自治法》第八十条第四款准用于同法第七十四条之二第一款
第九十五条之三	《地方自治法》第七十四条之二第五款	《地方自治法》第八十条第四款准用于同法第七十四条之二第五款
第九十五条之四	《地方自治法》第七十四条之二第六款	《地方自治法》第八十条第四款准用于同法第七十四条之二第六款

续表

原条文	原条文中的用词	转换后的用词
第九十六条第一款	《地方自治法》第七十四条第一款	《地方自治法》第八十条第一款
	同法第七十四条之二第六款	同条第四款准用于同法第七十四条之二第六款
	同法第七十四条第五款	同法第八十条第四款准用于同法第七十四条第五款
	五十分之一	三分之一(总数为四十万以上八十万以下时,是指四十万以上的部分乘以六分之一与四十万乘以三分之相加之和。总数超过八十万时,超过八十万的部分乘以八分之一、四十万到八十万的部分乘以六分之一、四十万乘以三分之一,取三者相加之和)
第九十六条第二款	《地方自治法》第七十四条之二第十款	《地方自治法》第八十条第四款准用于同法第七十四条之二第十款
第九十七条第一款	《地方自治法》第七十四条第五款	《地方自治法》第八十条第四款准用于同法第七十四条第五款
	五十分之一	三分之一(总数为四十万以上八十万以下时,是指四十万以上的部分乘以六分之一与四十万乘以三分之相加之和。总数超过八十万时,超过八十万的部分乘以八分之一、四十万到八十万的部分乘以六分之一、四十万乘以三分之一,取三者相加之和)
	普通地方公共团体首长	普通地方公共团体的选举管理委员会
第九十八条第一款	普通地方公共团体首长	普通地方公共团体的选举管理委员会
第九十八条之三第一款	《地方自治法》第七十四条之二、第七十四条之三	《地方自治法》第八十条第四款准用于同法第七十四条之二、第七十四条之三
	同法第七十四条之二第十款	同法第八十条第四款准用于同法第七十四条之二第十款

第一百一十一条 对普通地方公共团体议会中同一议员有两个或两个以上的解职请求,并不妨碍以合并成一票的方式行使解职投票权。

解职请求代表请求对普通地方公共团体议会议员解职时,应当为每一个议员制作一个解职请求书和解职请求人署名册。

第一百一十二条　普通地方公共团体议员离职或死亡时，不能对其进行投票解职。

第一百一十三条　投票解职普通地方公共团体的议会议员准用第一百条之二、第一百零三条至第一百零五条、第一百零七条、第一百零八条第二款、第一百零九条（不包括《公职选举法》第十二条第一款及第四款、第十五条、第十五条之二第四款和第二百七十一条的部分）、第一百零九条之二及第一百零九条之三的规定。在这种情形下，第一百条之二第一款中的"前条"及第一百零四条第一款中的"第一百条"应当被替换为"第一百一十条"。

第一百一十四条　解职地方公共团体议会议员的投票，准用《公职选举法实施条例》的相关规定。准用时的相关用语转换参照下表（此处图表译者略）。

第一百一十五条　根据《地方自治法》第八十五条第一款的规定，投票解职普通地方公共团体的议会议员准用《公职选举法》中关于普通地方公共团体选举的规定。准用时的相关用语转换参照下表（此处图表译者略）。

《公职选举法》第十二条第三款及第一百三十一条第一款第四项的规定与一百一十三条的规定不存在关联，投票解职普通地方公共团体的议会议员时不得适用该条款。

第一百一十六条　根据《地方自治法》第八十一条的规定，对于普通地方公共团体首长的解职请求准用第九十一条至第九十七条、第九十八条第一款、第九十八条之三及第九十八条之四的规定。准用时的相关用语转换参照下表。

原条文	原条文中的用词	转换后的用词
第九十一条第一款、第二款	普通地方公共团体首长	普通地方公共团体的选举管理委员会
第九十一条第三款	《地方自治法》第七十四条第六款各项	《地方自治法》第八十一条第二款准用于同法第七十四条第六款各项
	普通地方公共团体首长	普通地方公共团体的选举管理委员会
第九十一条第四款	《地方自治法》第七十四条第六款各项	《地方自治法》第八十一条第二款准用于同法第七十四条第六款各项
	知道之时	知道之时（该请求限定在都道府县或指定市的情况下）
	普通地方公共团体首长	普通地方公共团体的选举管理委员会

续表

原条文	原条文中的用词	转换后的用词
第九十一条第五款	普通地方公共团体首长	普通地方公共团体的选举管理委员会
	《地方自治法》第七十四条第六款各项	《地方自治法》第八十一条第二款准用于同法第七十四条第六款各项
第九十二条第一款	《地方自治法》第七十四条第五款	《地方自治法》第八十一条第二款准用于同法第七十四条第五款
第九十二条第三款、第四款	《地方自治法》第七十四条第七款	《地方自治法》第八十一条第二款准用于同法第七十四条第七款
第九十四条第一款	《地方自治法》第七十四条第五款	《地方自治法》第八十一条第二款准用于同法第七十四条第五款
	五十分之一	三分之一(总数为四十万以上八十万以下时,是指四十万以上的部分乘以六分之一与四十万乘以三分之相加之和。总数超过八十万时,超过八十万的部分乘以八分之一、四十万到八十万的部分乘以六分之一、四十万乘以三分之一,取三者相加之和)
第九十五条之二	《地方自治法》第七十四条之二第一款	《地方自治法》第八十一条第二款准用于同法第七十四条之二第一款
第九十五条之三	《地方自治法》第七十四条之二第五款	《地方自治法》第八十一条第二款准用于同法第七十四条之二第五款
第九十五条之四	《地方自治法》第七十四条之二第六款	《地方自治法》第八十一条第二款准用于同法第七十四条之二第六款
第九十六条第一款	《地方自治法》第七十四条第一款	《地方自治法》第八十一条第一款
	同法第七十四条之二第六款	同条第四款准用于同法第七十四条之二第六款
	同法第七十四条第五款	同法第八十一条第二款准用于同法第七十四条第五款
	五十分之一	三分之一(总数为四十万以上八十万以下时,是指四十万以上的部分乘以六分之一与四十万乘以三分之相加之和。总数超过八十万时,超过八十万的部分乘以八分之一、四十万到八十万的部分乘以六分之一、四十万乘以三分之一,取三者相加之和)

续表

原条文	原条文中的用词	转换后的用词
第九十六条第二款	《地方自治法》第七十四条之二第十款	《地方自治法》第八十一条第二款准用于同法第七十四条之二第十款
第九十七条第一款	《地方自治法》第七十四条第五款	《地方自治法》第八十一条第二款准用于同法第七十四条第五款
	五十分之一	三分之一(总数为四十万以上八十万以下时,是指四十万以上的部分乘以六分之一与四十万乘以三分之一相加之和。总数超过八十万时,超过八十万的部分乘以八分之一、四十万到八十万的部分乘以六分之一、四十万乘以三分之一,取三者相加之和)
	普通地方公共团体首长	普通地方公共团体的选举管理委员会
第九十八条第一款	普通地方公共团体首长	普通地方公共团体的选举管理委员会
第九十八条之三第一款	《地方自治法》第七十四条之二、第七十四条之三	《地方自治法》第八十一条第二款准用于同法第七十四条之二、第七十四条之三
	同法第七十四条之二第十款	同法第八十一条第二款准用于同法第七十四条之二第十款

第一百一十六条之二 投票解职普通地方公共团体首长准用第一百条之二、第一百零三条至第一百零五条、第一百零七条、第一百零八条第二款、第一百零九条、第一百零九条之二、第一百零九条之三、第一百一十条及第一百一十二条的规定。在这种情形下,第一百条之二第一款中"前条"及第一百零四条第一款中"第一百条"一词应当被替换为"第一百一十六条"。

第一百一十七条 普通地方公共团体首长解职的投票,准用《公职选举法实施条例》的相关规定。准用时的相关用语转换参照下表(此处图表译者略)。

第一百一十八条 根据《地方自治法》第八十五条第一款的规定,对普通地方公共团体首长的解职投票准用《公职选举法》中关于普通地方公共团体的选举规定(此处图表译者略)。

第一百一十九条 (译者略)

第一百二十条 《地方自治法》第八十五条第一款准用的《公职选举法》中普通地方公共团体选举的规定以及政令第一百条之二到第一百零九条之二、一百一十一条至一百一十五条、一百一十六条之二至一百一十八条的规定，在《地方自治法》第七十六条第三款规定的解散投票、第八十条第三款和第八十一条第二款规定的解职投票的同时举行，以及第八十五条第二款规定的普通地方公共团体选举和投票同时举行中也予以准用。

第一百二十一条　根据《地方自治法》第八十六条第一款的规定，对副知事或者副市町村长、指定市的综合区长、选举管理委员会或者监察委员会或者公安委员会委员的解职请求准用第九十一条至第九十八条、第九十八条之三及第九十八条之四的规定。准用时的相关用语转换参照下表。

原条文	原条文中的用词	转换后的用词
第九十一条第三款到第五	《地方自治法》第七十四条第六款各项	《地方自治法》第八十六条第四款准用于同法第七十四条第六款各项
第九十二条第一款	《地方自治法》第七十四条第五款	《地方自治法》第八十六条第四款准用于同法第七十四条第五款
第九十二条第三款、第四款	《地方自治法》第七十四条第七款	《地方自治法》第八十六条第四款准用于同法第七十四条第七款
第九十四条第一款	《地方自治法》第七十四条第五款	《地方自治法》第八十六条第四款准用于同法第七十四条第五款
	五十分之一	三分之一（总数为四十万以上八十万以下时，是指四十万以上的部分乘以六分之一与四十万乘以三分之相加之和。总数超过八十万时，超过八十万的部分乘以八分之一、四十万到八十万的部分乘以六分之一、四十万乘以三分之一，取三者相加之和）
第九十五条之二	《地方自治法》第七十四条之二第一款	《地方自治法》第八十六条第四款准用于同法第七十四条之二第一款
第九十五条之三	《地方自治法》第七十四条之二第五款	《地方自治法》第八十六条第四款准用于同法第七十四条之二第五款
第九十五条之四	《地方自治法》第七十四条之二第六款	《地方自治法》第八十六条第四款准用于同法第七十四条之二第六款
第九十六条第一款	《地方自治法》第七十四条第一款	《地方自治法》第八十六条第一款
	同法第七十四条之二第六款	同条第四款准用于同法第七十四条之二第六款

续表

原条文	原条文中的用词	转换后的用词
第九十六条第一款	同法第七十四条第五款	同法第八十六条第四款准用于同法第七十四条第五款
	五十分之一	三分之一（总数为四十万以上八十万以下时，是指四十万以上的部分乘以六分之一与四十万乘以三分之相加之和。总数超过八十万时，超过八十万的部分乘以八分之一、四十万到八十万的部分乘以六分之一、四十万乘以三分之一，取三者相加之和）
第九十六条第二款	《地方自治法》第七十四条之二第十款	《地方自治法》第八十六条第四款准用于同法第七十四条之二第十款
第九十七条第一款	《地方自治法》第七十四条第五款	《地方自治法》第八十六条第四款准用于同法第七十四条第五款
	五十分之一	三分之一（总数为四十万以上八十万以下时，是指四十万以上的部分乘以六分之一与四十万乘以三分之相加之和。总数超过八十万时，超过八十万的部分乘以八分之一、四十万到八十万的部分乘以六分之一、四十万乘以三分之一，取三者相加之和）
第九十八条第二款	《地方自治法》第七十四条第三款	《地方自治法》第八十六条第三款
第九十八条之三第一款	《地方自治法》第七十四条之二及第七十四条之三	《地方自治法》第八十六条第四款准用于同法第七十四条之二及第七十四条之三
	同法第七十四条之二第十款	同法第八十六条第四款准用于同法第七十四条之二第十款

第三章 议 会

第一百二十一条之二 根据政令规定，《地方自治法》第九十六条第一款第五项所规定的标准是指：对于合同类型，应当参见附表三的上栏规定的合同类型；对于合同的金额，其计划的价格金额不得低于同表格下栏所规定的金额。

根据政令规定，《地方自治法》第九十六条第一款第八项规定的标准是指：对于取得或者处分财产的种类，应当参见附表四的上栏规定的财产取得或者处分种类;对于取得或者处分财产的金额,其计划的价格金额不得低于同表格下栏规定的金额。

第一百二十一条之三　根据政令规定,不适宜按照《地方自治法》第九十六条第二款的规定进行裁决的事项如下:

一、涉及《关于发生武力攻击等事态时为了保护国民而采取措施的法律》(平成十六年法律第一百一十二号)、《原子能灾害对策特别措施法》(平成十一年第一百五十六号)的事件。

二、根据《灾害救助法施行条例》(昭和二十二年政令第二百二十五号)第三条第二款的规定,涉及都道府县事务的事件。

第一百二十一条之四　根据政令规定,《地方自治法》第九十八条第一款规定的属于劳动委员会及征用委员会权限的事务是指《劳动组合法》(昭和二十四年法律第一百七十四号)规定的劳动争议、调解、仲裁及其他属于劳动委员会权限的事务(不包括有关该组织的事务和总务)和《土地征收法》(昭和二十六年法律第二百十九号)规定的关于土地征收的裁决及其他属于征收委员会权限的事务(不包括有关该机构的事务和总务)。

根据政令规定,不适宜按照《地方自治法》第九十八条第一款的规定接受议会检查的事项是指当对该检查予以披露时,有可能损害国家安全的事项(限于可能危害有关国家安全的部分)、损害个人秘密的事项(限于损害个人秘密的部分)及《土地征收法》规定的有关征收裁决及其他属于征收委员会权限的事务。

第一款的规定准用于依政令属于《地方自治法》第九十八条第二款规定的劳动委员会及征收委员会权限的事务。

第二款的规定准用于依政令规定不适宜按照《地方自治法》第九十八条第二款规定作为议会监察对象的主体。此时,第二款中的"检查"一词应当被替换为"监察"。

第一百二十一条之五　前条第一款的规定准用于依政令规定属于《地方自治法》第一百条第一款规定的劳动委员会及征收委员会职权范围内的事项。

前条第二款的规定准用于依政令规定不适宜按照《地方自治法》第一百条第一款的规定作为议会调查对象的主体。此时,前条第二款的"检查"一词应当被替换为"调查"。

第四章　执行机关

第一节　普通地方公共团体首长、辅助机构，以及普通地方公共团体首长与其他执行机关的关系

第一百二十二条　《地方自治法》第一百四十二条规定的普通地方公共团体投资的法人，是指根据政令的规定，普通地方公共团体的出资占资本金或基本金一半以上的法人。

第一百二十三条　普通地方公共团体首长更换时，前任都道府县知事从离职之日起三十日以内，前任市町村长在二十日内应当把所担任的事务交接给继任人。

前款因特殊原因继任人无法继任的，由副知事或副市町村长继任（根据《地方自治法》第一百五十二条第二款和第三款规定，包含应代理普通地方公共团体首长职务的职员，下同）。当继任人能够继任事务时，副知事或者副市町村长应立即将该事务进行交接。

第一百二十四条　实施前款规定的事务交接时，普通地方公共团体负责人应当编制文书、账簿、财产清单，对于尚未处理完结或者计划的事项，应当对其处理顺序和方法意见等予以记载。

第一百二十五条　删除

第一百二十六条　删除

第一百二十七条　副知事或者副市町村长换届时，当存在其他普通地方公共团体首长委托的事务时，从离职之日起，副知事在十五日以内，副市町村长在十日内，应当将事务交由新任首长继任。此种情况准用第一百二十四条规定。

第一百二十八条　依照第一百二十四条的规定编制的文件、账簿和财产清单（包括准用前款规定的情况），在实际编制的清单或分类账在交接时可予以确认的情况下，可以用其目录或分类账取代。

第一百二十九条　删除

第一百三十条　因普通地方公共团体的废置分开而离职的普通地方公共团体首长，其担任的事务应当由该地域新所属的普通地方公共团体首长继任。

前款规定的事务交接准用第一百二十三条、第一百二十四条和第一百二十八条的规定。

第一百三十一条　对无正当理由不交接第一百二十三条、第一百二十四条、第一百二十七条、第一百二十八条规定的事务者，涉及都道府县事务交接的总务大臣可以对责任人实施十万日元以下罚款，涉及市町村事务交接的都道府县知事可以对责任人处十万日元以下的罚款。

第一百三十二条　政令关于《地方自治法》第一百八十条之四第二款、同条第一款的事务局（以下称事务局）等组织、事务局职员的人数及职员的身份规定如下：

一、关于新设立一个地方部门或课（包括与上述部门等同或与课长同级以上的职位）或地方派出机关（不包括其下属组织，下同）的事项。

二、关于区域机构安排工作人员定额标准的事项。

三、关于职工录用和晋升标准的事项。

四、关于加薪和津贴标准、特殊工作津贴、加班费、住宿日津贴、夜班津贴、度假工作津贴、勤勉津贴和差旅费标准的事项。

五、违反职工意志的休假标准事项。

六、关于因退休而退职的特例及退休后再聘用标准的事项。

七、关于《地方公务员法》（昭和二十五年法律第二百六十一号）第三十五条规定的专职义务的免除及同法第三十八条第一款规定的在营利企业中任职等的许可（准用《教育公务员特例法》（昭和二十四年法律第一号）第十七条规定的除外）基准事项。

第二节　委员会和委员

第一小节　通　则

第一百三十三条　《地方自治法》第一百八十条之五第六款规定的由普通地方公共团体投资的法人，是指根据政令的规定，由该普通地方公共团体出资的资本金、基本金一半以上的法人。

第一百三十三条之二　《地方自治法》第一百八十条的但书规定的事务是属于公安委员会权限的事务。

第二小节　选举管理委员会

第一百三十四条　依照《地方自治法》第一百八十二条第一款和第二款的规

定产生选举管理委员或者候补时,属于同一政党或其他的政治团体的两人以上当选时,应当根据票数择其一,票数相同时通过抽签决定委员或者候补。

未按照前款规定成为委员或候补的,根据《地方自治法》第一百一十八条的规定,视为自始未被选举。

第一百三十五条　根据《地方自治法》第一百八十二条第三项规定,若选举管理委员会的候补中有两人以上属于同一个政党或其他政治团体委员时,准用同款的规定,否认超额的候补资格。

当候补符合前款的全部规定时,不得适用《地方自治法》第一百八十二条第二款的规定,普通地方公共团体议会应当临时举行候补的选举。

第一百三十六条　根据《地方自治法》第一百八十九条第三款的规定,若该候补人员临时充当选举管理委员,当同一个政党或属于其他政治团体委员数量为二人以上时,准用同款规定,否定超额人员候补资格。

候补符合全部前款的规定时准用前条第二款的规定。

第一百三十六条之二　除属于第一百三十四条第一款、第一百三十五条第一款或者前一条第一款规定的情况外,选举管理委员或者候补中有2个以上属于同一政党或其他政治团体时,选举管理委员会应当通过抽签决定缺位的选举管理委员或候补人。

第一百三十七条　选举管理委员会尚未成立、无法及时召开,或者《地方自治法》第一百八十九条第二款规定委任临时的候补委员会议不能召开时,委员长可以对应由委员会议决的事件进行裁决。

对于前款规定的裁决,委员长应在下次会议上向委员会报告,并获得其批准。

第一百三十八条　删除

第一百三十九条　删除

第一百四十条　选举管理委员会的委员长准用第一百二十三条、第一百二十四条、第一百二十八条、第一百三十条、第一百三十一条的规定。此时,第一百二十三条第一款中"都道府县知事三十日内,市町村长二十天以内"的规定改为"十日以内",同条第二款中"副知事或者副市町村长"改为"选举管理委员中的一人"。

第三小节　监察委员

第一百四十条之二　《地方自治法》第一百九十五条第二款中政令规定的市为人口二十五万以上的市。

第一百四十条之三　《地方自治法》第一百九十六条第二款中政令规定的该普通地方公共团体的职员是指该普通地方公共团体的专职职员（同条第四款规定监察委员除外，包括《推进地方分权的相关法律》（平成十一年法律第八十七号）第一条规定的修正前的《地方自治法》附则第八条规定的官员及《警察法》（昭和二十九年法律第百六十二号）第五十六条第一款规定的地方警务官）及《地方公务员法》第二十八条之五第一款规定的临时职员。

第一百四十条之四　《地方自治法》第一百九十六条第五款中政令规定的市为人口二十五万以上的市。

第一百四十条之五　根据第一百二十一条之四第一款规定，《地方自治法》第一百九十九条第二款中属于劳动委员会及征收委员会的权限准用政令规定的事务。

根据第一百二十条之四第二款规定，《地方自治法》第一百九十九条第二款中不适宜作为监察委员的监察对象准用政令规定。此时，第一百二十一条之四第二款中的"检查"改为"监察"。

第一百四十条之六　根据《地方自治法》第一百九十九条第二款的规定进行监察的，除同条第三款的规定外，应随时监察同条第二款规定的事项是否依法恰当执行。

第二百四十条之七　《地方自治法》第一百九十九条第七款后段规定的普通地方公共团体投资的法人，是指根据政令的规定，普通地方公共团体的资本金或基本金占总出资四分之一以上的法人。

第一百五十二条第一款第二项规定的由普通地方公共团体出资四分之一以上法人（包含视为同条第二款规定的法人），视为前款规定的法人。

《地方自治法》第一百九十九条第七款后段规定的普通地方公共团体有受益权信托的，在政令中规定为该普通地方公共团体有受益权的不动产信托。

第一百四十一条　监察委员准用第一百二十三条、第一百二十四条、第一百二十八条、第一百三十条、第一百三十一条的规定。但是，第一百二十三条第二款中的"副知事或者副市町村长"改为"监察委员中的一人"。

第五章　财　务

第一节　会计年度所属的分类

(岁入的会计年度所属分类)

第一百四十二条　岁入的会计年度所属分类如下：

一、缴纳期的收入是指缴纳期中最后一天所属年度的收入[《民法》(明治二十九年法律第八十九号)第一百四十二条、《地方自治法》第四条之二第四款、《地方税法》(昭和二十五年法律第二百二十六号)第二十条之五或者没有规定把周六的翌日作为缴纳期最后一天的法令、条例或规则中关于缴纳期最后一天的规定,下同]。但是,根据《地方税法》第三百二十一条之三规定,按照特别征收方法征收的市町村民税和该法第四十一条第一款规定征收的道府县民税(根据该法第三百二十一条规定缴纳的除外),特别征收义务者应按该法第三百二十一条之五第一款或第二款但书的规定,将其纳入应征收月的年度。

二、平时收入属于缴纳通知书或者纳税通知相关的文件(以下本条中简称"通知书等")发出该通知之日的年度。

三、平时收入不发出通知书的,为收到之日所属的年度。但是,地方交付税、地方让与税、补助金、负担金、地方债等类似的收入及其他收入为其收入预算所属的年度。

前款第一项的收入,缴纳期的最后一天到所属的会计年度的最后一天(《民法》第一百四十二条、《地方自治法》第四条之二第四项、《地方税法》第二十条之五规定缴纳期的最后一天为周末时延期到为次日的,则指延长之日)为止没有申报时,或通知书等未发出时,该收入为申报之日或通知书等发出之日所属的会计年度的岁入。

普通地方公共团体岁入的催促手续费、滞纳金和滞纳处理费,列入该岁入所属的会计年度的岁入。

(岁出会计年度所属分类)

第一百四十三条　岁出的会计年度所属分类如下：

一、地方债还本付息金、养老金、抚恤金之类为支付日期所属的年度。

二、工资等其他补助（前项内容除外），为应该支付的事实发生时所属的年度。

三、地方公务员互助工会负担金和社会保险费（劳动保险费除外）以及租赁费、水电费、电信电话费等，为其支出事实存在期间的年度。但是，租赁费、水电费、电信电话费等，其支出的事实的存在期间跨越两个年度的，为支付期限所属的年度。

四、工程承包费、物件购买费、运费类及辅助费等需对方行为完成后支付的，为该行为履行日所属的年度。

五、前面各项所列费用以外的经费，为支出负担行为之日所属的年度。

旅行期间（国外旅行中包含其准备期间）长达两年度的旅费，为该两年度中前年度岁出预算概算中的支出，该旅费在结算后产生的返还金或补发工资，属于结算时所属年度的岁入或岁出。

第二节 预　算

（关于预算说明书）

第一百四十四条　《地方自治法》第二百一十一条第二款关于由政令规定的预算说明书内容如下：

一、明确岁入岁出预算内容和预算事项的说明书及工资明细书。

二、关于持续费的前年度末的支出额、去年度末的支出额或可能支出额，该年度以后的可能支出额，以及业务进行状况的报告书。

三、债务负担行为的次年度以后截至前年年度末支出额或者支出额的预算以及该年度以后的预定支出报告书。

四、地方债券的前年度末以及该年度末的预算报告书。

五、其他明确预算内容所需要的文件。

前款第一项到第四项规定的文件样式应当以总务省令规定的形式为基准。

（持续费）

第一百四十五条　在与持续费的每会计年度额相关的岁出预算经费中，其年度内支出未结束的，该费用可以在持续年度结束时使用。此时，普通地方公共团体首长应当在次年五月三十一日前制作持续费结转计算书，在下次会议上向议会报告。

普通地方公共团体首长在与持续费相关的持续年度结束时（与持续费相关的岁出预算金额中，根据《地方自治法》第二百第三款但书规定转结到下一年度使用时，指接受转入款项的年度），制作持续费结算报告，并与《地方自治法》第二百三十三条第五款提交的文件一同向议会报告。

持续费结转计算书和持续费结算报告书的样式应当以总务省令规定的样式为准。

（跨年使用费）
第一百四十六条　根据《地方自治法》第二百一十三条规定，应当从本年度经费中留出相应的金额，以保障转入次年度使用的经费预算。

普通地方公共团体首长将与跨年使用费相关的岁出预算转入次年度时，应当在次年度的五月三十一号之前制作转入结算书，在下次会议上向议会报告。

转入结算书的样式应当以总务省令规定的样式为准。

（岁入岁出预算的款项分类及预算的制作样式）
第一百四十七条　岁入岁出预算的款项分类应当按照总务省令规定的分类标准实施。

预算制作的样式应当以总务省令规定的样式为基准。

（禁止会计年度过后的预算补正）
第一百四十八条　会计年度过后，不可补正预算。

（不适用弹性条款的经费）
第一百四十九条　《地方自治法》第二百十八条第四款由政令规定的经费为职员的工资。

（预算的执行及事故转入）
第一百五十条　下列预算事项的执行手续由普通地方公共团体首长决定：
一、为确保预算有计划且有效率地执行而制定必要计划。

二、定期或临时分配岁出预算。

三、将岁入岁出的各项预算区分到目节,并根据该目节执行岁入岁出预算。

前款第三项的目节的区分,应当以总务省令的规定为基准。

第一百四十六条准用《地方自治法》第二百二十条第三款但书预算转入的规定。

(预算成立时等的通知)

第一百五十一条　预算成立、分配岁出预算、填补预备费,或者《地方自治法》第二百二十条第二款但书规定的挪用岁出预算的各项经费时,普通地方公共团体首长应当立即通知会计管理人。

(普通地方公共团体首长的调查等的对象、法人等的范围)

第一百五十二条　根据政令规定,《地方自治法》第二十一条第三款规定的普通地方公共团体出资的法人如下:

一、该普通地方公共团体设立的地方住宅供应公社、地方道路公社、土地开发公社及地方独立行政法人。

二、该普通地方公共团体出资占出资总额二分之一以上的一般社团法人、一般财团法人及股份公司。

三、由条例规定的该普通地方公共团体出资额占总额的四分之一以上二分之一以下的一般社团法人、一般财团法人及股份公司。

该普通地方公共团体及前款第二项规定的一个或两个法人出资(包含根据该规定视为同号记载的法人)二分之一以上的一般社团法人、一般财团法人及股份公司法人视为同项规定的法人。

该普通地方公共团体及前款第二项规定的一个或两个以上法人(包含根据前款规定可以看作法人的主体)出资四分之一以上二分之一以下的一般社团法人、一般财团法人及股份公司视为该项规定的一般社团法人、一般财团法人及股份公司。

根据政令规定,《地方自治法》第二百二十一条第三款的普通地方公共团体负担债务的法人为下列法人:

一、该普通地方公共团体负担二分之一以上债务的一般社团法人、一般财团法人及股份公司。

二、条例规定由该普通地方公共团体负担四分之一以上二分之一以下债务额度的一般社团法人及股份公司。

《地方自治法》第二百二十一条第三款规定的普通地方公共团体有受益权的信托、政令上规定为该普通地方公共团体有受益的不动产的信托。

第三节　收　入

（不能征收分担金的情形）

第一百五十三条　《地方税法》第七条规定的对非均一税、普通地方公共团体部分税、同法第七百零三条的水利地益税、同法第七百零三条之二的共同设施税进行征收时，不能就同一事件征收分担金。

（岁入的调查审定及缴纳通知）

第一百五十四条　在《地方自治法》第二百三十一条规定的调查审定中，应当调查该岁入的所属年度的收入项目、缴纳金额、缴纳义务者是否有误，是否有违反其他法令或合同的事实。

普通地方公共团体的岁入进行入账时，除地方交付税、地方让与税、补助金、地方债、滞纳处分费及其他性质上不必通知的岁入外，其他项目应当通知缴纳。

根据前款规定的缴纳通知应当将所属年度、岁入项目、应交纳的金额、纳期、缴纳地点及缴纳请求事由记载到通知书中。但是，对其性质上难以进行书面通知的，可以通过口头、公告等方法通知。

（以账户转账的方法缴纳岁入）

第一百五十五条　普通地方公共团体的岁入缴纳义务人在该普通地方公共团体指定金融机构、指定代理金融机构、收纳代理金融机构、收纳事务处理金融机构设置存款账户时，可以向该金融机构请求通过账户转账的方法缴纳年收入。

（证券岁入的缴纳）

第一百五十六条　《地方自治法》第二百三十一条之二第三款规定的缴纳普通地方公共团体岁入时可以使用的证券，仅限于下列不超过缴纳金额的证券：

一、持票人的支票等（总务大臣指定的支票或其他有确定性的与支票同程度、以金钱支付为目的的有价证券。下同）、会计管理人、指定金融机构、指定代理金融机构、收纳代理金融机构、收纳事务处理金融机构（以下称为"会计管理人等"）用作收款人的支票等，将票据交换所的金融机构或者该金融机构委托支付票据交换的金融机构作为支付人，支付地为该普通地方公共团体首长规定的区域，并在为其权利行使规定的期间内可以提出支付或支付请求。

二、支付到期的无记名式国债、地方债、无记名式的国债或地方债务的利息券。

即使有前款第一项记载的证券，会计管理人等也可在不能确认时，拒绝接受。

《地方自治法》第二百三十一条之二第四款前段规定的情况下，对于会计管理人等拥有该证券缴纳的人，应当对该证券及时做出未曾支付或请求归还该证券书面通知。

（托收及缴纳委托）

第一百五十七条　《地方自治法》第二百三十一条之二第五款规定的可接受的托收及缴纳委托证券为前条第一款规定的证券。

《地方自治法》第二百五十一条之二第五款规定的托收及接受委托缴纳的情形，需要证券的托收费用时，会计管理人应当向该托收及缴纳委托者支付相应的费用。

《地方自治法》第二百三十一条之二第五款规定的托收及接受委托缴纳的情形，会计管理人认为有必要时，可就托收向金融机构再委托。

（由指定代理缴纳者缴纳的岁入）

第一百五十七条之二　下列各项为《地方自治法》第二百三十一条之二第六款中由政令规定者，是指满足以下各项内容的人：

一、《地方自治法》第二百三十一条之二第六款规定替代缴纳义务者有缴纳岁入事务（次项称为"缴纳事务"）的可靠财产基础。

二、此人需具有能够适当可靠地执行缴纳事务的知识和经验，并具有充分的社会信誉。

《地方自治法》第二百三十一条之二第六款中关于提出或通知单据或者号码、其他符号、购入特定经销商商品或权利、经营特定劳务等经营者,可有偿提供劳务单据或者号码凭证以及其他的符号记号。

(岁入的征收或收纳委托)
第一百五十八条 下列各项普通地方公共团体的岁入只能在确保收入和增进居民便利时,才能委托私人征收或收纳:
一、使用费。
二、手续费。
三、租赁费。
四、物品托售款。
五、捐助金。
六、贷款本利偿还金。

前款规定委托私人征收或收纳岁入时,普通地方公共团体首长应当通过岁入缴纳义务人显而易见的方法予以公布。

根据第一款规定接受岁入的征收或收纳事务的委托人,需根据普通地方公共团体规则规定,将其征收或收纳的岁入附加结算书后,及时向会计管理人、指定金融机构、指定代理金融机构、收纳代理金融机构、收纳事务处理金融机构缴纳。

根据第一款规定,认为有必要委托私人征收岁入或收纳事务时,会计管理人可对该委托的岁入征收或收纳事务进行检查。

第一百五十八条之二 普通地方公共团体岁入中的地方税,在前条第一款规定的情况下,可以根据普通地方公共团体的规则规定,委托给具有相应会计技术能力者实施。

根据前款规定接受地方税收纳事务者(以下称为"受托人")在没有按纳税通知书或有关缴纳其他地方税的文件规定的情况下不得收取地方税。

会计管理人应当定期及随机检查受托人对地方税的收纳情况。

会计管理人根据前款规定实施检查时,可根据其结果,要求受托人采取必要的改正措施。

监察委员可就第三款的检查要求会计管理人提出报告。

根据第一款规定,委托同款规定的人实施地方税收纳事务时,准用前条第二款、第三款的规定。

(误付款等的余额入账)
第一百五十九条 返还岁出中误付或多付的金额、资金预付或概算支付时,或者让私人返还受托事务中的剩余金额时,应当根据收入程序将其返回支出经费中。

(跨年度收入)
第一百六十条 出纳关闭后的收入应当成为现年度的岁入。前条规定的入账余额金出纳封账后,也作为现年度的收入。

第四节 支 出

(支出命令)
第一百六十条之二 《地方自治法》第二百三十二条之四第一款中由政令规定的支出命令如下:
一、确定该支出负担行为债务后的命令。
二、确定该支出负担行为债务之前经费支出的命令,即:
(一)基于水电煤气供给合同而支付的经费。
(二)基于电力通信劳务合同而支付的经费。
(三)以上经费之外,两个月以上的买入或借入物品、劳务服务、不动产租赁合同、根据普通地方公共团体的规则支付的单价或相当于一个月对价的经费。

(资金预付)
第一百六十一条 为让普通地方公共团体的职员支付现金,可以向其预付如下经费:
一、在国外支付的经费。
二、在偏远地区或交通不便地区支付的经费。
三、属于船舶的经费。
四、工资等其他补助。

五、地方债券的本利偿还金。

六、退费及与之相关的退还合计金。

七、补偿金及相关经费。

八、社会保险费。

九、对官公署支付经费。

十、生活补助费、生计扶助费及其他类似经费。

十一、事业现场及其他类似的地方需要支付的事务经费。

十二、因灾害等紧急情况需即时支付的经费。

十三、因水电煤气供给合同支付的经费。

十四、因电力通信劳务合同而支付的经费。

十五、除前两项的经费外两个月以上的买入或借入物品、劳务服务、不动产租赁合同、根据普通地方公共团体的规则支付的单价或相当于一个月对价的经费。

十六、搜查犯罪、调查违章、护送被收容者或嫌疑人所需要经费。

十七、除以上各项外,普通地方公共团体规定的性质上应当支付现金的经费。

需要返还岁入误纳或者多缴纳的金额时,前项资金(包含有关该退费的退还合计金)可先行支付。

特别必要时,其他普通地方公共团体的职员可先付前两款规定的资金。

(概算支付)

第一百六十二条 下列各项经费可概算支付:

一、出差费。

二、对官公署支付经费。

三、补助金、负担金、交付金。

四、社会保险诊疗报酬支付基金或者对国民健康保险团体联合会支付的诊疗报酬。

五、诉讼所需的经费。

六、除以上各项外,普通地方公共团体规则规定的根据经费的性质若不支付概算则会影响事务处理的经费。

(预付款支付)

第一百六十三条　下列各项经费可预付款支付：

一、对官公署支付经费。

二、补助金、负担金、交付金及委托费。

三、若不按预付款支付，则合同难以签订的承包、买入或借入所需经费。

四、因收购或征用土地或房屋而需要转移的房屋或物件的转移费。

五、定期刊物的价钱、定额制供给的电灯电力费以及日本广播协会支付的收视费。

六、支付在外国从事研究或调查人的经费。

七、运费。

八、除了前面各项以外，普通地方公共团体规则规定的根据经费的性质若不支付预付款则会影响事务处理的经费。

(挪用支付)

第一百六十四条　会计管理人或者指定金融机关、指定代理金融机构、收纳代理金融机构或收纳事务处理金融机关可挪用下列各项经费的现金：

一、地方税奖励：该地方税的收入金。

二、举办自行车比赛、赛马等的奖金，获胜者、获胜马等投注券的退费及投注券的买回费：该自行车比赛、赛马等投注券的发售货款。

三、证纸手续费：该证纸销售金。

四、征收岁入或收纳委托手续费：由该委托征收或收纳的收入金。

五、除了以上各项以外，普通地方公共团体规则规定的、依经费性质若不挪用则会影响事务处理的经费：该普通地方公共团体规则规定的收入金额。

(异地支付)

第一百六十五条　根据《地方自治法》第二百三十五条而指定了金融机构的普通地方公共团体有必要向异地债权人支付时，会计管理人可在指定支付的场所，向指定金融机构或指定代理金融机构办理汇款手续。此时，应当及时通知债权人。

指定金融机构或者指定代理金融机构，在根据前款规定接受汇款业务时，从该资金交付之日开始经过一年后尚未支付的,则不能对债权人支付。此时,会计管理人在收到债权人支付请求时,则应当及时支付。

(通过账户转账方式的支出)

第一百六十五条之二 《地方自治法》第二百三十五条规定,普通地方公共团体的债权人从金融机构指定的代理金融机构或其他普通地方公共团体首长规定的金融机构申请存款账户时,会计管理人可通知指定金融机构或指定代理金融机关通过账户转账的方法支出。

(支出事务的委托)

第一百六十五条之三 第一百六十一条第一款第一项到第十五项规定的经费,涉及贷款及同条第二款规定的可先付资金的退费(包含该退费相关的返还合计费在内)的,可委托私人交付必要资金。

根据普通地方公共团体规则的规定,接受前款规定支出事务委托者,应当及时向会计管理人报告其支出结果。

第一款的情况下准用第一百五十八条第四款的规定。

(支票的开票及公款转账书交付)

第一百六十五条之四 《地方自治法》第二百三十二条之六第一款正文规定支票的开票,应当由各会计记载收款人的姓名、支付金额,会计年度,号码和其他必要事项。但是,收款人姓名的记载除普通地方公共团体首长特别规定之外,可以省略。

会计管理人在支票开票时,应当通知指定金融机构或指定代理金融机构。

根据《地方自治法》第二百三十二条之六第一款正文规定,支付职员工资(除去退休津贴)不能支票开票。

《地方自治法》第二百三十二条之六第一款正文规定的公款转账书交付准用第一款的规定。

没有指定金融机构的市町村的支出,不得使用《地方自治法》第二百三十二条之六的规定。

（支票的偿还）

第一百六十五条之五　会计管理人在收到支票所有人的偿还请求时，调查后认为应该偿还的应及时偿还。

（未支付完资金岁入缴纳）

第一百六十五条之六　每会计年度支票出票完结金额中，相当于次年五月三十一号为止尚未支付的金额，不能作结算上的盈余，应当滚存整理。

依前款规定滚存的资金里，自支票出票日起超过一年尚未结束的支付金额，应当纳入该超过一年所属年度的岁入中。

根据第一百六十五条第一款规定的受理交付的资金中，从资金交付日开始经过一年尚未结束支付的金额，在指定金融机构或指定代理金融机构中取消汇款，则应当缴纳该取消日期所属年度的岁入。

（误缴款或超缴款的退还）

第一百六十五之七　退还岁入误纳或超纳的金额时，应当根据支出手续，从已收取的岁入中退还。

（超年度支出）

第一百六十五条之八　出纳关闭后的支出应当作为现年度的岁出。前条退还款关闭后也同样如此。

第五节　决　算

（决算）

第一百六十六条　普通地方公共团体应当就岁入岁出预算，调整制作决算。

《地方自治法》第二百三十三条第一款及第五款中由政令规定的文件为岁入岁出决算事项明细书、有关实质收支的记录和有关财产的记录。

决算的备制样式以及前款规定的文件样式应当以总务省令规定的样式为准。

（次年度岁入的提前使用）

第一百六十六条之二　会计年度过后，岁入少于岁出时，可提前使用次年度的岁入。此种情况下，应当将因此而必要的金额编入次年的岁入岁出预算。

第六节 合 同

(指名竞争投标)

第一百六十七条 《地方自治法》第二百三十四条第二款规定指名竞争投标的情形为以下各种情况：

一、工程或制造承包、货物买卖，根据合同性质或目的不适合一般竞争投标的。

二、根据其性质或者目的没必要实施一般竞争投标的少数合同。

三、一般竞争投标不利的。

(任意合同)

第一百六十七条之二 《地方自治法》第二百三十四条第二款规定的任意合同为下列各种情况：

一、买卖、借贷、承包及其他合同中其预定价格（租赁合同中，预定租赁费用的年额或总额）在别表第五栏记载的合同种类，同表下栏规定的金额范围内，尚未超过普通地方公共团体规则中规定的金额的。

二、房地产买入或借款、普通地方公共团体所需要物品的制造、修理、加工或交付使用等依据合同性质或目的不适合竞争投标的。

三、(1)根据普通地方公共团体之规则所规定的程序，与如下设施签订购买合同时：《残疾人日常及社会生活提供综合援助法》(平成十七年法律第一百二十三号)第五条第十一款规定的残疾人援助施设(以下本号中简称"残疾人援助施设")，同条第二十五款规定的地域活动支援中心(以下简称"地域活动支援中心")，实施同条第一款规定的残疾人福利服务事业(仅限同条第七项规定的生活护理，同条第十三项规定的就业支援或者同条第四十项规定的就业继续援助的事业，以下简称"残疾人福利服务事业")的设施、小规模工作场所［《残疾人基本法》(昭和四十五年法律第八十四号)第二条第一款规定残疾人所在地域社会工作活动场所而同法第十八条第三款规定所需费用的资助设施，下同］，以及由地方普通地方公共团体首长基于总务省令而认定的与上类似者或者生活贫困者为主的《生活贫困者自立援助法》(平成二十五年法律第一百零五号)第十条第三款所认定的生活贫困者就业培训设施(以下简称"残疾人支援设施等",但根据总务省的规定,仅限于普通地方公共团体购买有利于促进生活贫困者自立的物品时)。(2)根据普通地方公共团体之规则所规定的程序,与如下设施签订服务购买合同时:残疾人支援施设、地域活动支援中心、残疾福利服务事业施设、小规模工作场所,《老年人雇用等相关法律》(昭和四十六年法律第六十八号)第三十七条第一项规定老年人人才中心联合或同条第二款规定的老年人人才中心及其类似者。(3)根据普通地方公共团体之规则所规定的程序,与如下设施签订合同时:《母子及父子寡妇福祉法》(昭和三十九年法律第一百二十九号)第六条第六项规定母子·父子福利团体或总务省令规定的地方普通公共团体首长认定者(以下称为"母子·父子福祉团体等",其从业者应当主要是该项规定的无配偶者且现阶段抚养儿童及同条第四款规定的寡妇)。(4)根据普通地方公共团体之规则所规定的程序,与如下设施签订合同时:开展生活贫困者就业培训的施设(仅限于基于总务省令规定地方普通地方公共团体的首长认为接受该设施业务可促进生活贫困者自立,且其从业者主要是生活贫困者时)。

四、(1)根据普通地方公共团体之规则所规定的程序,与根据总务省令规定而经普通地方公共团体首长认定的从事新商品生产的新事业开拓者,签订买入或借入其新商品合同时。(2)根据普通地方公共团体之规则所规定的程序,与根据总务省令规定而经普通地方公共团体首长认定的从事新服务的新事业开拓者,签订接受其新服务合同时。

五、因紧急必要不能竞争投标时。

六、认为竞争投标不利时。

七、与时价相比估计有显著优势的价格可以签订合同时。

八、竞争投标中无投标者,或再次投标中无中标者时。

九、中标者不签订合同时。

前项第八项规定的任意合同,除合同保证金和履行期限外,最初竞争投标时不能变更预定的价格及其他条件。

第一款第九项规定的任意合同应当在中标金额的限制内进行,并且除了履行期限之外,不可变更最初支付竞争投标时规定的条件。

在前两款的情况下,仅限于可分割计算支付预定价格或中标金额时,可以在该价格或金额限制内让多个人分割签订合同。

(拍卖)

第一百六十七条之三 在《地方自治法》第二百三十四条第二款中,可以通过拍卖的方式出售适合拍卖的动产。

(一般竞争投标参加者的资格)

第一百六十七条之四 除了有特殊理由外,普通地方公共团体不能允许下列人员参加一般竞争投标：

一、不具备签订投标合同能力者。

二、接受破产程序,不能恢复资格者。

三、符合《防止暴力团员不当行为等相关法律》(平成三年法律第七十七号)第三十二条第一款各项内容者。

普通地方公共团体认为想参加一般竞争投标的人符合下列任何一类时,可决定其三年以内不得参加一般竞争投标。代理人、负责人、其他使用者或者作为投标代理人的人也同样不得参加。

一、在履行合同时,对工程、制造和其他劳务的实施不认真,或对物件质量或数量进行不正当行为的。

二、竞争投标或拍卖时,妨碍其公正执行时或损害公正价格成立,或者为了得到不正当利益而联合的。

三、妨碍中标者缔结合同或履行合同的。

四、《地方自治法》第二百三十四条之二第一款规定妨碍监督检查或职员执行职务的。

五、无正当理由不履行合同的。

六、签订合同后在确定货款金额的情况下,故意以虚假事实请求过高货款金额的。

七、(除此号外)按规定不能参加一般竞争投标者作为履行合同或履行合同的代理人、支配人其他使用者的。

第一百六十七条之五 除前条规定外,普通地方公共团体的首长认为必要时,可规定参加一般竞争投标的人所需的资格,事先根据合同的种类和金额,规定工程、制造或销售等的实绩、员工数量、资本额以及其他经营规模及状况要件。

普通地方公共团体首长,应当公开根据前款规定对参加一般竞争投标人所必要的资格进行确认。

第一百六十七条之五之二　普通地方公共团体首长在根据一般竞争投标签订合同时，根据合同的性质或者目的，认为该招标特别有必要时，对于有前条第一款资格的人，还可以规定关于参加投标者的经营场所地或有无该合同相关工程等的经验或技术所必要的资格，该资格拥有者可进行投标。

（一般竞争投标的公告）

第一百六十七条之六　普通地方公共团体首长应在一般竞争投标签订合同时，向参加投标者公告必要的资格、投标的场所以及日期和其他投标的必要事项。

普通地方公共团体首长在前款公告中应当明示违反投标条件或无投标资格者的投标无效。

（一般竞争投标的投标保证金）

第一百六十七条之七　在一般竞争投标中签订合同时，普通地方公共团体应当要求参加投标人缴纳该普通地方公共团体规则规定的一定比率或额度的投标保证金。

前款规定的投标保证金可以由国债、地方债券以及其他普通地方公共团体首长确认的担保标的替代。

（一般竞争投标开标及再投标）

第一百六十七条之八　一般竞争投标开标地点为第一百六十七条之六第一款规定的投标场所，投标结束后，投标者应当出席。投标者无法出席时，与该投标事务无关的职员应当出席。

一般竞争投标中，记载在标书上的事项应提交电磁记录的，当普通地方公共团体首长确认不妨碍投标事务的公正合理的执行时，投标者及与该投标事务无关的职员可不出席。

投标者不可改写、更换或撤回其提出的标书（包括记录在该投标书中所记载的事项的电磁记录）。

普通地方公共团体首长根据第一款规定开标时，所有投标都未在预定价格限制范围内的(第一百六十七条第二款规定的最低限制价格和无预定价格的限制的范围内的最低限制价格以上的投标时),可立即再次投标。

(由抽签决定一般竞争投标的中标者)
第一百六十七条之九　出现两人以上等价中标的投标者时,普通地方公共团体首长应当立即通过抽签确定中标者。此时,当该中标者中有未抽签的人时,由与该中标事务无关的职员进行抽签。

(在一般竞争投标中,以最低价格的投标者以外的人作为中标者情形)
第一百六十七条之十　根据一般竞争投标在签订关于工程或制造等其他承包合同时,普通地方公共团体首长认为在预定价格限制范围内的最低价格申请人不合适履行该合同内容,或认为与其签订合同会破坏公正交易秩序时,则其不能作为中标者,可由在预定价格限制范围内申请的其他人作为中标者。

在一般竞争投标中,在签订关于工程或者制造承包合同的情况下,普通地方公共团体首长为确保符合该合同内容的履行,可预先设置最低限制价格,低于预先设置最低价格的申请者不能作为中标者,在预定价格的限制范围内最低限制价格以上的申请人中,以持有最低价格的人为中标者。

第一百六十七条之十之二　通过一般竞争投标签订普通地方公共团体支出合同时,依据该合同性质或目的难以履行《地方自治法》第二百三十四条第三款正文或前条规定时,普通地方公共团体首长可在预定价格范围内的申请人中选择价格等其他条件最有利的申请者作为中标者。

根据前两款规定签订工程或制造承包合同时,普通地方公共团体首长认为根据该中标者的申请价格,合同内容不能正常履行或者认为与其签订的合同会扰乱公正交易秩序时,可否定其中标者资格。普通地方公共团体首长可另外在预定价格范围内的申请人中选择价格等其他条件最有利的申请者作为中标者。

根据前两款规定决定中标的,进行一般竞争投标(以下称为"综合评价一般竞争投标")时,普通地方公共团体首长应以综合评价一般竞争投标申请者中价格及其他条件最为有利作为基准(以下称为"中标者决定基准")。

依据总务省令规定,决定中标基准时,普通地方公共团体首长应当事先听取专家学者的意见。

普通地方公共团体首长根据该中标基准决定中标者时，就是否再次听取意见认为有必要的情况下，在决定该中标者时，则应当预先听取专家学者的意见。

在进行综合评价一般竞争投标时，普通地方公共团体首长根据第一百六十七条之六第一款规定对该合同进行公告时，除应当根据该款规定进行公告的事项以及明确该条第二款规定的事项外，也应当公告关于综合评价一般竞争投标的方法以中标者的决定基准。

（指名竞争投标参加者资格）

第一百六十七条之十一　指名竞争投标参加者的资格准用第一百六十七条之四的规定。

除前项规定外，指名竞争投标参加者应当具有必要的资格。制造工程承包、物件购入等由普通地方公共团体首长决定的合同，基于合同的种类及金额，普通地方公共团体首长应当预先根据第一百六十七条之五第一款规定事项要件的资格。

前款的情形准用第一百六十七条之五第二款规定。

（指名竞争投标参加者的指名等）

第一百六十七条之十二　签订指名竞争投标合同时，普通地方公共团体首长应当从有资格参加该投标者中指名参加该投标。

前款情形下，普通地方公共团体首长应当通知提名人关于投标场所、日期和其他投标的必要事项。

前款的情形准用第一百六十七条之六第二款的规定。

下一条准用第一百六十七条之十之二第一款及第二款规定中标者指名竞争（以下简称"综合评价指名竞争投标"）时，普通地方公共团体首长通知该合同第二款规定时，除该款规定应当通知的事项及前款中准用第一百六十七条之六第二款规定应当明确的事项外，也应当通知综合评价指名竞争投标方式的宗旨及该综合评价指名竞争投标中标者决定基准。

（指名竞争投标的投标保证金等）

第一百六十七条之十三　指名竞争投标的情形准用第一百六十七条之七到

第一百六十七条之十和第一百六十七条之十之二(除第六款外)的规定。

(拍卖手续)
第一百六十七条之十四　拍卖手续准用第一百六十七条之四到第一百六十七条之七规定。

(监督检查的方法)
第一百六十七条之十五　《地方自治法》第二百三十四条之二第一款规定的监督,应当通过列席、指示等方法进行。

《地方自治法》第二百三十四条之二第一款规定的检查,应当基于合同书、式样书及设计书或其他有关文件(包含应记录该关联文件记载事项的电磁记录在内)进行。

《地方自治法》第二百三十四条之二第一款规定的合同,在合同目的物件支付完毕后,一定期间内该物件发生破损、变质、性能低下等事故的,有采取更换、维修、或其他必要措施的特别约定的,普通地方公共团体首长在认可该给付内容被担保时,可省略该款规定检查的部分。

《地方自治法》第二百三十四条之二第一款规定的合同,需要专业性知识及技能,或因其他理由难以由本地方公共团体职员进行监督检查的,普通地方公共团体首长可委托职员以外的人进行监督检查。

(合同保证金)
第一百六十七条之十六　普通地方公共团体应当向合同签订者征收由本地方规则规定了比率或金额的合同保证金。

合同保证金的缴纳准用第一百六十七条之七第二款的规定。

(可缔结长期继续合同的合同)
第一百六十七条之十七　《地方自治法》第二百三十四条之三中由政令规定的合同,是指地方条例规定的基于合同性质,次年度以后若不继续缔结将妨碍该合同事务的物品租赁或劳务合同。

第七节 现金及有价证券

(指定金融机构等)

第一百六十八条 根据《地方自治法》第二百三十五条第一款规定,都道府县应当经议会表决,指定一个金融机构处理该都道府县公款的收纳及支付事务。

根据《地方自治法》第二百三十五条第二款规定,市町村可以经过议会的决议指定一个金融机构办理该市町村的公款收纳和支付事务。

普通地方公共团体首长认为有必要时,可让指定的金融机构处理一部分收纳和支付的事务。

普通地方公共团体首长认为有必要时,可让指定的金融机构处理一部分收纳的事务。

未指定金融机构的市町村首长认为有必要时,会计管理人可把处理收纳的事务的一部分交由该市町村的首长指定的金融机构办理。

第一款和第二款金融机构为指定金融机构,第三款金融机构为指定代理金融机构,第四款金融机构为收纳代理金融机构,前款金融机构为处理收纳事务金融机构。

普通地方公共团体首长在指定和取消指定代理金融机构或者收纳代理金融机关时,应当预先听取指定金融机构的意见。

普通地方公共团体首长规定或变更指定金融机构、指定代理金融机构、收纳代理金融机构或收纳事务处理金融机构时,应当公布这一消息。

(指定金融机关的职责)

第一百六十八条之二 指定金融机构总括管理指定代理金融机构及收纳代理金融机构的公款收纳或支付事务。

指定金融机构就公款的收纳或支付事务(包括指定代理金融机构及收纳代理金融机构处理事务)对该普通地方公共团体负责。

指定金融机构应当根据普通地方公共团体首长的规定提供担保。

(指定金融机构等公款的处理)

第一百六十八条之三 指定金融机构、指定代理金融机构、收纳代理金融机构及收纳事务处理金融机构应当依照纳税通知书、交货通知书及其他交付相关的文件(包括记录在该文件中所需事项的电磁记录)收纳公款。

指定金融机构和指定代理金融机构应当按会计管理人发出的支票或者会计管理人的通知支付公款。

指定金融机关,指定代理金融机构及收纳代理金融机构收纳公款时,或接受公款缴纳时,应当接受该普通地方公共团体的存款账户。此时,在指定代理金融机构及收纳代理金融机构中,根据会计管理人的规定,应当将所接受的公款转为指定金融机构的该普通地方公共团体的存款账户。

处理收纳事务金融机构收纳公款时或接受公款缴纳时,应当接受该市町村的存款账户。此时,收纳事务处理金融机构应当根据会计管理人的规定,将接受的公款转为会计管理人规定的收纳事务处理金融机构的该市町村的存款账户。

(指定金融机构等的检查)

第一百六十八条之四 会计管理人应当对指定金融机构、指定代理金融机构、收纳代理金融机构及收纳事务处理金融机构的公款收纳或支付事务及公款的存款状况定期及临时检查。

会计管理人检查前项时,基于其结果可要求指定金融机构、指定代理金融机构、收纳代理金融机关及收纳事务处理金融机构采取必要的措施。

监察委员可要求会计管理人报告第一款的检查结果。

(指定金融机构等现金的缴纳)

第一百六十八条之五 规定指定金融机构的普通地方公共团体中,会计管理人直接收纳现金(包括替代现金支付的证券)时,应当尽快交付指定金融机构、指定代理金融机构或收纳代理金融机构。

(年度总账现金的保管)

第一百六十八条之六 会计管理人应当要将年度总账现金通过指定金融机构或其他确定金融机构存储或其他合适的方法保管。

(岁入岁出外的现金及保管有价证券)

第一百六十八条之七 普通地方公共团体作为债权人代位行使权利时,会计管理人可保管总务省令规定的应受领的现金或有价证券。

没有普通地方公共团体首长的通知,会计管理人不能出纳岁出岁入外的现金或不属于该普通地方公共团体所有的有价证券。

除前款规定的内容外,应当根据年度总账现金收支及保管的规定管理岁入岁出外的现金。

第八节 财 产

第一小节 公有财产

(能够借用作为行政财产的土地的坚固构造物)

第一百六十九条 《地方自治法》第二百三十八条之四第一款第一项中政令规定的坚固建造物以及其他附着在土地上的建造物,包括钢筋结构、混凝土结构、石构造、砖构造以及其他类似的附着在土地上的结构。

(能够借用作为行政财产的土地的法人)

第一百六十九条之二 《地方自治法》第二百三十八条之四第二款第二项中的法人如下:

一、总务大臣指定的依据特殊法律设立的法人中在国家或普通地方公共团体出资的法人。

二、对港务局、地方住宅供给的公社、地方道路公社、土地开发公社以及地方独立行政法人和普通地方公共团体出资达到二分之一以上的一般社团法人和一般财团法人及公司。

三、公共团体或者从事与地方公共团体事务有密切关系事务的法人。

四、国家公务员互助会与国家公务员互助联合会、地方公务员互助会、全国市町村职工互助联合会、地方公务员互助联合会。

(政府机构建筑等行政财产能够被借用的情形)

第一百六十九条之三 《地方自治法》第二百三十八条之四第二款第四项规定的政府建筑物等使用面积或者地基中,除去普通地方公共团体为执行事务正在使用或能预见被使用的部分。

（能够在作为行政财产的土地上设定地上权的法人等）

第一百六十九条之四　《地方自治法》第二百三十八条之四第二款第五项的法人如下：

一、独立行政法人铁道建设与运输设施配备支援机构、受《铁道事业法》（昭和六十一年法律第九十二号）第三条第一款之许可的铁路事业者以及受《轨道法》（大正十年法律第七十六号）第三条许可的轨道经营者。

二、独立行政法人日本高速公路保有与债务清偿机构、《高速公路株式会社法》（平成十六年法律第九十九号）第一条规定的公司以及地方道路公社。

三、《电力事业法》（昭和三十九年法律第一百七十号）第二条第一款第十七项规定的电力经营者。

四、《煤气事业法》（昭和二十九年法律第五十一号）第二条第十二款规定的煤气经营者。

五、《供水系统法》（昭和三十二年法律第一百七十七号）第三条第五款规定的供水经营者。

六、《电信业者法》（昭和五十九年法律第八十六号）第一百二十条第一款规定的认定电信经营者。

《地方自治法》第二百三十八条之四第二款第五项规定的设施如下：

一、轨道。

二、电线。

三、煤气管道。

四、自来水管道（包括工业用水管道）。

五、下水道的排水管以及排水渠道。

六、电信线路。

七、铁道、公路以及前项规定中载明的设施的附属设备。

（可以在土地上设定地役权的法人）

第一百六十九条之五　《地方自治法》第二百三十八条之四第二款第六项中的法人视作《电力事业法》第二条第一款第十七项规定的电力经营者。

《地方自治法》第二百三十八条之四第二款第六项中的设施视作电线的附属设备。

(普通财产的信托)
第一百六十九条之六　《地方自治法》第二百三十八条第五款第二项中政令规定的信托目的如下：
一、信托的土地上建造建筑物，或者修整信托土地，并且对相应土地(包括土地上的附着物，下同)的管理或者处分。
二、前项信托土地的信托期间终了之后，实施相应的土地管理或者处分。
三、信托土地的处分事宜。
《地方自治法》第二百三十八条之五第三款中政令规定的有价证券包括国债、地方债以及同法第二百三十八条第一款第六项中规定的公司债券。

(出售款项的缴纳)
第一百六十九条之七　普通财产的出售价款或者交换差价在相应财产先行支付前应当缴清。
普通地方公共团体首长在确认普通财产让渡时相应受让渡财产者存在支付货款或者支付相应交换差价困难时，在验证其担保真实后，可对支付利息作出延期五年以内的特殊约定。但是，符合下列条件的，按照下列规定确定期间：
一、向其他公共团体让渡时，十年。
二、向住宅或者宅基地的实际使用人让渡时，十年。
三、以分割出售为目的取得、修整或者已有建筑物的土地和建筑物让渡时，二十年。
四、依据《公营住宅法》(昭和二十六年法律第一百九十三号)第四十四条第一款规定的公营住宅或者其共同设施(包括其占地土地)让渡时，三十年。
依据前项规定成立延期缴纳特殊约定时，如果普通财产受让者是国家或者是地方公共团体，可不要求其提供担保。

(有价证券的出纳)
第一百六十九条之八　第一百六十八条之七第二款中属于公有财产的有价

证券的出纳准用此规定。

第二小节　物　品

(物品的范围中除去的动产)

第一百七十条　《地方自治法》第二百三十九条第一款规定的动产视作依据《警察法》第七十八条第一款规定的都道府县警察正在使用的国有财产及国有物品。

(不限制相关职员受让的物品)

第一百七十条之二　《地方自治法》第二百三十九条第二款规定的物品如下：

一、由法令规定的收讫标签或其他价格的物品。

二、普通地方公共团体首长指定的以脱售为目的或决定不使用的物品。

(物品的出纳)

第一百七十条之三　关于物品（包含属于动产的基金）的出纳准用第一百六十八条之七第二款。

(物品的脱售)

第一百七十条之四　物品除符合售尽目的之外，如尚未决定不再使用，不得出售。

(占有动产)

第一百七十条之五　《地方自治法》第二百三十九条第五款中政令规定的动产如下：

一、普通地方公共团体受捐赠的动产。

二、依据《遗失物法》（平成十八年法律第一百七十三号）第四条第一款或者第十三条第一款或者《儿童福利法》（昭和二十二年法律第一百六十四号）第三十三条之二或者第三十三条之三的规定保管的动产，或《生活保护法》（昭和二十五年法律第一百四十四号）第七十六条第一款规定的遗留动产。

对于占有的动产,除法令有特别规定的之外,由会计管理人对其进行管理。此种情况下,准用第一百六十八条之七第二款规定。

第三小节 债 权

(督促)

第一百七十一条 对债权(除《地方自治法》第二百三十一条之三第一款规定的涉及岁入的债权之外)到履行期限仍未履行者,普通地方公共团体首长应当指定履行期限并进行督促。

(强制执行)

第一百七十一条之二 普通地方公共团体首长依据《地方自治法》第二百三十一条之三第一款或者前条规定对到期债权实施督促之后,一定期间内仍不履行的,应当采取以下所规定的措施。但在采取第一百七十一条之五的措施或者根据第一百七十一条之六的规定延长履行期限时确认其存在其他特殊事项时,不受此限制。

一、对于有担保的债权(包括有保证人保证的债权),遵从相应债权内容,处分其担保物或者请求保证人履行债务。

二、对于有债务名义的债权(包括根据后项措施取得的债务名义)实施强制执行手续事宜。

三、对于不符合前两项规定的债权(包括第一项债权采取同项措施后仍未履行的),依据相关法律程序请求履行。

(履行期限的提前)

第一百七十一条之三 当发生债权提前履行的事由时,普通地方公共团体首长应当及时通知债务人,但符合第一百七十一条之六第一款各项规定的特别障碍时,不受此限制。

(债权申请等)

第一百七十一条之四 债务人在接受了强制执行或破产程序的决定时,普通地方公共团体首长根据法令的规定能够作为债权人提出分红要求时,应当立即采取相应的措施。

除前款规定外,普通地方公共团体首长认为需要保全债权时,应当要求债务人提供担保(包括保证人担保),或采取先行扣押或先行处分等必要措施。

(征收停止)

第一百七十一条之五 债权(强制征收的债权除外)超过一定履行期限后仍未完全被履行,普通地方公共团体首长确认履行有明显困难,符合以下各项规定之一的,可以免除以后的保全及托收。

一、作为债务人的法人终止营业,预计将来完全没有再次营业的可能,并确认所查封的财产价值不足以支付强制执行费用时。

二、债务人下落不明,且查封财产不足以支付强制执行费用及有其他相似情形时。

三、债权金额过小,被认定不足以支付托收所需费用时。

(延期履行的特殊约定)

第一百七十一条之六 债权(依据强制征收规定已征收的债权除外)符合以下各项规定之一的情形时,普通地方公共团体首长可以特殊约定延长履行期限或者进行处分。此种情形下可将该债权金额适当分割的不影响履行期限。

一、债务人无财力或有类似情况时。

二、债务人暂时难以全部履行该债务,并且根据现有财产状况确认延长履行债务有利于实现债务征收时。

三、债务人因灾害、被盗等事故,确实暂时难以偿还全部债务,不得已延长履行期限时。

四、对于因损害赔偿金或者不当得利产生的归还金,债务人暂时难以全部履行其债务,并且确认具有偿还诚意时。

五、对于贷款的债权,在债务人遵从该贷款的用途出借给第三方的情形下,对于该第三方贷款,符合第一项至第三项之一或具有其他特殊事由,对于该第三方贷款回收明显困难,相应债务人暂时难以全部履行债务时。

履行期限过后,普通地方团体首长仍然可以根据前款之规定延长履行期限。此时,应征收已发生的相关滞纳履行赔偿金等相关征收金债权。

(免除)

第一百七十一条之七 前条规定的因债务人无财力或者具有类似情况而进行特殊约定延期履行或者进行处分的债权,自最初履行期限(存在最初履行期限过后进行延期履行的特殊约定或处分的,是最初进行延期履行的特殊约定或处分之日)起十年过后,债务人再次无财力或者具有类似状况,并且能够认定预计还款不能时,普通地方公共团体首长可以对该债权以及相关损害赔偿金予以免除。

前条第五项的情况符合前款条件而免除债务的,债务人应当对相应第三方免除贷款债务。

前两款准用免除时,无需普通地方公共团体议会的决议。

第九节　居民的监察请求

(居民的监察请求)

第一百七十二条 根据《地方自治法》第二百四十二条第一款规定,必要措施的请求应当提交载明摘要的文书。

前款规定的请求书应当依照总务省规定的格式制作。

第十节　杂项规则

(说明法人经营状况等的文件)

第一百七十三条 《地方自治法》第二百四十三条之三第二款中说明其经营状况的文件,是指作为该法人的每一经营年度的经营计划及决算的文件。

《地方自治法》第二百四十三条之三第三款中的文件是指信托合同中关于计算期的经营计划及实际业绩的文件。

(普通地方公共团体的规则委托)

第一百七十三条之二 除该政令及基于此政令的总务省令规定之外,普通地方公共团的财物相关必要事项由规则规定。

第六章　删　除

第一百七十三条之三 删除

第七章　国家与普通地方公共团体的关系以及普通地方公共团体相互间的关系

第一节　国家和普通地方公共团体之间以及普通地方公共团体相互间及普通地方公共团体的机关相互间的纠纷处理

第一小节　国家与地方争议处理委员会

（专门委员）

第一百七十四条　关于《地方自治法》第二百五十条之十三第一款到第三款提出审查的有关事件，国家与地方争议处理委员会（本节以下简称"委员会"）为了调查专门事项，可以设置专门委员会。

根据委员长的推荐，专门委员由总务大臣从有学识经验的人中任命。

该专业事项的调查结束后，解除专门委员的相关职务。

专门委员为兼职。

（事务）

第一百七十四条之二　委员会的事务由总务省自治行政局行政课处理。

第二小节　国家地方争议处理委员会审查手续

（审查申请书的记载事项）

第一百七十四条之三　《地方自治法》第二百五十条之十三第一款的文件中，应当记载下列事项：

一、提出审查申请的普通地方公共团体首长及其他执行机关及相对方的国家行政机关。

二、涉及提出审查的国家机关的活动（《地方自治法》第二百五十条之七第二规定的国家机关的活动，下同）。

三、涉及提出审查的国家机关活动的年月日。

四、申请审查的宗旨及理由。

五、申请审查的年月日。

《地方自治法》第二百五十条之十三第二款的文件中，应当记载下列事项：

一、关于涉及国家不作为(《地方自治法》第二百五十条之十三第二款规定国家的不作为)、国家干预申请等(同法第二百五十条之二第一款规定的申请、同第一百七十四条之七第二款第一项)的内容和年月日。

二、前款第一项及第五项所提出的事项。

《地方自治法》第二百五十条之十三第三款的文件中，应当记载下列事项：

一、涉及申请审查的协议内容。

二、第一款第一项及第五项所提出的事项。

（委员调查取证等）

第一百七十四条之四 委员会认为有必要时，可依《地方自治法》第二百五十条之十六第一款第二项的规定听取委员会委员的陈述，可依据同款第三项的规定进行验证，可依据同款第四项的规定问询，或依据同条第二款规定听取陈述。

（关于委员会的审查等必要事项）

第一百七十四条之五 除前两条规定外，委员会应当规定审查、劝告、调解相关的必要事项。

第三小节 自治纠纷处理委员调解、审查和提出处理方案的手续

（调解）

第一百七十四条之六 根据《地方自治法》第二百五十一条之二第一款规定，向自治纷争处理委员会申请调解的当事人，应当提交同款规定文书的副本，并及时将文书主旨通知其他当事人。

根据《地方自治法》第二百五十一条之二第二款的规定，对于当事人的调解申请，总务大臣或都道府县知事认为该事件不适合调解时，应当及时通知当事人。

根据《地方自治法》第二百五十一条之二第一款的规定，事件交由自治纠纷处理委员会调解时，总务大臣或都道府县知事应立即公告其主旨及自治纠纷处理委员姓名，并将其通知当事人。

根据《地方自治法》第二百五十一条之二第二款的规定，总务大臣或都道府

县知事同意调解申请撤回时,应当通知其他当事人。

总务大臣或都道府县知事可以要求各自任命的自治纠纷处理委员报告调解的经过。

(审查及劝告)

第一百七十四条之七 《地方自治法》第二百五十一条之三第一款的文件中,应当记载下列事项:

一、作为申请方的市町村长及其他市町村的执行机关及作为被申请方的都道府县的行政机关。

二、作为被申请方的都道府县的活动(《地方自治法》第二百五十一条第一款规定的都道府县的活动,下同)。

三、作为被申请方的都道府县活动的年月日。

四、申请的主旨及理由。

五、申请的年月日。

《地方自治法》第二百五十一条之三第二款的文件中,应当记载下列事项:

一、关于涉及都道府县不作为(《地方自治法》第二百五十条之三第二项规定都道府县的不作为)活动等的内容和年月日。

二、前款第一项及第五项所提出的事项。

《地方自治法》第二百五十一条之三第三项的文件中,应当记载下列事项:

一、涉及申请的协议内容。

二、第一款第一项及第五项所提出的事项。

根据《地方自治法》第二百五十一条之三第一款到第三款的规定,总务大臣将事件交由自治纠纷处理委员会审查时,应立即公告其主旨及自治纠纷处理委员的姓名,同时应当通知依该规定申请的市町村长以及其他市町村的执行机关及作为被申请方的都道府县行政机关。

(处理方案的提出)

第一百七十四条之八 根据《地方自治法》第二百五十二条之二第七款的规定,申请要求提出处理方案(同法第二百五十一条之三之二第一款规定的处理方案,下同)的普通地方公共团体,应提价该法第二百五十二条之二第七款中文件的复印件,并及时通知作为其他当事者的普通地方公共团体。

根据《地方自治法》第二百五十一条之三之二的第二款规定,总务大臣或都道府县知事让自治纠纷处理委员会决定处理方案时,应立即公示其主旨及自治纠纷处理委员的姓名,同时应当通知作为当事者的普通地方公共团体。

根据《地方自治法》第二百五十一条之三之二第二款的规定,总务大臣或都道府县知事同意撤回处理方案的,应当通知作为其他当事者的普通地方公共团体。

总务大臣或都道府县知事可以要求各自任命的自治纠纷处理委员报告处理方案的决定过程。

(自总务省令的委任)

第一百七十四条之九　除前三条规定外,总务大臣任命的自治纷争处理委员的调解、审查和劝告以及申请处理方案的手续细节,由总务省令规定。

第一百七十四条之十一至第二百七十四条之十八　删除

第二节　普通地方公共团体相互间的合作

第一小节　机构等的共同设置

(不可共同设置的委员会)

第一百七十四条之十九　《地方自治法》第二百五十二条之七第一款但书中规定的委员会为公安委员会。

(共同设置机构的委员等的免职请求)

第一百七十四条之二十　根据《地方自治法》第二百五十二条之十的规定,除特别规定外,普通地方公共团体就共同设立委员会委员(如果是教育委员会,则为教育委员长及委员)的免职,由各自普通地方公共团体准用机构免职相关法令的规定。

第一百七十四条之二十一　普通地方公共团体共同设立委员会委员(如果是教育委员会,则为教育委员长及委员)的免职请求手续开始时,普通地方公共团体首长应立即通知共同设置该机构的其他普通地方公共团体首长及该机构。

依据前款规定通知时,接到通知的其他普通地方公共团体首长应当立即公示。

第一百七十四条之二十二　普通地方公共团体受理了共同设立委员会委员（如果是教育委员会，则为教育委员长及委员）的免职请求时，普通地方公共团体首长应附加记载免职请求的摘要及其他必要事项的文件，立即通知共同设置该机构的其他普通地方公共团体首长及该机构。

依据前款规定通知时，接到通知的其他普通地方公共团体的首长应立即公示其主旨及免职请求的摘要。

第一百七十四条之二十三　根据前条第一款的规定受理免职请求或收到通知时，普通地方公共团体首长应当将该免职请求交由各自该普通地方公共团体议会讨论，并将讨论结果通知属于《地方自治法》第二百五十二条之九第四款或第五款规定的共同设立委员会的普通地方公共团体（以下简称"规约规定的普通地方公共团体"）首长。

依据前款规定通知时，规约规定的普通地方公共团体首长应当向其他普通地方公共团体首长和有关人员通知免职成立或免职未成立的主旨，并予以公告。

根据《地方自治法》第二百五十二条之十的规定，在两个普通地方公共团体共同设置的情况下，普通地方公共团体的议会全部同意免职时，或者三个以上普通地方公共团体共同设置的情况下，在普通地方公共团体的议会超过半数同意免职时，普通地方公共团体共同设置的委员会委员失去其职务。

（关于议会事务局等共同设置准用）

第一百七十四条之二十四　《地方自治法》第二百五十一条之八、第二百五十二条之九第三款及第五款、第二百五十二条之十一第二款及第四款、第二百五十二条之十二的规定准用于议会事务局、行政机关、内部组织或委员会事务局的共同设置。此时，该法第二百五十二条之八第四款中"组织机关的委员或其他成员"准用于"议会事务局、行政机关、内部组织或者委员会事务局职员"，同法第二百五十二条之九第三款及第五款中"委员会的委员或委员或附属机构委员及其他的成员"准用于"议会事务局、行政机关、内部组织或委员会事务局职员"，"首长"准用于"议会议长、首长"。

《地方自治法》第二百五十二条之八、第二百五十二条之九第三款及第五款、第二百五十二条之十一第二款及第四款和第二百五十二条之十二规定的普通地方公共团体的议会、首长、委员会或辅助委员事务的职员或专门委员的共同设置,准用于同法第二百五十二条之九第二款及第四款和第二百五十二条之十规定的获得该普通地方公共团体议会同意该普通地方公共团体的首长、委员会或辅助委员事务职员的(后款中称为"议会同意选任职员")共同设置。此时,同法第二百五十二条之九第三款及第五款中的"首长"准用于"议会的议长、首长"。

对于普通地方公共团体共同设置的议会同意选任的职员,依据法律规定基于有选举权者的申请,按照普通地方公共团体议会决议免职的,准用第一百七十四条之二十到前条为止的规定。

第二小节 职员的派遣

(职员的派遣)

第一百七十四条之二十五 依据《恩给法》(大正十二年法律第四十八号)第四十条之二的规定,《地方自治法》第二百五十二条之十七第一款中的派遣职员准用《恩给法》的规定,但在接受派遣的普通地方公共团体中行使职务期间不适用该规定。

根据《地方自治法》第二百五十二条之十七第一款的规定,被派遣职员准用《地方公务员法》第三十六条第二款规定,同条同款中"该职员所属的地方公共团体区域"准用"派遣该职员的普通地方公共团体及接受该职员派遣的普通地方公共团体区域"。

除前二款规定外,根据《地方自治法》第二百五十二条之十七第一款规定,在被派遣职员的身份需要处理的情况下,根据派遣该职员的普通地方公共团体及接受该职员的派遣的普通地方公共团体的首长或委员会或委员的协商,不适用与派遣该职员的普通地方公共团体职员相关的法令规定,可适用与接受该职员派遣的普通地方公共团体职员相关的法令规定。

第三节 依据条例处理事务的特例

(再三请求审查对《行政不服审查法施行令》规定的准用)

第一百七十四条之二十五之二 《地方自治法》第二百五十二条之十七之四第五款关于再三请求审查的规定,准用《行政不服审查法施行令》(平成二十七年政令第三百九十一号)第十九条的规定。

第三编　特别地方公共团体

第三章　地方公共团体的组合

第一节　部分事务组合

(代表理事等)

第二百一十一条　《地方自治法》第二百八十七条之三第二款规定的理事会(第三款以及第四款中称为"理事会")设置代表理事一人。

代表理事由理事互选。

代表理事代表理事会处理有关理事会的事务。

除前三款规定外,由理事会制定与理事会组织和运营相关的必要事项。

(应通知议决事件)

第二百一十一条之二　《地方自治法》第二百八十七条之四规定的应由部分事务组合的议会议决的事项中政令规定的重要事项如下:

一、设立或改废条例的事项。

二、制定预算的事项。

三、认定决算的事项。

四、前三项之外由部分事务组合的规约规定的其他重要事项。

(关于特例部分事务组合的准用)

第二百一十一条之三　根据《地方自治法》第二百九十二条规定,特例部分事务组合准用政令中都道府县、市或町村的规定(同法第二百八十七条之二第二款规定特例部分事务组合)。

第二节　广域联合

(广域联合的条例制定或改废请求对《地方自治法》等规定的准用等)

第二百一十二条　根据《地方自治法》第二百九十一条之六第一款的规定,广域联合的条例制定或改废请求准用同法第二编第五章(除第七十五条第五款后段、第八十条第四款后段、第八十五条及第八十六条第四款后段外)的规定。

根据《地方自治法》第二百九十一条之六第一款的规定，广域联合的条例制定或改废请求准用同法第二编第五章（除第七十五条第五款后段、第八十条第四款后段、第八十五条及第八十六条第四款后段外）的规定时，不适用同法第七十四条之二第八款、第七十五条第一款到第四款以及第五款前段、第七十六条到第七十九条、第八十条第一款到第三款及第四款前段、第八十一条到第八十四条、第八十六条第一款到第三款及第四款前段、第八十七条及第八十八条的规定。

第二百一十二条之二 第九十一条至第九十八条、第九十八条之二、第九十八条之三第二款及第九十八条之四的规定，准用《地方自治法》第二百九十一条之六第一款。根据同法第七十四条第一款规定，准用广域联合的条例制定或改废请求。准用时的相关用语转换参照下表。

原条文	原条文中的用词	转换后的用词
第九十一条第三款至第五款	《地方自治法》第七十四条第六款各项	《地方自治法》第二百九十一条之六第一款准用于同法第七十四条第六款各项
第九十二条第一款	《地方自治法》第七十四条第五款规定的由选举权的人（以下简称"有选举权的人"）	《地方自治法》第二百九十一条之六第一款改为准用于同法第七十四条第一款规定的有请求权的人（以下简称"有请求权的人"）
第九十二条第二款	有选举权的人	有请求权的人
第九十二条第三款	都道府县以及《地方自治法》第二百五十二条之十九第一款的指定市（以下简称"指定市"）在两个月以内，制定都市以外的市町村为一个月以内	两个月以内
	《地方自治法》第七十四条第七款	《地方自治法》第二百九十一条之六第一款准用于同法第七十四条第七款
	都道府县以及指定市为六十二日以内、指定市以外的市町村为三十一日以内	六十二日以内
第九十二条第四款	《地方自治法》第七十四条第七款	《地方自治法》第二百九十一条之六第一款准用于同法第七十四条第七款
第九十三条	对都道府县的请求对应到每个市町村、对指定市的请求对应到每个区或综合区	对应到每个市町村

续表

原条文	原条文中的用词	转换后的用词
第九十三条之二第一款	都道府县或者指定市	广域联合
第九十四条第一款	《地方自治法》第七十四条第五款	《地方自治法》第二百九十一条之六第一款准用于同法第七十四条第五款
	有选举权的人	有请求权的人
	关于都道府县或指定市的请求在十日以内,关于指定市以外的市町村的请求在五日以内	十日以内
第九十五条之二	《地方自治法》第七十四条之二第一款	《地方自治法》第二百九十一条之六第一款准用于同法第七十四条之二第一款
第九十五条之三	《地方自治法》第七十四条之二第五款	《地方自治法》第二百九十一条之六第一款准用于同法第七十四条之二第五款
第九十五条之四	《地方自治法》第七十四条之二第六款	《地方自治法》第二百九十一条之六第一款准用于同法第七十四条之二第六款
第九十六条第一款	《地方自治法》第七十四条第一款	《地方自治法》第二百九十一条之六第一款准用于同法第七十四条第一款
	同法第七十四条之二第六款	同法第二百九十一条之六第一款准用于同法第七十四条之二第六款
	关于都道府县或指定市的请求在十日以内,关于指定市以外的市町村的请求在五日以内	十日以内
	同法第七十四条第五款	同法第二百九十一条之六第一款准用于同法第七十四条第五款
	有选举权的人	有请求权的人
第九十六条第二款	《地方自治法》第七十四条之二第十款	《地方自治法》第二百九十一条之六第一款准用于同法第七十四条之二第十款

续表

原条文	原条文中的用词	转换后的用词
第九十七条第一款	《地方自治法》第七十四条第五款	《地方自治法》第二百九十一条之六第一款准用于同法第七十四条第五款
	有选举权的人	有请求权的人
第九十七条第二款	关于都道府县或指定市的请求在五日以内，关于指定市以外的市町村的请求在三日以内	五日以内
第九十八条第二款	《地方自治法》第七十四条第三款	《地方自治法》第二百九十一条之六第一款准用于同法第七十四条第三款
第九十八条之二第一款、第二款	《地方自治法》第七十四条第四款	《地方自治法》第二百九十一条之六第一款准用于同法第七十四条第四款

（广域联合的事务监察请求对《地方自治法》等规定的准用等）

第二百一十二条之三　根据《地方自治法》第二百九十一条之六第一款的规定，广域联合的事务监察请求准用该法第二编第五章（除第七十五条第五款后段、第八十条第四款后段、第八十五条及第八十六条第四款后段外）的规定时，该法第七十四条第五款中的"普通地方公共团体的选举管理委员会"，及该法第七十四条之二第七款、第十款中的"都道府县的选举管理委员会"准用于"广域联合的选举管理委员会"。

根据《地方自治法》第二百九十一条之六第一款的规定，广域联合的事务监察请求准用该法第二编第五章（除第七十五条第五款后段、第八十条第四款后段、第八十五条及第八十六条第四款后段外）的规定时，不适用该法第七十四条到第七十四条之四、第七十五条第五款前段（仅限准用同法第七十四条之二第八款的部分）第七十六条到第七十九条、第八十条第一款到第三款及第四款前段、第八十一条到第八十四条、第八十六条第一款到第三款及第四款前段、第八十七条和第八十八条的规定。

第二百一十二条之四　第九十一条至第九十八条、第九十八条之三第二款及第九十八条之四的规定，准用《地方自治法》第二百九十一条之六第一款。根据同法第七十五条第一款规定，准用于广域联合的事务监察请求。准用时的相关用语转换参照下表。

原条文	原条文中的用词	转换后的用词
第九十一条第一款、第二款	普通地方公共团体首长	实施广域联合监察的机关
第九十一条第三款到第五款	《地方自治法》第七十四条第六款各项	《地方自治法》第二百九十一条之六第一款准用于同法第七十五条第五款前段以及第七十四条第六款各项
	普通地方公共团体首长	实施广域联合监察的机关
第九十二条第一款	《地方自治法》第七十四条第五款规定的有选举权的人（以下简称"有选举权的人"）	《地方自治法》第二百九十一条之六第一款改为准用于同法第七十五条第一款规定的有请求权的人（以下"有请求权的人"）
第九十二条第二款	有选举权的人	有请求权的人
第九十二条第三款	都道府县以及《地方自治法》第二百五十二条之十九第一款的指定市（以下简称"指定市"）二个月以内、指定市以外的市町村一个月以内	二个月以内
	《地方自治法》第七十四条第七款	《地方自治法》第二百九十一条之六第一款准用于同法第七十五条第五款前段以及第七十四条第七款
	都道府县以及指定市六十二日以内、指定市以外之市町村三十一日以内	六十二日以内
第九十二条第四款	《地方自治法》第七十四条第七款	《地方自治法》第二百九十一条之六第一款准用于同法第七十五条第五款前段以及第七十四条第七款
第九十三条	关于对都道府县的请求对应每个市町村、关于对指定市的请求对应每个请求区或综合区	对应每个市町村
第九十三条之二第一款	都道府县又は指定市	广域联合

续表

原条文	原条文中的用词	转换后的用词
第九十四条第一款	《地方自治法》第七十四条第五款	《地方自治法》第二百九十一条之六第一款准用于同法第七十五条第五款前段以及第七十四条第五款
	有选举权的人	有请求举权的人
	都道府县以及指定市十日以内、指定市以外之市町村五日以内	十日以内
第九十五条之二	《地方自治法》第七十四条之二第一款	《地方自治法》第二百九十一条之六第一款准用于同法第七十五条第五款前段以及第七十四条之二第一款
第九十五条之三	《地方自治法》第七十四条之二第五款	《地方自治法》第二百九十一条之六第一款准用于同法第七十五条第五款前段以及第七十四条之二第五款
第九十五条之四	《地方自治法》第七十四条之二第六款	《地方自治法》第二百九十一条之六第一款准用于同法第七十五条第五款前段以及第七十四条之二第六款
第九十六条第一款	《地方自治法》第七十四条第一款	《地方自治法》第二百九十一条之六第一款准用于同法第七十五条第一款
	同法第七十四条之二第六款	同法第二百九十一条之六第一款准用于同法第七十五条第五款前段以及第七十四条之二第六款
	都道府县以及指定市十日以内、指定市以外之市町村五日以内	十日以内
	同法第七十四条第五款	同法第二百九十一条之六第一款准用于同法第七十五条第五款前段以及第七十四条第五款
	有选举权的人	有请求举权的人
第九十六条第二款	《地方自治法》第七十四条之二第十款	《地方自治法》第二百九十一条之六第一款准用于同法第七十五条第五款前段以及第七十四条之二第十款

续表

原条文	原条文中的用词	转换后的用词
第九十七条第一款	《地方自治法》第七十四条第五款	《地方自治法》第二百九十一条之六第一款准用于同法第七十五条第五款前段以及第七十四条第五款
	有选举权的人	有请求举权的人
	普通地方公共团体首长	实施广域联合监察的机关
第九十七条第二款	都道府县以及指定市五日以内、指定市以外之市町村三日以内	五日以内
第九十八条第一款	普通地方公共团体首长	实施广域联合监察的机关
第九十八条第二款	普通地方公共团体首长	实施广域联合监察的机关
	第七十四条第三款规定的议会审议	第二百九十一条之六第一款准用于同法第七十五条第三款规定的事务监察

（广域联合的议会解散请求对《地方自治法》等规定的准用等）

第二百一十三条　根据《地方自治法》第二百九十一条之六第一款的规定，广域联合的议会解散请求准用该法第二编第五章（除第七十五条第五款后段、第八十条第四款后段、第八十五条及第八十六条第四款后段外）的规定。准用时的相关用语转换参照下表。

原条文	原条文中的用词	转换后的用词
第七十六条第四款准用第七十四条第五款	五十分之一	三分之一（总数为四十万以上八十万以下时，是指四十万以上的部分乘以六分之一与四十万乘以三分之一相加之和。总数超过八十万时，超过八十万的部分乘以八分之一、四十万到八十万的部分乘以六分之一、四十万乘以三分之一，取三者相加之和）
	普通地方公共团体的选举管理委员会	广域联合的选举管理委员会
第七十六条第四款准用第七十四条之二第七款、第十款	都道府县的选举管理委员会	广域联合的选举管理委员会
第七十六条第一款	普通地方公共团体的选举管理委员会	广域联合的选举管理委员会

续表

原条文	原条文中的用词	转换后的用词
第七十六条第三款	选举人	广域联合的选举人
第七十七条	普通地方公共团体议会的议长	广域联合议会的议长以及组织广域联合的地方公共团体议会的议长
	都道府县的知事	广域联合的首长（第二百九十一条之十三准用于第二百八十七条之三第二款，根据此规定，在设置代理首长职务的理事会的广域联合中，则指理事会，下同）
	市町村的首长	广域联合的首长

根据《地方自治法》第二百九十一条之六第一款的规定，广域联合的议会解散请求准用该法第二编第五章（除第七十五条第五款后段、第八十条第四款后段、第八十五条及第八十六条第四款后段外）的规定时，不适用该法第七十四条到第七十四条之四、第七十五条第一款到第四款及第五款前段、第七十六条第四款（仅限准用同法第七十四条之二第八款的部分）、第八十条第一款到第三款、第四款前段、第八十一条到第八十四条、第八十六条第一款至第三款及第四款前段、第八十七条和第八十八条的规定。

根据《地方自治法》第二百九十一条之六第一款准用同法第七十六条第一款第三款规定，广域联合的议会解散请求自解散投票之日起一年间不可施行。

第二百一十三条之二 第九十一条至第九十八条、第九十八条第一款、第九十八条之三第二款及第九十八条之四的规定，准用《地方自治法》第二百九十一条之六第一款。根据同法第七十六条第一款规定，准用于广域联合的议会解散请求。准用时的相关用语转换参照下表。

原条文	原条文中的用词	转换后的用词
第九十一条第一款以及第二款	普通地方公共团体首长	广域联合的选举管理委员会
第九十一条第三款至第五款	《地方自治法》第七十四条第六款各项	《地方自治法》第二百九十一条之六第一款准用于同法第七十六条第四款以及第七十四条第六款各项
	普通地方公共团体首长	广域联合的选举管理委员会

续表

原条文	原条文中的用词	转换后的用词
第九十二条第一款	《地方自治法》第七十四条第五款规定的有选举权的人（以下简称"有选举权的人"）	《地方自治法》第二百九十一条之六第一款准用于同法第七十六条第一款规定的有请求权的人（以下简称"有请求权的人"）
第九十二条第二款	有选举权的人	有请求权的人
第九十二条第三款	都道府县以及《地方自治法》第二百五十二条之十九第一款之指定市（以下简称"指定市"）二个月以内、指定市以外之市町村一个月以内	二个月以内
	《地方自治法》第七十四条第七款	《地方自治法》第二百九十一条之六第一款准用于同法第七十六条第四款以及第七十四条第七款
	都道府县以及指定市六十二日以内、指定市以外之市町村三十一日以内	六十二日以内
第九十二条第四款	《地方自治法》第七十四条第七款	《地方自治法》第二百九十一条之六第一款准用于同法第七十六条第四款以及第七十四条第七款
第九十三条	关于对都道府县的请求对应每个市町村、关于对指定市的请求对应每个请求区或综合区	对应每个市町村
第九十三条之二第一款	都道府县或者指定市	广域联合
第九十四条第一款	《地方自治法》第七十四条第五款	《地方自治法》第二百九十一条之六第一款准用于同法第七十六条第四款以及第七十四条第五款
	有选举权的人	有请求权的人
	五十分之一	三分之一（总数为四十万以上八十万以下时，是指四十万以上的部分乘以六分之一与四十万乘以三分之相加之和。总数超过八十万时，超过八十万的部分乘以八分之一、四十万到八十万的部分乘以六分之一、四十万乘以三分之一，取三者相加之和）

续表

原条文	原条文中的用词	转换后的用词
第九十四条第一款	关于对都道府县或者指定市的请求为十日以内、对指定市以外之市町村的请求为五日以内	十日以内
第九十五条之二	《地方自治法》第七十四条之二第一款	《地方自治法》第二百九十一条之六第一款准用于同法第七十六条第四款以及第七十四条之二第一款
第九十五条之三	《地方自治法》第七十四条之二第五款	《地方自治法》第二百九十一条之六第一款准用于同法第七十六条第四款以及第七十四条之二第五款
第九十五条之四	《地方自治法》第七十四条之二第六款	《地方自治法》第二百九十一条之六第一款准用于同法第七十六条第四款以及第七十四条之二第六款
第九十六条第一款	《地方自治法》第七十四条第一款	《地方自治法》第二百九十一条之六第一款准用于同法第七十六条第一款
第九十六条第一款	同法第七十四条之二第六款	同法第二百九十一条之六第一款准用于同法第七十六条第四款以及第七十四条之二第六款
第九十六条第一款	关于对都道府县或者指定市的请求为十日以内、对指定市以外之市町村的请求为五日以内	十日以内
第九十六条第一款	同法第七十四条第五款	同法第二百九十一条之六第一款准用于同法第七十六条第四款以及第七十四条第五款
第九十六条第一款	有选举权的人	有请求权的人
第九十六条第一款	五十分之一	三分之一（总数为四十万以上八十万以下时，是指四十万以上的部分乘以六分之一与四十万乘以三分之一相加之和。总数超过八十万时，超过八十万的部分乘以八分之一、四十万到八十万的部分乘以六分之一、四十万乘以三分之一，取三者相加之和）

续表

原条文	原条文中的用词	转换后的用词
第九十六条第二款	《地方自治法》第七十四条之二第十款	《地方自治法》第二百九十一条之六第一款准用于同法第七十六条第四款以及第七十四条之二第十款
第九十七条第一款	《地方自治法》第七十四条第五款	《地方自治法》第二百九十一条之六第一款准用于同法第七十六条第四款以及第七十四条第五款
	有选举权的人	有请求权的人
	五十分之一	三分之一（总数为四十万以上八十万以下时，是指四十万以上的部分乘以六分之一与四十万乘以三分之一相加之和。总数超过八十万时，超过八十万的部分乘以八分之一、四十万到八十万的部分乘以六分之一、四十万乘以三分之一，取三者相加之和）
	普通地方公共团体首长	广域联合的选举管理委员会
第九十七条第二款	关于对都道府县或者指定市的请求为五日以内，对指定市以外之市町村的请求为三日以内	五日以内
第九十八条第一款	普通地方公共团体首长	广域联合的选举管理委员会

（广域联合的议会解散投票的投票区等）

第二百一十三条之三 广域联合的议会解散投票的投票区和开票区与该广域联合区域内的市町村议会议员选举投票区及开票区一致。

（广域联合议会解散的投票对《公职选举法》等规定的准用等）

第二百一十三条之四 广域联合的议会解散的投票准用第一百条之二到第一百零二条、第一百零四条、第一百零五条、第一百零七条、第一百零九条之二及第一百零九条之三的规定。准用时的相关用语转换参照下表（此处图表译者略）。

第二百一十三条之五 广域联合中解散议会的投票，准用《公职选举法实施条例》的相关规定。准用时的相关用语转换参照下表（此处图表译者略）。

根据前款的规定，广域联合的议会解散的投票准用《公职选举法实施条例》规定时,同条例规定中有关都道府县议会议员及首长选举的部分,视为有关广域联合议会的解散投票的规定,关于都道府县选举管理委员会的部分(同条例第五十五条第二款及第四款第二项除外)视为关于广域联合选举管理委员会的规定。

第二百一十三条之六　根据《地方自治法》第二百九十一条之六第七款的规定,广域联合的议会解散的投票准用有关《公职选举法》中普通地方公共团体选举的规定。准用时的相关用语转换参照下表(此处图表译者略)。

根据《地方自治法》第二百九十一条之六第七款的规定,广域联合的议会解散的投票准用有关《公职选举法》中普通地方公共团体选举的规定时,该法有关都道府县议会议员及首长选举部分视为广域联合的议会解散投票的有关规定,有关公职候选人或推荐人部分视为广域联合的议会解散或者其解散请求代表者的有关规定,有关都道府县的选举管理委员会的部分视为广域联合的选举管理委员会的有关规定。

第二百一十三条之七　根据《地方自治法》第二百九十一条之六第七款的规定,广域联合的议会解散的投票准用有关《公职选举法》中普通地方公共团体选举的规定。

(广域联合的议会议员的免职请求对《地方自治法》等规定的准用等)

第二百一十四条　根据《地方自治法》第二百九十一条之六第一款的规定,广域联合的议会议员的免职请求准用同法第二编第五章(第七十五条第五款后段、第八十条第四款后段、第八十五条及第八十六条第四款后段除外)的规定。准用时的相关用语转换参照下表。

原条文	原条文中的用词	转换后的用词
第八十条第四款前段准用于第七十四条第五款	五十分之一	三分之一(总数为四十万以上八十万以下时,是指四十万以上的部分乘以六分之一与四十万乘以三分之相加之和。总数超过八十万时,超过八十万的部分乘以八分之一、四十万到八十万的部分乘以六分之一、四十万乘以三分之一,取三者相加之和)
	普通地方公共团体之选举管理委员会	广域联合之选举管理委员会

续表

原条文	原条文中的用词	转换后的用词
第八十条第四款前段准用于第七十四条之二第七款、第十款	都道府县的选举管理委员会	广域联合的选举管理委员会
第八十条第一款	所属的选区	通过选举人的投票选举广义合作的议员时，为所属的选区；通过由组织广域联合的地方公共团体的议会议员选举广域联合的议员时，为广域联合议会所属的地方公共团体区域（以下简称"选区等"）
	普通地方公共团体的选举管理委员会	广域联合的选举管理委员会
	该选区	该选区等
	这种情况	通过选举人的投票选举议员的广域联合
第八十条第三款	该选区	该选区等
	选举人	广域联合的选举人
	这种情况	通过选举人的投票选举议员的广域联合
第八十二条第一款	普通地方公共团体的选举管理委员会	广域联合之选举管理委员会
	普通地方公共团体议会的相关议员以及议长	广域联合议会的议员和议长；由地方公共团体议员选举组织广域联合的情况下，由议员选举的议长
	都道府县知事	广域联合的首长（第二百九十一条之十三准用第二百八十七条之三第二款，根据此规定，在设置代理首长职务的理事会的广域联合中，则指理事会，下同）
	市町村首长	广域联合的首长

根据《地方自治法》第二百九十一条之六第一款的规定，广域联合的议会议员的免职请求准用同法第二编第五章（第七十五条第五款前段、第八十条第四款后段、第八十五条及第八十六条第四款后段除外）的规定时，不适用同法第七十四条至第七十四条之四、第七十五条第一款至第四款及第五款前段、第七十六条至第七十九条、第八十条第四款前段（仅限准用同法第七十四条之二第八款部分）第八十一条、第八十二条第二款、第八十六条第一款至第三款及第四款前段、

第八十七条和第八十八的规定，及同法第八十四条但书的规定。

第二百一十四条之二　广域联合的议会议员的免职请求准用第九十一条至第九十七条、第九十八条第一款、第九十八条之三第二款及第九十八条之四规定和《地方自治法》第二百九十一条之六第一款规定。准用时的相关用语转换参照下表。

原条文	原条文中的用词	转换后的用词
第九十一条第一款以及第二款	普通地方公共团体首长	广域联合的选举管理委员会
第九十一条第三款至第五款	《地方自治法》第七十四条第六款各项	《地方自治法》第二百九十一条之六第一款准用于同法第八十条第四款前段以及第七十四条第六款各项
	普通地方公共团体首长	广域联合的选举管理委员会
第九十二条第一款	《地方自治法》第七十四条第五款规定的有选举权的人（以下简称"有选举权的人"）	《地方自治法》第二百九十一条之六第一款准用于同法第八十条第一款规定的有请求权的人（以下简称"有请求权的人"）
第九十二条第二款	有选举权的人	有请求权的人
第九十二条第三款	都道府县以及《地方自治法》第二百五十二条之十九第一款之指定市（以下简称"指定市"）二个月以内，指定市以外之市町村一个月以内	二个月以内
	《地方自治法》第七十四条第七款	《地方自治法》第二百九十一条之六第一款准用于同法第八十条第四款前段以及第七十四条第七款
	都道府县以及指定市六十二日以内，指定市以外之市町村三十一日以内	六十二日以内
第九十二条第四款	《地方自治法》第七十四条第七款	《地方自治法》第二百九十一条之六第一款准用于同法第八十条第四款前段以及第七十四条第七款
第九十三条	关于对都道府县的请求对应每个市町村，关于对指定市的请求对应每个请求区或综合区	对应每个市町村

续表

原条文	原条文中的用词	转换后的用词
第九十三条之二第一款	都道府县或者指定市	广域联合
第九十四条第一款	《地方自治法》第七十四条第五款	《地方自治法》第二百九十一条之六第一款准用于同法第八十条第四款前段以及第七十四条第五款
	有选举权的人	有请求权的人
	五十分之一	三分之一（总数为四十万以上八十万以下时，是指四十万以上的部分乘以六分之一与四十万乘以三分之一相加之和。总数超过八十万时，超过八十万的部分乘以八分之一、四十万到八十万的部分乘以六分之一、四十万乘以三分之一，取三者相加之和）
	关于对都道府县或者指定市的请求为十日以内、对指定市以外之市町村的请求为五日以内	十日以内
第九十五条之二	《地方自治法》第七十四条之二第一款	《地方自治法》第二百九十一条之六第一款准用于同法第八十条第四款前段以及第七十四条之二第一款
第九十五条之三	《地方自治法》第七十四条之二第五款	《地方自治法》第二百九十一条之六第一款准用于同法第八十条第四款前段以及第七十四条之二第五款
第九十五条之四	《地方自治法》第七十四条之二第六款	《地方自治法》第二百九十一条之六第一款准用于同法第八十条第四款前段以及第七十四条之二第六款
第九十六条第一款	《地方自治法》第七十四条第一款	《地方自治法》第二百九十一条之六第一款准用于同法第八十条第一款
	同法第七十四条之二第六款	同法第二百九十一条之六第一款准用于同法第八十条第四款前段以及第七十四条之二第六款
	关于对都道府县或者指定市的请求为十日以内、对指定市以外之市町村的请求为五日以内	十日以内

续表

原条文	原条文中的用词	转换后的用词
第九十六条第一款	同法第七十四条第五款	同法第二百九十一条之六第一款准用于同法第八十条第四款前段以及第七十四条第五款
	有选举权的人	有请求权的人
	五十分之一	三分之一（总数为四十万以上八十万以下时，是指四十万以上的部分乘以六分之一与四十万乘以三分之一相加之和。总数超过八十万时，超过八十万的部分乘以八分之一、四十万到八十万的部分乘以六分之一、四十万乘以三分之一，取三者相加之和）
第九十六条第二款	《地方自治法》第七十四条之二第十款	《地方自治法》第二百九十一条之六第一款准用于同法第八十条第四款前段以及第七十四条之二第十款
第九十七条第一款	《地方自治法》第七十四条第五款	《地方自治法》第二百九十一条之六第一款准用于同法第八十条第四款前段以及第七十四条第五款
	有选举权的人	有请求权的人
	五十分之一	三分之一（总数为四十万以上八十万以下时，是指四十万以上的部分乘以六分之一与四十万乘以三分之一相加之和。总数超过八十万时，超过八十万的部分乘以八分之一、四十万到八十万的部分乘以六分之一、四十万乘以三分之一，取三者相加之和）
	普通地方公共团体首长	广域联合的选举管理委员会
第九十七条第二款	关于对都道府县或者指定市的请求为五日以内、对指定市以外之市町村的请求为三日以内	五日以内
第九十八条第一款	普通地方公共团体首长	广域联合的选举管理委员会

（广域联合的议会议员的免职投票对《公职选举法》等规定的准用等）

第二百一十四条之三　广域联合的议会议员的免职投票准用第一百条之

二、第一百零四条、第一百零五条、第一百零七条、第一百零九条之二、第一百零九条之三、第一百一十条、第一百一十二条、第二百十三条之三、第二百十三条之五第二款、第二百十三条之六第二款及第二百十三条之七(有关《公职选举法》第十二条第一款、第四款及第一百三十一条第一款第五号的部分除外)的规定。准用时的相关用语转换参照下表。

原条文	原条文中的用词	转换后的用词
第一百条之二第一款	前条	第二百十四条之二
第一百条之二第二款	对都道府县的请求至少在三十日前,对市町村的请求至少之二十日前	至少在三十日前
第一百零四条第一款	第一百条	第二百十四条之二
第一百零五、第一百零九条之三第一款	《地方自治法》第八十五条第一款	《地方自治法》第二百九十一条之六第七款
第一百零九条之三第二款	对都道府县的请求至少在三十日前,对市町村的请求至少之二十日前	至少在三十日前

第二百一十四条之四 广域联合议会议员的免职投票准用《公职选举法实施条例》第二十二条之二、第二十四条第一款及第二款、第二十五条至第二十九条、第三十一条至第三十四条、第三十五条第一款(有关确认都道府县区域内有住所的部分除外)及第二款、第三十六条、第三十七条、第三十九条至第四十四条、第四十四条之二(有关在外选举人名册的部分除外)、第四十五条、第四十六条、第四十八条第一款及第二款、第四十八条之二、第四章之二[第四十八条之三(仅限有关同条例第四十九条之五第二款、第九十三条第一款及第一百零四条的部分)除外]、第四十九条之三、第四章之四、第五章[第五十条第五款及第七款,第五十三条第一款(仅限有关确认都道府县区域内有住所的部分及同条例第五十九条之七第一款规定的有关接受南极选举人证交付的部分)、第五十五条第六款及第七款和同条第八款及第九款(仅限《公职选举法》第四十九条第七款及第九款规定的投票相关部分)、第五十六条第一款及第五款(仅限选举众议院比例代表议员的部分及选举参议院比例代表议员的部分)、第五十九条之三第一款(仅限有关在外投票的部分)以及同条第五款(仅限在外选举人名单的部分)、第五十九条之四第三款及同条第四款(仅限有关确认都道府县区域内有住所的部

分)、第五十九条之五(仅限选举众议院比例代表议员的部分及选举参议院比例代表议员的部分)、第五十九条之五之四第三款及同条第六款及第七款(仅限有关确认都道府县区域内有住所的部分)、第五十九条之六至第五十九条之八、第六十条第二款(仅限同法第四十九条第七款至第九款有关投票的规定)、第六十一条第一款(仅限在外选举人名单的部分)及同条第四款和第五款(仅限在外选举人的不在投票部分)、第六十二条第二款及第六十三条第二款和第三款(仅限同法第四十九条第七款至第九款有关投票规定的部分)除外]、第六十六条、第六十七条第一款至第四款、第六十八条、第六十九条(政党及其他政治团体有关的部分,有关候选人政党部分,有关众议院名单呈报的政党等部分和参议院名单呈报的政党等部分除外)、第七十条之三、第七十一条(有关在外投票部分除外)、第七十二条至第七十四条、第七十五条(有关在外选举人名单部分除外)、第七十七条、第七十八条第一款及第二款、第八十条至第八十二条、第八十三条之二至第八十五条、第八十六条第一款、第八十七条第一款、第一百零八条第一款及第三款(有关选举参议院比例代表议员的部分以及推荐人有关的部分,有关候选人呈报政党部分和有关众议院名单呈报政党等部分除外)、第一百二十九条第一款、第一百三十一条第一款和第二款(有关在外选举人名单部分除外)及第三款、第一百三十一条之二、第一百四十二条第一款(仅限同法第四十九条第一款有关投票的部分)及第二款、第一百四十二条之二(同法第四十九条第七款及第九款有关投票的部分除外)、第一百四十二条之三以及第一百四十六条第二款的规定,以及同条例第三十四条之二以及第五十条第五款、第五十九条之四第三款、第五十九条之五之四第三款(有关确认都道府县区域内有住所的部分除外)的规定。准用时的相关用语转换参照下表(此处图表译者略)。

　　第二百一十四条之五　　根据《地方自治法》第二百九十一条之六第七款的规定,广域联合的议会议员的免职投票准用有关《公职选举法》中普通地方公共团体的选举规定。准用时的相关用语转换参照下表(此处图表译者略)。

　　除了第二百十四条之三的规定外,广域联合的议会议员的免职投票不适用《公职选举法》第十二条第三款、第一百三十一条第一款第四号规定。

　　(广域联合的首长免职请求对《地方自治法》等规定的准用等)
　　第二百一十五条　　根据《地方自治法》第二百九十一条之六第一款的规定,

广域联合首长(下同本条至第二百十五条之五)的免职请求准用同法第二编第五章(第七十五条第五款后段、第八十条第四款后段、第八十五条及第八十六条第四款后段除外)的规定。准用时的相关用语转换参照下表。

原条文	原条文中的用词	转换后的用词
第八十一条第二款前段准用于第七十四条第五款	五十分之一	三分之一(总数为四十万以上八十万以下时,是指四十万以上的部分乘以六分之一与四十万乘以三分之一相加之和。总数超过八十万时,超过八十万的部分乘以八分之一、四十万到八十万的部分乘以六分之一、四十万乘以三分之一,取三者相加之和)
	普通地方公共团体的选举管理委员会	广域联合的选举管理委员会
第八十一条第二款准用于第七十四条之二第七款、第十款	都道府县的选举管理委员会	广域联合的选举管理委员会
第八十一条第二款准用于第七十六条第三款	选举人	广域联合的选举人
第八十一条第一款	普通地方公共团体的选举管理委员会	广域联合的选举管理委员会
第八十二条第二款	前条第二款	第二百九十一条之六第一款准用于第七十六条第三款
	普通地方公共团体首长以及议会的议长	广域联合的首长(第二百九十一条之十三准用第二百八十七条之三第二款,根据此规定,在设置代理首长职务的理事会的广域联合中,则指理事会)、议会的议长、通过公共团体首长的投票构建的广域联合的首长(第二百九十一条之十三准用第二百八十七条之三第二款,根据此规定,在设置代理首长职务的理事会的广域联合中,则指理事会)

根据《地方自治法》第二百九十一条之六第一款的规定,广域联合首长(下同本条至第二百十五条之五)的免职请求准用同法第二编第五章(第七十五条第五款后段、第八十条第四款后段、第八十五条及第八十六条第四款后段除外)的规定时,不适用同法第七十四条至第七十四条之四、第七十五条第一款至第四款及

第五款前段、第七十六条至第七十九条、第八十条第一款至第三款及第四款前段、第八十一条第二款(仅限准用同法第七十四条之二第八款的部分)、第八十二条第一款、第八十六条第一款至第三款及第四款前段、第八十七条及第八十八条的规定以及同法第八十四条但书的规定。

　　第二百一十五条之二　广域联合首长的免职请求准用第九十一条至第九十七条,第九十八条第一款,第九十八条之三第二款及第九十八条之四的规定。准用时的相关用语转换参照下表。

原条文	原条文中的用词	转换后的用词
第九十一条第一款、第二款	普通地方公共团体首长	广域联合的选举管理委员会
第九十一条第三款至第五款	《地方自治法》第七十四条第六款各项	《地方自治法》第二百九十一条之六第一款准用于同法第八十一条第二款以及第七十四条第六款各项
	普通地方公共团体首长	广域联合的选举管理委员会
第九十二条第一款	《地方自治法》第七十四条第五款规定的有选举权的人(以下简称"有选举权的人")	《地方自治法》第二百九十一条之六第一款改为准用同法第八十条第一款规定的有请求权的人(以下简称"有请求权的人")
第九十二条第二款	有选举权的人	有请求权的人
第九十二条第三款	都道府县以及《地方自治法》第二百五十二条之十九第一款之指定市(以下简称"指定市")二个月以内、指定市以外之市町村一个月以内	二个月以内
	《地方自治法》第七十四条第七款	《地方自治法》第二百九十一条之六第一款准用于同法第八十一条第二款以及第七十四条第七款
	都道府县以及指定市六十二日以内、指定市以外之市町村三十一日以内	六十二日以内
第九十二条第四款	《地方自治法》第七十四条第七款	《地方自治法》第二百九十一条之六第一款准用于同法第八十一条第二款以及第七十四条第七款

续表

原条文	原条文中的用词	转换后的用词
第九十三条	关于对都道府县的请求对应每个市町村、关于对指定市的请求对应每个请求区或综合区	对应每个市町村
第九十三条之二第一款	都道府县或者指定市	广域联合
第九十四条第一款	《地方自治法》第七十四条第五款	《地方自治法》第二百九十一条之六第一款准用于同法第八十一条第二款以及第七十四条第五款
	有选举权的人	有请求权的人
	五十分之一	三分之一（总数为四十万以上八十万以下时，是指四十万以上的部分乘以六分之一与四十万乘以三分之一相加之和。总数超过八十万时，超过八十万的部分乘以八分之一、四十万到八十万的部分乘以六分之一、四十万乘以三分之一，取三者相加之和）
	关于对都道府县或者指定市的请求为十日以内、对指定市以外之市町村的请求为五日以内	十日以内
第九十五条之二	《地方自治法》第七十四条之二第一款	《地方自治法》第二百九十一条之六第一款准用于同法第八十一条第二款以及第七十四条之二第一款
第九十五条之三	《地方自治法》第七十四条之二第五款	《地方自治法》第二百九十一条之六第一款准用于同法第八十一条第二款以及第七十四条之二第五款
第九十五条之四	《地方自治法》第七十四条之二第六款	《地方自治法》第二百九十一条之六第一款准用于同法第八十一条第二款以及第七十四条之二第六款
第九十六条第一款	《地方自治法》第七十四条第一款	《地方自治法》第二百九十一条之六第一款准用于同法第八十条第一款
	同法第七十四条之二第六款	同法第二百九十一条之六第一款准用于同法第八十一条第二款以及第七十四条之二第六款

续表

原条文	原条文中的用词	转换后的用词
第九十六条第一款	关于对都道府县或者指定市的请求为十日以内、对指定市以外之市町村的请求为五日以内	十日以内
	同法第七十四条第五款	同法第二百九十一条之六第一款准用于同法第八十一条第二款以及第七十四条第五款
	有选举权的人	有请求权的人
	五十分之一	三分之一（总数为四十万以上八十万以下时，是指四十万以上的部分乘以六分之一与四十万乘以三分之相加之和。总数超过八十万时，超过八十万的部分乘以八分之一、四十万到八十万的部分乘以六分之一、四十万乘以三分之一，取三者相加之和）
第九十六条第二款	《地方自治法》第七十四条之二第十款	《地方自治法》第二百九十一条之六第一款准用于同法第八十一条第二款以及第七十四条之二第十款
第九十七条第一款	《地方自治法》第七十四条第五款	《地方自治法》第二百九十一条之六第一款准用于同法第八十一条第二款以及第七十四条第五款
	有选举权的人	有请求权的人
	五十分之一	三分之一（总数为四十万以上八十万以下时，是指四十万以上的部分乘以六分之一与四十万乘以三分之相加之和。总数超过八十万时，超过八十万的部分乘以八分之一、四十万到八十万的部分乘以六分之一、四十万乘以三分之一，取三者相加之和）
	普通地方公共团体首长	广域联合的选举管理委员会
第九十七条第二款	关于对都道府县或者指定市的请求为五日以内、对指定市以外之市町村的请求为三日以内	五日以内
第九十八条第一款	普通地方公共团体首长	广域联合的选举管理委员会

(广域联合首长的免职投票对《公职选举法》等规定的准用等)

第二百一十五条之三 广域联合首长的免职投票准用第一百条之二、第一百零四条、第一百零五条、第一百零七条、第一百零九条之二、第一百零九条之三、第一百一十二条、第二百一十三条、第二百一十三条之五第二款、第二百一十三条之六第二款、第二百一十三条之七的规定。

第二百一十五条之四 广域联合的议会议员的免职投票准用《公职选举法实施条例》第二十二条之二、第二十四条第一款及第二款、第二十五条至第二十九条、第三十一条至第三十四条、第三十五条第一款(有关确认都道府县区域内有住所的部分除外)及第二款、第三十六条、第三十七条、第三十九条至第四十四条、第四十四条之二(有关在外选举人名册的部分除外)、第四十五条、第四十六条、第四十八条第一款及第二款、第四十八条之二、第四章之二[第四十八条之三(仅限有关同条例第四十九条之五第二款、第九十三条第一款及第一百零四条的部分)除外]、第四十九条之三、第四章之四、第五章[第五十条第五款及第七款、第五十三条第一款(仅限有关确认都道府县区域内有住所的部分及同条例第五十九条之七第一款规定的有关接受南极选举人证交付的部分)、第五十五条第六款及第七款以及同条第八款及第九款(仅限公职选举法第四十九条第七款及第九款规定的投票相关部分)、第五十六条第一款及第五款(仅限选举众议院比例代表议员的部分及选举参议院比例代表议员的部分)、第五十九条之三第一款(仅限有关在外投票的部分)、同条第五款(仅限在外选举人名单的部分)、第五十九条之四第三款以及同条第四款(仅限有关确认都道府县区域内有住所的部分)、第五十九条之五(仅限选举众议院比例代表议员的部分及选举参议院比例代表议员的部分)、第五十九条之五之四第三款以及同条第六款及第七款(仅限有关确认都道府县区域内有住所的部分)、第五十九条之六至第五十九条之八、第六十条第二款(仅限同法第四十九条第七款至第九款有关投票的规定)、第六十一条第一款(仅限在外选举人名单的部分)以及同条第四款和第五款(仅限在外选举人的不在投票部分)、第六十二条第二款及第六十三条第二款和第三款(仅限同法第四十九条第七款至第九款有关投票规定的部分)除外]、第六十六条、第六十七条第一款至第四款、第六十八条、第六十九条(政党及其他政治团体有关的部分,有关候选人政党部分,有关众议院名单呈报的政党等部分和参议院名单呈报的政党等部分除外)、第七十条之三、第七十一条(有关在外投票部分除外)、第七十二条至第七十四条、第七十五条(有关在外选举人名单部分除外)、第七十七条、第七十八条第一款及第二款、第八十条至第八十二条、第八十三条之二至第八十五条、第八十六条第一款、第八十七条第一款、第一百零八条第一款及第三款(有关选举参议院比例代表议员的部分以及推荐人有关的部分,有关候选人呈报政党部分和有关众议院名单呈报政党等部分除外)、第一百二十九条第一款、第一百三十一条第一款和第二款(有关在外选举人名单部分除外)及第三款、第一百三十一条之二、第一百四十二条第一款(仅限同法第四十九条第一款有关投票的部分)及第二款、第一百四十二条之二(同法第四十九条第七款及第九款有关投票的部分除外)、第一百四十二条之三以及第一百四十六条第二款的规定,以及同条例第三十四条之二以及第五十条第五款、第五十九条之四第三款、第五十九条之五之四第三款(有关确认都道府县区域内有住所的部分除外)的规定。准用时的相关用语转换参照下表(此处图表译者略)。

第二百一十五条之五 根据《地方自治法》第二百九十一条之六第七款的规定,广域联合首长的免职投票准用《公职选举法》中有关普通地方公共团体选举规定。准用时的相关用语转换参照下表(此处图表译者略)。

(同时进行投票时《公职选举法》等规定的准用)

第二百一十五条之六 《地方自治法》第二百九十一条之六第七款《公职选举法》中普通地方公共团体的选举部分、同法第一百十九条第一款、第一百二十三条、第一百二十七条、《公职选举法实施条例》第九十七条、第九十八条以及第一百零六条及第二百十三条之三至第二百十三条之七、第二百十四条之三至第二百十四条之五及第二百十五条之三至第二百十五条之五的部分,准用《地方自治法》第八十一条第二款同时进行免职投票的规定。(该规定还关联到《地方自治法》第二百九十一条之六第七款、同条第一款、第七十六条第三款、第八十条第三款。)

(成为免职请求对象的广域联合职员)

第二百一十六条 《地方自治法》第二百九十一条之六第一款中政令规定的广域联合职员,是指该广域联合的章程规定的相当于副知事、副市町村长、监察委员的职务,或选举管理委员的职务。

(广域联合职员的免职请求对《地方自治法》等规定的准用等)

第二百一十六条之二 根据《地方自治法》第二百九十一条之六第一款的规定,广域联合职员的免职请求准用同法第二编第五章(第七十五条第五款后段、第八十条第四款后段、第八十五条及第八十六条第四款后段除外)的规定时,同法第八十六条第四款前段中同法第七十四条第五款中"五十分之一"改为"三分之一"(总数为四十万以上八十万以下时,是指四十万以上的部分乘以六分之一与四十万乘以三分之一相加之和。总数超过八十万时,超过八十万的部分乘以八分之一、四十万到八十万的部分乘以六分之一、四十万乘以三分之一,取三者相加之和),"普通地方公共团体的选举管理委员会"改为"广域联合的选举管理委员会",同法第八十六条第四款前段中该法第七十四条之二第七款及第十款中"都道府县的选举管理委员会"改为"广域联合的选举管理委员会"。

根据《地方自治法》第二百九十一条之六第一款的规定,广域联合职员的免职请求准用同法第二编第五章(第七十五条第五款后段、第八十条第四款后段、第八十五条及第八十六条第四款后段除外)的规定时,不适用同法第七十四条至第七十四条之四、第七十五条第一款至第四款及第五款前段、第七十六条至第七十九条、第八十条第一款至第三款及第四款前段、第八十一条至第八十四条以及第八十六条第四款前段(仅限准用同法第七十四条之二第八款部分)的规定。

第二百一十六条之三 广域联合职员的免职请求准用第九十一条至第九十八条、第九十八条之三第二款及第九十八条之四的规定。准用时的相关用语转换参照下表。

原条文	原条文中的用词	转换后的用词
第九十一条第三款至第五款	《地方自治法》第七十四条第六款各项	《地方自治法》第二百九十一条之六第一款准用于同法第八十六条第四款前段以及第七十四条第六款各项
第九十二条第一款	《地方自治法》第七十四条第五款规定的有选举权的人(以下简称"有选举权的人")	《地方自治法》第二百九十一条之六第一款改为准用于同法第八十六条第一款规定的有请求权的人(以下简称"有请求权的人")
第九十二条第二款	有选举权的人	有请求权的人

续表

原条文	原条文中的用词	转换后的用词
第九十二条第三款	都道府县以及《地方自治法》第二百五十二条之十九第一款之指定市（以下简称"指定市"）二个月以内、指定市以外之市町村一个月以内	二个月以内
	《地方自治法》第七十四条第七款	《地方自治法》第二百九十一条之六第一款准用于同法第八十六条第四款前段以及第七十四条第七款
	都道府县以及指定市六十二日以内、指定市以外之市町村三十一日以内	六十二日以内
第九十二条第四款	《地方自治法》第七十四条第七款	《地方自治法》第二百九十一条之六第一款准用于同法第八十六条第四款前段以及第七十四条第七款
第九十三条	关于对都道府县的请求对应每个市町村，关于对指定市的请求对应每个请求区或综合区	对应每个市町村
第九十三条之二第一款	都道府县或者指定市	广域联合
第九十四条第一款	《地方自治法》第七十四条第五款	《地方自治法》第二百九十一条之六第一款准用于同法第八十六条第四款前段以及第七十四条第五款
	有选举权的人	有请求权的人
	五十分之一	三分之一（总数为四十万以上八十万以下时，是指四十万以上的部分乘以六分之一与四十万乘以三分之一相加之和。总数超过八十万时，超过八十万的部分乘以八分之一、四十万到八十万的部分乘以六分之一、四十万乘以三分之一，取三者相加之和）
	关于对都道府县或者指定市的请求为十日以内、对指定市以外之市町村的请求为五日以内	十日以内

续表

原条文	原条文中的用词	转换后的用词
第九十五条之二	《地方自治法》第七十四条之二第一款	《地方自治法》第二百九十一条之六第一款准用于同法第八十六条第四款前段以及第七十四条之二第一款
第九十五条之三	《地方自治法》第七十四条之二第五款	《地方自治法》第二百九十一条之六第一款准用于同法第八十六条第四款前段以及第七十四条之二第五款
第九十五条之四	《地方自治法》第七十四条之二第六款	《地方自治法》第二百九十一条之六第一款准用于同法第八十六条第四款前段以及第七十四条之二第六款
第九十六条第一款	《地方自治法》第七十四条第一款	《地方自治法》第二百九十一条之六第一款准用于同法第八十六条第一款
	同法第七十四条之二第六款	同法第二百九十一条之六第一款准用于同法第八十六条第四款前段以及第七十四条之二第六款
	关于对都道府县或者指定市的请求为十日以内、对指定市以外之市町村的请求为五日以内	十日以内
	同法第七十四条第五款	同法第二百九十一条之六第一款准用于同法第八十六条第四款前段以及第七十四条第五款
	有选举权的人	有请求权的人
	五十分之一	三分之一(总数为四十万以上八十万以下时,是指四十万以上的部分乘以六分之一与四十万乘以三分之相加之和。总数超过八十万时,超过八十万的部分乘以八分之一、四十万到八十万的部分乘以六分之一、四十万乘以三分之一,取三者相加之和)
第九十六条第二款	《地方自治法》第七十四条之二第十款	《地方自治法》第二百九十一条之六第一款准用于同法第八十六条第四款前段以及第七十四条之二第十款

续表

原条文	原条文中的用词	转换后的用词
第九十七条第一款	《地方自治法》第七十四条第五款	《地方自治法》第二百九十一条之六第一款准用于同法第八十六条第四款前段以及第七十四条第五款
	有选举权的人	有请求权的人
	五十分之一	三分之一（总数为四十万以上八十万以下时，是指四十万以上的部分乘以六分之一与四十万乘以三分之相加之和。总数超过八十万时，超过八十万的部分乘以八分之一、四十万到八十万的部分乘以六分之一、四十万乘以三分之一，取三者相加之和）
	普通地方公共团体首长	广域联合的选举管理委员会
第九十七条第二款	关于对都道府县或者指定市的请求为五日以内、对指定市以外之市町村的请求为三日以内	五日以内
第九十八条第一款	普通地方公共团体首长	广域联合的选举管理委员会

（广域联合事务的监察请求中个别外部监察请求对《地方自治法》等规定的准用等）

第二百一十六条之四 根据《地方自治法》第二百九十一条之六第六款的规定，基于个别外部监察合同对广域联合事务实施监察请求事项的个别外部监察人的监察，准用同法第二百五十二条之三十八第一款和第二款以及第四款到第六款的规定时，同条第二款及第四款中"包括外部监查团体"准用"缔结个别外部监察契约的广域联合"，同条第六款中"前条第五款"准用"第二百九十一条之六第一款和次条第十二款"，"总括性外部监察对象团体"改为"缔结个别外部监察合同的广域联合"。

第二百一十六条之五 第一百七十四条之四十九之三十到第一百七十四条之四十九之三十六，准用于《地方自治法》第二百九十一条之六第一款、依据第二百五十二条之三十九第一款规定的基于个别外部监察合同实施监察的同法第二百九十一条之六第一款、同法第七十五条第一款规定的广域联合的事务监察请求。

原条文	原条文中的用词	转换后的用词
第一百七十四条之四十九之三十	监察委员	对广域联合实施监察的机关
	第九十九条	第二百一十二条之四
第一百七十四条之四十九之三十一	监察委员	对广域联合实施监察的机关
	地方自治法第二百五十二条之三十九第三款	地方自治法第二百九十一条之六第一款
第一百七十四条之四十九之三十二	地方自治法第二百五十二条之三十九第五款	地方自治法第二百九十一条之六第一款
	同条第八款各项	同款
第一百七十四条之四十九之三十三	地方自治法第二百五十二条之三十九第五款	地方自治法第二百九十一条之六第一款
	同法第二百五十二条之三十九第五款	同法第二百九十一条之六第一款
第一百七十四条之四十九之三十四	地方自治法第二百五十二条之三十九第八款第四项	地方自治法第二百九十一条之六第一款
	同条第五款	同款
第一百七十四条之四十九之三十五	地方自治法第二百五十二条之三十九第九款	地方自治法第二百九十一条之六第一款
第一百七十四条之四十九之三十六	监察委员	对广域联合实施监察的机关
	地方自治法第二百五十二条之三十九第十二款	地方自治法第二百九十一条之六第一款

第二百一十六条之六 第一百七十四条之四十九之二十九的规定,准用于《地方自治法》第二百九十一条之六第一款、依据第二百五十二条之三十九第一款规定的基于个别外部监察合同实施监察的同法第二百九十一条之六第一款、同法第七十五条第一款规定的广域联合的事务监察请求。此时,第一百七十四条之四十九之二十九中的"《地方自治法》第二百五十二条之三十八第一款"改为"《地方自治法》第二百九十一条之六第六款","监察委员"改为"广域联合监察机关"。

(广域联合规定的变更请求对地方自治法等规定的准用等)
第二百一十七条 根据《地方自治法》第二百九十一条之六第五款的规定,广域联合规约的变更请求准用同法规定时,同法第七十四条第五款中"五十分之一"准用"三分之一"(总数为四十万以上八十万以下时,是指四十万以上的部分乘以六分之一与四十万乘以三分之相加之和。总数超过八十万时,超过八十万的部分乘以八分之一、四十万到八十万的部分乘以六分之一、四十万乘以三分之一,取三者相加之和),"普通地方公共团体的选举管理委员会"准用"广域联合的选举管理委员会",同法第七十四条之二第七款及第十款中"都道府县的选举管理委员会"准用"广域联合的选举管理委员会"。

根据《地方自治法》第二百九十一条之六第五款的规定,广域联合规约的变更请求准用同法规定时,不适用同法第七十四条之二第八款的规定。

第二百一十七条之二　广域联合规约的变更请求准用第九十一条至第九十七条、第九十八条第一款、第九十八条之三第二款及第九十八条之四的规定。准用时的相关用语转换参照下表。

原条文	原条文中的用词	转换后的用词
第九十一条第三款至第五款	《地方自治法》第七十四条第六款各项	《地方自治法》第二百九十一条之六第一款准用于同法第七十四条第六款各项
第九十二条第一款	《地方自治法》第七十四条第五款规定的有选举权的人(以下简称"有选举权的人")	《地方自治法》第二百九十一条之六第一款改为准用于同法第八十六条第一款规定的有请求权的人(以下简称"有请求权的人")
第九十二条第二款	有选举权的人	有请求权的人
第九十二条第三款	都道府县以及《地方自治法》第二百五十二条之十九第一款之指定市(以下简称"指定市")二个月以内、指定市以外之市町村一个月以内	二个月以内
	《地方自治法》第七十四条第七款	《地方自治法》第二百九十一条之六第一款准用于同法第七十四条第七款
	都道府县以及指定市六十二日以内、指定市以外之市町村三十一日以内	六十二日以内
第九十二条第四款	《地方自治法》第七十四条第七款	《地方自治法》第二百九十一条之六第一款准用于同法第七十四条第七款

续表

原条文	原条文中的用词	转换后的用词
第九十三条	关于对都道府县的请求对应每个市町村、关于对指定市的请求对应每个请求区或综合区	对应每个市町村
第九十三条之二第一款	都道府县或者指定市	广域联合
第九十四条第一款	《地方自治法》第七十四条第五款	《地方自治法》第二百九十一条之六第一款准用于同法第七十四条第五款
	有选举权的人	有请求权的人
	五十分之一	三分之一（总数为四十万以上八十万以下时，是指四十万以上的部分乘以六分之一与四十万乘以三分之相加之和。总数超过八十万时，超过八十万的部分乘以八分之一、四十万到八十万的部分乘以六分之一、四十万乘以三分之一，取三者相加之和）
	关于对都道府县或者指定市的请求为十日以内、对指定市以外之市町村的请求为五日以内	十日以内
第九十五条之二	《地方自治法》第七十四条之二第一款	《地方自治法》第二百九十一条之六第一款准用于同法第七十四条之二第一款
第九十五条之三	《地方自治法》第七十四条之二第五款	《地方自治法》第二百九十一条之六第一款准用于同法第七十四条之二第五款
第九十五条之四	《地方自治法》第七十四条之二第六款	《地方自治法》第二百九十一条之六第一款准用于同法第七十四条之二第六款
第九十六条第一款	《地方自治法》第七十四条第一款	《地方自治法》第二百九十一条之六第一款准用于同法第八十六条第一款
	同法第七十四条之二第六款	同法第二百九十一条之六第一款准用于同法第七十四条之二第六款

续表

原条文	原条文中的用词	转换后的用词
第九十六条第一款	关于对都道府县或者指定市的请求为十日以内、对指定市以外之市町村的请求为五日以内	十日以内
	同法第七十四条第五款	同法第二百九十一条之六第一款准用于同法第七十四条第五款
	有选举权的人	有请求权的人
	五十分之一	三分之一（总数为四十万以上八十万以下时，是指四十万以上的部分乘以六分之一与四十万乘以三分之相加之和。总数超过八十万时，超过八十万的部分乘以八分之一、四十万到八十万的部分乘以六分之一、四十万乘以三分之一，取三者相加之和）
第九十六条第二款	《地方自治法》第七十四条之二第十款	《地方自治法》第二百九十一条之六第一款准用于同法第七十四条之二第十款
第九十七条第一款	《地方自治法》第七十四条第五款	《地方自治法》第二百九十一条之六第一款准用于同法第七十四条第五款
	有选举权的人	有请求权的人
	五十分之一	三分之一（总数为四十万以上八十万以下时，是指四十万以上的部分乘以六分之一与四十万乘以三分之相加之和。总数超过八十万时，超过八十万的部分乘以八分之一、四十万到八十万的部分乘以六分之一、四十万乘以三分之一，取三者相加之和。）
第九十七条第二款	关于对都道府县或者指定市的请求为五日以内、对指定市以外之市町村的请求为三日以内	五日以内

（关于部分事务组合规定的准用）

第二百一十七条之三 第二百一十一条的规定准用《地方自治法》第二百九

十一条之十三的规定,根据同法第二百八十七条之三第二款的规定,理事会代替首长设立广域联合。

第三节 杂 则

(关于跨多个都道府县的广域联合的特例)

第二百一十八条 总务大臣对《地方自治法》第二百八十四条第三款、第二百九十一条之三第一款正文及第二百九十一条之十第一款规定的市町村及特别区的多个都道府县的广域联合作出许可时,应立即作出公告,并同时通知有关行政机关首长。根据同法第二百八十五条之二第一款规定,总务大臣实施劝告时,应立即将其主治通知有关国家行政机关首长。

(规约的特别规定)

第二百一十八条之二 市町村及特别区的组合可以不管第一条之二至第六条的规定,适用规约作出的特别规定。

图书在版编目(CIP)数据

日本地方自治法 / 叶必丰主编 ；肖军，王树良译．— 上海 ：上海社会科学院出版社，2022
（地方合作法译丛）
ISBN 978 - 7 - 5520 - 3784 - 5

Ⅰ．①日… Ⅱ．①叶… ②肖… ③王… Ⅲ．①地方法制—日本 Ⅳ．①D931.37

中国版本图书馆 CIP 数据核字(2022)第 002946 号

日本地方自治法

译　　者：	肖军　王树良
责任编辑：	袁钰超
封面设计：	梁业礼
出版发行：	上海社会科学院出版社
	上海顺昌路 622 号　邮编 200025
	电话总机 021 - 63315947　销售热线 021 - 53063735
	http://www.sassp.cn　E-mail：sassp@sassp.cn
照　　排：	南京理工出版信息技术有限公司
印　　刷：	上海颛辉印刷厂有限公司
开　　本：	710 毫米×1010 毫米　1/16
印　　张：	15.5
字　　数：	260 千
版　　次：	2022 年 3 月第 1 版　2022 年 3 月第 1 次印刷

ISBN 978 - 7 - 5520 - 3784 - 5/D · 643　　　　　　　　　定价：88.00 元

版权所有　翻印必究